**밝히는 남자**
**바라는 여자**

WHY MEN WANT SEX &
WOMEN NEED LOVE
by Allan Pease

Copyright ⓒ 2009 by Allan Pease All rights reserved. Korean translation copyright ⓒ2012 by Gimm-Young Publishers, Inc. Korean translation rights arranged with Dorie Simmonds Agency through EYA (Eric Yang Agency)

# 밝히는 남자, 바라는 여자

지은이 앨런 피즈·바바라 피즈
옮긴이 이종인
1판 1쇄 발행 2012. 1. 9
1판 4쇄 발행 2023. 12. 28

발행처_ 김영사 • 발행인_ 고세규 • 등록번호_ 제406-2003-036호 • 등록일자_ 1979. 5. 17 경기도 파주시 문발로 197(문발동) 우편번호 10881 • 마케팅부 031)955-3100, 편집부 031)955-3200, 팩시밀리 031)955-3111 • 이 책의 저작권은 EYA(Eric Yang Agency)를 통한 Dorie Simmonds Agency사와의 독점계약으로 김영사에 있습니다. 저작권법에 의해 한국 내에서 보호를 받는 저작물이므로 무단전재와 복제를 금합니다.

값은 뒤표지에 있습니다. ISBN 978-89-349-5549-8 03320 • 독자의견 전화_ 031)955-3200 • 홈페이지_ http://www.gimmyoung.com • 이메일_ bestbook@gimmyoung.com • 좋은 독자가 좋은 책을 만듭니다 • 김영사는 독자 여러분의 의견에 항상 귀 기울이고 있습니다.

섹스와 사랑에 관한
남녀의 착각과 진실

# 밝히는 남자
# 바라는 여자

앨런 피즈·바바라 피즈
이종인 옮김

김영사

수는 격분했다. 정자은행에 검은 머리, 우뚝한 코, 영화배우같이 생긴 남자 지원자를 부탁했는데, 아무리 봐도 이건 아니지 않은가!

들
어
가
는

말

    오늘날 우리는 조상들이 겪어본 적이 없는 성적 상황과 환경에 직면해 있다. 우리는 호르몬, 인공수정, 시험관 아기 등으로 우리의 수정 능력을 바꿀 수 있다. 결혼중개소나 인터넷 사이트를 통해 반려자를 만날 수도 있다. 화장품이나 성형수술로 외모를 획기적으로 바꿀 수 있고, 인공수정이나 시험관 아기로 새로운 생명을 창조할 수도 있다. 인간 아닌 다른 종은 결코 이런 일을 할 수 없다.

    인간은 다른 종의 짝짓기를 연구하는 일에 가히 전문가 수준이다. 우리는 동물의 행동을 예측할 수 있고 심지어 수정할 수도 있으며, 유전자 조작으로 그들의 외형을 바꿔 놓기도 한다. 그러나 정작 자신, 즉 인간의 짝짓기 문제에 이르면 이야기는 달라진다. 제대로 이해도 못하는

데다가 그 과정에서 성공을 거두는 사람도 별로 많지 않다. 대부분의 동물들은 짝을 찾고 관계를 맺는 일을 어려워하지 않는다. 암컷이 발정나면 수컷이 다가와 교미하면 된다. 그게 끝이다.

| 인간은 짝짓기 게임에서 혼란을 느끼는 유일한 종족이다.

짝과의 관계 혹은 짝의 부재는 사람들이 늘 입에 올리는 이슈다. 특히 동서고금을 막론하고 여자들이 가장 중요하게 여기는 화젯거리이기도 하다. 남녀관세처럼 즐거움과 흥분, 고통과 절망을 동시에 안겨주는 게 또 있을까? 남녀 간의 사랑은 음악, 드라마, 문학, 영화, 시에서 가장 자주 등장하는 주제다. 모든 문화권의 사람들은 사랑을 중요하게 여기고, 그것을 표현하는 다양한 어휘를 갖고 있다.

지난 수천 년 동안 제기된, 그러나 아직도 정답을 찾지 못하는 어려운 질문을 꺼내보자. 과연 사랑이란 무엇인가? 거의 모든 학문 분야의 내로라하는 연구자들이 사랑의 본질을 발견하고자 노력했지만, 그들이 내놓은 대답은 각양각색이며 명확하지 않다. 그 모호한 성격 때문에 사랑은 늘 새로운 정의와 해석을 갖게 된다.

우리는 왜 사랑을 하나? 남자는 왜 끊임없이 섹스를 찾아 헤매나? 여자들은 왜 남자들에게 달콤한 말과 지키지도 못할 약속을 받아내려 애쓰나? 우리는 이 책에서 이런 흥미로운 질문에 대답하려 한다. 섹스, 사랑, 로맨스가 왜 시작되는지 당신에게 보여주겠다. 두뇌 속 어디에 사랑이 위치하는지 과학적인 정보도 알려줄 것이다. 가장 중요한 사항,

즉 이런 어려운 문제에 당신이 어떻게 대응해야 하는지 말해주겠다. 이 책을 위해 우리는 과학적인 분석과 조사 자료, 사례 연구, 재미있는 유머를 열심히 융합하여 사용했다.

### '단 한 사람'을 찾아서

우리는 언젠가 그 '단 한 사람'을 만나리라는 믿음을 품고 산다. 한평생을 함께할 그 특별한 사람 말이다. 그러나 현실은 냉혹하다. 수많은 사람들이 이 믿음의 기대를 충족시키지 못한 채 살고 있다. 결혼식을 올리는 대부분의 커플은 "죽음이 우리를 갈라놓을 때까지" 헤어지지 않으리라는 신념으로 시작하지만, 많은 나라들에서 이혼율은 50퍼센트를 넘는다. 혼외정사는 30~60퍼센트로 추산되는데 여성들이 낮은 쪽, 남성들이 높은 쪽 비율을 차지한다.

> 동거하다가 결혼한 부부의 이혼율은
> 캐나다와 스페인이 25퍼센트인 반면,
> 스웨덴과 노르웨이, 프랑스는 50퍼센트를 넘는다.

대부분의 사람들은 관계의 실패를 개인의 실패로 치부한다. 그 문제로 수백만 명이 정신과 치료나 상담을 받는다. 하지만 이성관계의 갈등은 인간을 포함한 거의 모든 종에서 나타나는 일반적 현상이 되었다.

| 섹스는 공기와 같다. 없어야만 그 소중함을 알게 되니까.

**1980**년대에는 "인간의 행동은 대부분 학습의 결과물이기에 얼마든지 변경할 수 있다"는 사조였지만, 이제는 "인간의 행동은 태생적으로 우리 내부에 설계되어 있다"는 주장이 힘을 얻고 있는 시대다. 실제로 **20**세기 말, 행동연구가들은 여러 가지 과학적 지식을 발견했다. 그들은 우리 두뇌에 선천적으로 설계되어 있는 회로에 따라 행동이 발생한다는 것을 증명했다. 문화적 요소와 더불어 친구와 부모, 스승과 보스 등의 주변 환경은 우리의 언행에 큰 영향을 미친다. 그 결과 본성과 훈육은 불가분하게 연결된다. 우리의 두뇌가 컴퓨터처럼 작동하는 운영체계라고 치자. 태어날 때부터 갖고 있는 그 체계 안에는, 스트레스를 받으면 알아서 물러나는 디폴트(**default**: 이행 거부) 지점이 존재한다. 그게 바로 본성의 일부다. 훈육 부분은 우리의 환경을 가리키는데, 선천적으로 설계된 하드웨어 안에서 운영되는 소프트웨어 같은 것이다.

| 본성＝우리 두뇌의 하드웨어
| 훈육＝우리의 환경

그렇다고 우리가 **DNA**의 노예라는 뜻은 아니다. 두뇌에서 특히 발달한 전두엽 덕분에 인간은 행동을 선택할 수 있다. 그러나 먼저 태고적부터 내려오는 유전의 보따리를 안고 이 세상에 왔다는 사실에 주목해야 한다. 두뇌의 대뇌피질은 모든 감각기관을 통해 들어오는 정보를 수

집하고, 기억을 보유하며, 사고과정을 장악하는 부분이다. 대뇌피질 덕분에 우리는 많은 일을 겪으면서 생각하고 선택하며, 유전적 기질을 초월할 수 있다. 하지만 섹스, 사랑, 로맨스라면 이야기가 좀 달라진다. 오래된 우리의 두뇌회로는 수만 년 전 조상들과 똑같은 생각과 선택을 강요한다. 이 책을 읽으면 알겠지만, 그 강요로부터 도망칠 수 없다. 두뇌는 디폴트 지점을 가진 운영체계라서, 열을 많이 받거나 부서지면 내장된 디폴트 지점으로 퇴각한다. 우리는 '남녀평등'이라는 인공적 환경을 조성해 놓고, 이 안에서 남녀 모두 같은 욕망과 갈망을 품고 있다고 가정한다. 그러나 솔직히 말하면 전혀 사실이 아니다. 그저 '정치적으로 올바른' 발언의 소프트웨어에 불과하다.

남자와 여자는 여전히 섹스와 사랑에 대한 엄청나게 다른 생각과 환상을 갖고 있다. 누가 옳고 그르다, 좋고 나쁘다의 문제가 아니다. 갈망과 욕구가 서로 다를 뿐이다. 이런 생각은 대부분 두뇌의 하드웨어에서 시작되기에, 우리는 의식적으로 갈망과 욕구를 선택할 수 있다. 그러나 두뇌회로는 여전히 우리에게 "어디로 향하라!"며 일방적인 명령을 내린다. 이 책은 여성도 남성 못지않게 섹스(여성들은 '**sex**'라는 표현보다는 '**make love**[사랑을 나눈다]'는 표현을 더 좋아하지만)에 관심이 많다는 사실을 보여준다. 남녀의 성적 욕구가 어떤 상이한 환경, 조건, 우선사항으로 인해 촉발되는지도 보여주려 한다. 남성과 여성이 진정 원하는 것은 무엇인지 연구하여 하룻밤 불장난과 외도의 이유를 살펴보고, 대부분의 사람들이 잘 모르는 섹스와 사랑의 여러 측면들을 소상히 밝혀냈다. 짝짓기 게임에서 당신의 시장 가치를 높이는 전략도 알려줄 것이다.

> "사랑을 나누다"는 무엇인가?
> 남자가 여자와 섹스할 때,
> 여자가 하는 행위다.

## 섹스에 관한 오해와 혼란

서양 국가들이 현재 겪고 있는 섹스 후유증은 상당 부분 영국 여왕 빅토리아와 그녀의 부군 앨버트 탓이다. **1837**년에서 **1901**년에 걸친 빅토리아 여왕의 치세 기간은 엄격한 도덕성과 금욕, 범죄 징벌을 특징으로 삼을 수 있다. 여성 동성애의 존재는 부정되었고 남성 동성애는 범죄행위였다. 게다가 '해가 지지 않는 대영제국' 덕분에 빅토리아의 이러한 가치관은 온 세상에 널리 퍼졌다.

빅토리아 시대의 전성기에는 피아노나 식탁 등 가구의 다리까지 감추고 숨기는 일이 다반사였다. 다리 부분은 성적 충동을 일으키는 은밀한 부위이기 때문이라는 것이 그 이유였다. 사람의 다리가 아닌데도 말이다! 당시의 수영복은 남녀 막론하고 온몸을 전부 가리는 디자인이었다. 심지어 빅토리아 여왕은 점잖은 사회에서는 닭가슴살도 '흉부'라고 불러야 한다고 명령할 정도로 특정 부위를 가리키는 단어들을 엄격하게 금기시했다. 게다가 여성 속옷 광고는 어떤 매체에서든 일절 금지되었다. 오늘날과 마찬가지로 당시 사회의 많은 사람들이 알몸과 성적 흥분을 동의어로 여겼다.

> 빅토리아 시대의 예법은 남녀가 같이 있는 자리에서
> '다리'라는 단어 사용은 부적절하다고 규정했다.
> 대신 '하지(下肢)'라는 말을 선호했다.

 빅토리아 시대의 여성들은 성적인 추파나 접근을 해서는 안 되고, 성적 환상에 빠져도 안 된다는 가르침을 받으며 성장했다. 오직 남편과 가정, 국가에 순종하고 헌신하는 현모양처가 되라고 배웠다. 남편의 사회적 출세의 조건 중에 아내의 수동적인 태도와 내조가 포함되었고, 여자들은 성욕이 없는 존재로 간주되었다. 여자는 섹스를 좋아하지 않지만, 남자의 강한 성욕 때문에 마지못해 '굴복한다'는 설명이 일반적으로 통용되던 시대였다. 당시 출간된 책들을 보면, 훌륭한 인품의 남편은 6개월에 한 번 정도만 아내와 잠자리를 해야 한다며, 성욕을 억제하라고 충고했다. 아내들에게 하는 조언은 더욱 가관이다. "남편과 잠자리를 할 때는 반듯하게 누워 눈을 감고 '조국 영국'을 생각하라."

> 영국 남자는 그의 아내가 죽었다는
> 사실을 어떻게 알까?
> 성생활은 이전과 달라진 게 없지만
> 개수대에 설거지할 그릇이 계속 쌓여가는 걸로 알 수 있다.

 이처럼 금욕적 가치관은 빅토리아 시대를 살았던 서양인의 조상들을 통해 후대로 전달되었다. 그렇기 때문에 영어권 국가, 그 중에서도 특히 영국은 성적 후유증이 다른 유럽 나라들보다 훨씬 심하다. 다른 나라들은 빅토리아 가치관의 영향을 크게 받지 않았으니 말이다. 만약 당신이 빅토리아 시대와 어떤 문화적 관련도 없는데 섹스나 성욕 등의 주제를 접할 때마다 당황한다면, 아마 종교나 정치 지도자들의 태도 때문일 수도 있다. 그들은 추종자들에게 자신의 영향력을 행사하여 왜곡된 도덕의식을 따르라고 고집하니까.

## 통계 수치

오늘날 결혼생활에 실패할 확률은 **50**퍼센트, 그중 약 **85**퍼센트는 아내 쪽에서 먼저 이혼을 요청한다. 영국에서만 매일 세 명의 남자가 엄청난 자녀 양육비를 지불하지 못해 자살을 선택한다고 추정된다. 영국의 자녀 양육체계는 수입이 많을수록 양육비를 더 내야 하는 구조다. 이를 비관해 자살하는 남자들은, 더는 발전하기 어렵고 행복한 생활을 영위할 수 없다는 절망에 빠진 사람들이다. 아름다운 연애를 하다가 백년가약을 맺고 자녀를 갖는 과정은 정말 멋진 인생이다. 그러나 그 관계가 처참하게 끝나면 당신을 병들게 할지 모른다. 극단적으로는 죽음으로 몰아갈 수도 있다. 바로 그렇기 때문에 당신의 두뇌가 배우자를 골라주는 방식을 잘 이해해야만 한다. 무엇보다도 중요한 일이다.

> 유럽에서는 평균적으로 결혼 한 건당 이혼 한 건이 있다. 이는 결혼하는 사람은 감소하는 반면 이미 결혼한 사람들은 헤어지고 있다는 뜻이다. 재혼의 약 30퍼센트도 이혼으로 끝난다.

우리는 최신 연구 자료를 바탕으로 이 책을 집필했다. 미신이나 신화, 점성술, 로맨틱한 관념, 정치적 발언 등은 고려하지 않았다. 이 책에 등장하는 여러 논의 사항들은 대부분 증거가 뒷받침된 내용들이다. 남녀관계에 관한 경험적 연구와 과학적 실험 등 다양한 자료는 물론, 우리 개인적인 경험을 포함한 많은 경험들을 취사선택했다. 인간의 사고와 행동 이유를 설명하는 자료들도 검토했다. 가끔 우리가 분석한 내용이 비과학적이거나 신빙성 없다고 판명되면 즉각 폐기하고 삭제했다.

6년간 이 책을 집필하고 자료를 조사하면서, 중년에 접어든 우리 부부는 시험관 아기 두 명을 낳았다. 전립선암과 그 후유증을 이겨냈고 부부관계를 끝장낼 수도 있는 수많은 장애에 부딪쳤지만 극복해냈다. 그렇기에 이론적 연구 조사에만 의존하지 않고 지극히 개인적인 체험과 관찰, 전략과 그 과정에서 만난 사람들의 경험도 얻을 수 있었다.

그러니 부디 이 책을 즐겨주기를!

_앨런 & 바바라 피즈

／차례／

들어가는 말 • 5
'단 한 사람'을 찾아서 | 섹스에 관한 오해와 혼란 | 통계 수치

1_ 두뇌 속 서로 다른 섹스 회로 • 19
같은 목표, 다른 행동 | 파워 오브 러브 | 사랑의 생물학 | 첫눈에 반한 사랑 | "그건 진화 때문이야" | 왜 시들해지나? | 왜 불타오르나? | 온몸에 전기가 흐르는 듯한 전율 | "잠도 안 오고 밥도 못 먹어" | 두뇌 스캐닝의 진실 | "인정하시죠, 당신은 사랑 중독자입니다" | 두뇌 속 섹스와 사랑의 지리학 | 남녀의 사랑은 왜 다른가 | 남자의 뇌가 여성의 매력을 평가하는 법 | 여자의 뇌가 남성의 매력을 평가하는 법 | 욕정은 왜 지속되지 않는가 | 상대에게 차였을 때 | 요약

2_ 섹스와 사랑에 대한 솔직한 이야기 • 53
세월의 변화 | 현대 인간 연구 | 사랑이 왜 그리 중요한가 | 사랑의 7가지 유형 | 사랑의 지도 | 할리우드와 미디어의 거짓말 | 남자에게 가혹한 21세기 | 요약

**3_ 여자가 진정으로 원하는 것 • 73**

바뀌는 여성의 욕망 | 피임, 그 영원한 숙제 | 즐기고 싶은 여자들 | 왓 위민 원트 | 그것은 공연한 수작이 아니다 | 재산과 오르가슴의 상관관계 | 여자가 바라는 5가지 갈망 | 비싼 반지의 중요성 | 여자를 매혹시키는 7가지 유형의 남자 | 여자가 '루저'를 싫어하는 이유 | 여자는 언제나 자원을 원한다 | 요약

 **4_ 남자가 진정으로 원하는 것 • 111**

미디어가 만든 남자의 관심 | 윗 멘 원트 | 모든 건 섹스를 위해 | 인간관계에는 관심 없는 남자 | 남자 화법 해독하기 | 남자는 생식의 가치를 추구한다 | 남녀의 서로 다른 리스트 | 남녀의 서로 나른 구인란 | 성적 매력은 왜 중요한가 | '성적 매력'이란 무엇인가 | 원시와 문명의 공통점 | 남자가 아름다움을 찾는 이유 | 전 세계의 미인대회장 | 모두가 미인을 좋아해 | 엉덩이와 허리의 70% 황금 비율 | 남자가 혐오하는 여자의 말 | 동성애 남녀의 선택 | 정부, 남편이 되다 | 요약

 **5_ "그저 하룻밤 불장난이었어" • 149**

캐주얼 섹스란 무엇인가 | 성적 관계의 정의 | 캐주얼 섹스를 하는 이유 | 캐주얼 섹스 그 이후 | 아버지의 영향 | 당신은 몇 명을 원하는가? | 성적 환상과 캐주얼 섹스 | 동성애 | 요약

 **6_ 끝나지 않는 전쟁, 불륜 • 171**

불륜이란 무엇인가 ｜ 속이기만 하는 당신 ｜ 바람을 피우는 이유 ｜ 언제 어디서나 일어날 수 있는 일 ｜ 남자가 바람을 더 많이 피우는 이유 ｜ 불륜에 관한 6가지 속설 ｜ 불륜의 9가지 유형 ｜ 완벽한 불륜이란 없다 ｜ "소문으로 들었어" ｜ 배신자의 8가지 변화 ｜ 배신자를 다루는 방법 ｜ 올바른 문제해결 ｜ 불륜 이후의 회복 도모 방법 ｜ 사랑의 배신자가 되지 않으려면 ｜ 요약

 **7_ 올바른 파트너를 발견하는 법 • 211**

남녀관계의 시작 ｜ 올바른 파트너와 짝짓기 ｜ 핵심 가치와 믿음 ｜ 새로운 관계에서 발견되는 판단 오류 ｜ 짝짓기 평점 ｜ 짝짓기 평가 테스트 ｜ 멋진 파트너를 발견하는 법 ｜ 연애 생활을 바꾸는 법 ｜ 로버트의 접근법 ｜ 수잔이 원하는 것 ｜ 리스트로 숫자 게임을 펼치는 법 ｜ 피해야 하는 사람 ｜ 엉뚱한 남녀를 알아내는 단서 ｜ 화학작용 없는 커플 ｜ 9퍼센트의 규칙 ｜ 요약

 **8_ 여자는 모르는 남성의 15가지 미스터리 • 255**

1. 남자는 왜 아침에 발기 상태일까 ｜ 2. 남자는 왜 섹스를 그저 섹스로 여길까 ｜ 3. 아무것도 없는 방 ｜ 4. 남자는 왜 여자의 가슴에 집착할까 ｜ 5. 남자는 왜 섹스의 진실을 말하지 않을까 ｜ 6. 남자는 왜 S라인 여성을 사랑할까 ｜ 7. G스폿은 UFO와 같다? ｜ 8. 남자는 왜 여성이 섹스를 주도하는 걸 좋아할까 ｜ 9. 남자는 왜 나이트클럽에서 엉뚱한 생각을 할까 ｜ 10. 남자는 언제 장기적 약속이나 결혼을 결심할까 ｜ 11. 남자는 왜 대중 앞에서 툭 튀어나온 배를 과시할까 ｜ 12. 남자와 페티시 ｜ 13. 남자가 걱정하는 것 ｜ 14. 남자는 왜 "사랑해"라고 말하길 어려워할까 ｜ 15. 남자를 떨게 만드는 5가지 질문

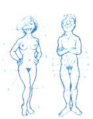
### 9_ 남자는 모르는 여성의 12가지 진실 • 287

1. 여자가 섹스에서 원하는 것 | 2. 여자는 왜 섹스에 소극적일까 | 3. 여자가 더 자주 섹스를 원하도록 만드는 방법 | 4. 여자는 왜 오르가슴을 느낄까 | 5. 여자는 왜 종종 바보와 사랑에 빠질까 | 6. 여자는 왜 나이든 남자를 선호할까 | 7. 여자는 왜 터치를 좋아할까 | 8. 여자는 왜 섹스 중에 산만할까 | 9. 여자는 성적 공격성을 어떻게 여길까 | 10. 여자는 성희롱을 어떻게 생각할까 | 11. 여자는 왜 나쁜 남자를 꿈꿀까 | 12. 섹스보다 초콜릿? | 요약

### 10_ 짝짓기 평점을 높이는 13가지 전략 • 313

남자가 점수 따는 8가지 방법 | 남자가 경쟁자를 비판하는 법 | 여자가 점수 따는 5가지 방법 | 여자가 경쟁자를 비판하는 법

### 11_ "그리고 오래오래 행복하게 살았답니다" • 333

결혼 제도는 어디로 갔을까 | 젊은이들의 현주소 | 새로운 사랑은 언제나 장밋빛? | 남녀의 결정적 차이 | 극과 극은 끌리는 걸까 | 지상 최고의 연인 | 다른 나라 여성들의 섹스 | 누가 수준 미달인가 | 손가락으로 알아보는 섹스와 성공 | 미래의 사랑을 예측하는 과학 | 좋은 파트너의 냄새 | 많은 사람들이 속는 이유 | 누가 누구를 얻는가 | '진화는 어쩌면 끝났는지도 몰라' | 언제 문제를 의논해야 할까 | 요약

참고문헌 • 365

# 두뇌 속 서로 다른 섹스 회로

이렇게 적혀 있는데? "A를 B에 삽입하시오."

## 두뇌 속 서로 다른 섹스 회로

열정, 매혹, 로맨스, 뜨거운 기분, 충동적 사랑, 취한 듯 몽롱한 황홀경……. 이는 축복, 환희, 고양(高揚) 등 사람이 살면서 나름의 방식으로 경험하게 되는 감정을 묘사하는 용어들이다. 이런 아름다운 감성과 함께 고뇌, 번민, 고통, 고민, 낙담, 비탄도 함께 따라온다. 지난 수천 년 동안 전문가들은 남녀의 로맨틱한 사랑을 정의해왔지만 별 성과를 거두진 못했다. 그래서 그들은 사랑이야말로 인간이 통제할 수 없는 그 무엇이라고 결론 내렸다. 신비한 힘, 초자연적인 감정, 정신적 파워에서 기인한다며 말이다. 하지만 정작 우울이나 불안, 강박 같은 감정을 분류하는 건 별로 어려워하지 않는 이유는 무엇일까?

여러 조사에 따르면, **1970**년대 이후부터 사랑에 대한 인간의 열망이 매우 깊어졌다고 한다. 가장 큰 이유로는 사회 구조의 붕괴를 들 수 있다. 수천 년간 이어져 내려온 사회 구조 안에서 우리는 가족, 친구, 연인과 친밀한 관계를 맺었다. 어린이와 약자를 돌보고, 서로 보호하며 사랑하고 의존했다. 그 안에서 가족과 사회 단위를 형성하며 하나의 종으로 진화해갔다. 나이든 세대는 어린 세대를 돌봤고, 중간 세대는 일하면서 식량을 공급했다. 저녁이면 노인은 손자를 앉혀 놓고 전통과 생활에 대한 이야기를 들려주었다. 그러나 이런 가족 구조는 이제 원시 문화권에서만 존재할 뿐이다. 중동, 아시아, 지중해 일부 지역과 제3세계 문화권에만 남아 있다. 결혼하지 않고 혼자 사는 사람이 점점 늘면서 문화적 균열은 더욱 심해지고 있다. 지난 백만 년 동안 사회는 남녀가 함께 모여 사는 구조였지만, 현대 사회는 정반대로 남녀를 서로 갈라놓는다. 이러한 사회 구조의 붕괴는 가치관의 상실로 이어졌다.

### 같은 목표, 다른 행동

사랑과 섹스에 관한 한 남녀의 행동 요령은 완전히 다르다. 태어나기 전부터 조상에게 물려받은 본능적인 차이점이다.

> 깨어진 사랑의 희생자들이 전 세계 곳곳에 있는
> 우울증 & 자살 예방 클리닉과 정신병원을 가득 채우고 있다.

근본적인 관점에서 말하면 오늘날의 남성은 시각적 이미지, 즉 여성의 건강이나 임신 가능성, 젊음에 성적 흥분을 느끼는 반면 여자들은 남자의 권력, 지위, 약속, 스펙, 재산에 흥분한다. 우리의 조상들도 그러했다. 수십만 년 동안 남녀의 성적 충동과 성욕은 크게 변하지 않았다. 이런 주장은 정치적 발언이 힘을 얻는 오늘날 세상에서는 비난의 대상이 된다. 남녀는 똑같은 욕구와 선호, 동기를 갖고 있으며 똑같은 것을 원한다고 가르치니 말이다. 하지만 이 책을 계속 읽어나간다면 그것이 진실이 아니라는 사실을 깨닫게 될 것이다. 솔직해지자. 당신은 이미 마음 깊은 곳에서부터 이 말이 거짓임을 알고 있지 않은가? 이런 신화는 정·관계 인사들, 종교 지도자들, 페미니스트 단체, 기타 정치 집단 등 권력을 추구하는 사람들이 지지 세력을 얻기 위한 수단으로 이용되고 있다. 남녀가 똑같은 방식으로 생각하고, 똑같은 것을 원하며, 똑같은 욕망을 갖고 있다는 주장은 정치적 발언으로는 무난할지 모른다. 그러나 이성과 함께 살았거나, 일했거나, 지냈던 경험이 있는 사람들은 안다. 그러한 주장이 모두 거짓이라는 사실을.

### 파워 오브 러브

텍사스대학의 데이비드 버스는 짝짓기에 관한 남녀 차이를 진화론적으로 연구해 국제적 명성을 얻은 심리학 교수다. 그의 연구팀은 **147**개 문화권에서 로맨틱 러브(남녀의 열정적 사랑)의 증거를 조사했다. 동굴의

벽화, 육필 원고, 시와 노래, 책들에서 사랑의 경험적 증거들이 나왔다. 대부분의 사람들은 사랑을 생각할 때 긍정적인 면만 보았다. 연인의 눈을 들여다보기, 맞잡은 두 손, 달콤한 세레나데, 따뜻하고 포근한 느낌, "오래오래 잘 먹고 잘 살았답니다" 같은 옛날이야기의 해피엔딩 등을 상상한다.

하지만 사랑에는 부정적인 면도 분명히 존재한다. 데이비드 버스와 동료 연구자들은 전 인류 역사를 통하여 사랑의 미약, 사랑의 마법, 사랑의 주문, 사랑의 득실에 따른 자살과 살인의 증거를 찾아냈다. 실제로 살인 사건의 **25**퍼센트는 잘못된 사랑의 결과물이었다. 배우자, 연인, 연적, 스토커, 버림받은 애인 등이 실연의 결과로 죽거나 혹은 죽였다. 거의 모든 문화권에 〈로미오와 줄리엣〉과 똑같은 내용의 이야기가 전해 내려온다. 사랑하고 싶은 강렬한 충동은 우리에게 환희, 절망, 공포, 복수의 감정을 안겨주고, 때로는 이 모든 감정을 동시에 갖게끔 만든다.

| 사랑은 두뇌 속에서 벌어지는 화학작용이다.

남녀상열지사는 전 세계 어디서나 발견될 만큼 보편적이다. 그러니 사랑에는 분명 생물적 근거가 존재할 수밖에 없다. 우상숭배나 종교 같은 문화적 전통으로만 그치지 않는다. 사랑은 그보다 훨씬 강력한 그 무엇이며, 우리 머리에 내장된 선천적 하드웨어다.

## 사랑의 생물학

사랑에 빠진 사람의 두뇌가 어떻게 작동하는지 연구한 과학자들은 짝짓기와 번식에 동원되는 세 가지 두뇌 시스템이 있다고 결론지었다. 첫째는 욕정(**lust**), 둘째는 로맨틱 러브(**romantic love**), 셋째는 장기적 애정(**long-term attachment**)이다.

완전히 다른 이 셋은 각각 완전히 다른 감정과 행동 변화를 일으키는 특정 호르몬 활동의 지배를 받는다. 이 세 가지 관점에서 사랑을 생각하면 어떤 사람이 어떤 사랑의 단계에 있으며 그 이유는 무엇인지 쉽게 이해할 수 있다.

이 장을 통해 욕정과 로맨틱 러브, 장기적 애정을 지배하는 두뇌의 기본적 기능을 이해하기 쉽도록 설명하겠다. 최대한 간결하고 알기 쉽게 정리하려고 노력했다. 먼저 두뇌의 특정 부위를 설명할 텐데, 전반적인 두뇌 네트워크의 한 부분임을 인지하고 읽어주길 바란다. 우리는 이 문제와 관련하여 조언을 아끼시 않은 멜번 소재 두뇌연구소의 그레이미 잭슨 교수에게 감사한다. 독자들이 더 쉽게 이해할 수 있도록 잭슨 교수의 조언을 간결하게 정리했다. 그러면서도 개념과 정보를 단순화시키지 않으려고 주의했다. 이 연구 정보는 책 전반에서 언급되기 때문에 무엇보다도 먼저 이 정보를 이해해하는 것이 중요하다. 전문기술이 개입될 때는 의학 용어를 사용했지만, 사랑의 생활과 관련된 의미만 이해하면 된다. 대부분의 사람들에게 적용되는 범용적이고 일반적인 원칙을 위주로 했고, 사소한 사항이나 예외사항들은 제외했다.

사랑은 두뇌의 특정 부위에서 작동하는 일련의 화학물질과 두뇌회로로 인한 것임이 증명되었다. 두뇌의 화학물질인 도파민과 옥시토신, 테스토스테론, 에스트로겐, 노레피네프린(**norepinephrine**) 등이 합성되어 나타난 결과가 사랑이다. 다른 포유류들도 이런 화학물질들의 합성 때문에 적절한 짝을 찾아다니며 교미를 위해 노력한다. 구체적인 과정은 이후에 설명하겠지만, 우리의 두뇌가 이런 특정 기준에 입각해 적합한 짝을 찾아내면, 두뇌는 그를 유혹하는 환경을 조성하기 위해 필요한 화학물질을 생산하는 체제로 돌입한다.

인간의 역사를 살펴보면 대부분의 짝짓기는 부와 지위, 가문 간의 경쟁, 부족집단과 정치 등에 바탕을 둔 중매결혼으로 이루어졌다. 그러나 오늘날 대부분의 사람들은 연애결혼을 한다.

배우자 선택과 관련하여 인간은 단 한 명에게 집중한다. 다른 동물과 다른 점이다. 일례로 구애에 나선 수컷 비둘기는 과시 목적으로 깃털을 최대한 활짝 펴고서 힘닿는 데까지 많은 암컷들에게 접근하여 교미를 시도한다. 하지만 인간은 후보자 명단을 갖고 있긴 해도, 대체로 한 명에게 힘을 쏟는다.

### 첫눈에 반한 사랑

'첫눈에 반한 사랑'이라는 현상은 과학적으로 입증되었다. 대부분의 동물 종에도 이와 유사한 방식이 나타난다.

마트에서 장을 보던 레이는 무심히 과자 매장을 지나치다가 한 여자를 보았다. 갑자기 심장이 덜컥 내려앉는 것 같았다. 레이는 마치 술에 취한 듯한 황홀감을 느꼈다. 그녀에게 완전히 매혹된 것이다. 뛰어난 미인은 아니었지만 독특한 분위기가 있었고, 움직임에는 강력한 카리스마가 있었다. 마치 자석에 달라붙는 쇳조각처럼 레이는 그녀에게 빨려들어갔다. 그녀를 바라보기만 해도 기분이 좋아지는 동시에 속이 울렁거렸다.

레이는 그녀를 몰래 훔쳐보면서 황홀과 절망을 동시에 느꼈다. 결코 그녀를 갖지 못하리라는 예감 때문이었다.

첫눈에 반했을 때 우리의 두뇌는 다량의 도파민과 노레피네프린을 분비한다. 그래서 마약에 취한 듯 황홀경에 빠진다. 이런 현상은 동물에게도 나타난다. 사막들쥐의 일종인 프레리독 암컷 주위에 수컷의 소변을 뿌리면 인간과 똑같이 도파민과 노레피네프린을 다량 분비한다. 숫양의 실물이 아닌 사진만 봤는데도 발정기 암양의 노레피네프린 수치가 높아졌다는 연구 결과도 있다. 동물의 경우 이런 효과는 몇 초 혹은 몇 분에 그치지만 인간은 몇 달 혹은 몇 년이 가기도 한다.

오늘날 과학자들은 '첫눈에 반한 사랑'이 실제로 존재한다는 데 동의한다. 하지만 그러면서도 죽음이나 전쟁의 위협이 없는 안정된 사회라면 '첫눈에 반한 사랑'보다는 욕정과 로맨틱 러브 그리고 장기적 애정이 종의 존속을 보장하는 가장 훌륭하고 효율적인 방식이라고 주장한다.

### "그건 진화 때문이야"

욕정은 테스토스테론이나 에스트로겐 같은 성 호르몬이 분비될 때 발생한다. 둘 다 급속한 육체적 충족을 요구하는 호르몬이다. 욕정을 느끼는 순간, 두뇌의 두 핵심 부위가 활발하게 작동하는데 하나는 우리의 목마름과 배고픔 등 원시적 충동을 통제하는 시상하부, 다른 하나는 흥분 중추인 편도다. 욕정이 발동하면 도파민이 많이 분비되어 테스토스테론 생산을 촉진하기 때문에 성욕에 쉽게 빠진다. 생판 모르는 낯선 사람을 보고 '소유하고 싶다' '차지하고 싶다'는 강력한 욕구를 느끼는 경우다.

2006년 시카고대학의 한 연구 결과가 이 사실을 입증했다. 낯선 여성과 우연히 대화할 때도 남자의 테스토스테론 수치는 평소보다 3분의 1이 상승했다. 이런 호르몬 반응이 강해질수록 남자의 행동 변화는 점점 더 극적으로 바뀌었다. 또한 미혼남과 기혼남의 테스토스테론 수치 비교 결과, "많은 여자를 만나고 다니는" 미혼남보다 기혼남이 훨씬 낮았다. 자녀를 양육하는 역할을 맡게 된 기혼남이 미혼남보다 옥시톡신 수치가 높기 때문이다. 반면 자신의 유전자를 전파하기 위해 아직도 주위를 두리번거리는 독신남은 당연히 테스토스테론 수치가 더 높을 수밖에 없다.

욕정은 인간의 번식과 종족 보존을 확실히 담보하기 위해 진화해왔다. 그래서 로맨스가 발생할 여력이 없는 극한의 상황에서도 작동될 만큼 강력한 힘을 갖추고 있다. 또한 일 년에 한 명밖에 낳을 수 없는 종족 특성상, 욕정이 없다면 인간은 멸종의 위협을 받는다. 임신과 출산 과정이 길기 때문에 신은 우리에게 강력한 욕정을 선물하셨다. 그래서 전쟁 같은 위험하고 불안한 시기에 남녀는 갑자기 서로에게(심지어 낯선 사람인데도) 강한 욕정을 느낀다. 생존에 위협을 느끼면서 유전자를 빨리 전해야겠다는 욕구가 그만큼 강력해지는 것이다.

요약하면 욕정, 첫눈에 반한 사랑, 초창기 사랑이 강박적이고 목표 지향적인 원인은 이렇게 정의할 수 있다. "짝짓기 과정을 촉진시키고 인류의 번식률을 높이기 위해 진화된 행동"이라고.

### 왜 시들해지나?

성적 충동을 담당하는 호르몬 테스토스테론은 여성보다 남성이 10~20배 정도 많이 갖고 있다. 남자의 성충동이 그처럼 강력하고 긴급한 이유다. 여자보다 털이 많고, 덩치가 크며, 힘이 세고, 더 공격적이며, 더 쉽게 성적으로 흥분하는 이유이기도 하다. 반면 여자보다 옥시토신 수치는 훨씬 적은 편이다. '포옹 호르몬'이라고도 하는 옥시토신은 성적 오르가슴을 느낄 때 남녀 모두에게 다량 분비된다. 남자가 발기하는 순간 옥시토신은 사라진다. 그러나 여자는 그렇지 않다. 그래서 섹스 후 포옹이 남자에게는 별 매력이 없지만, 여자에게는 무엇보다도 중요한 행위다.

2006년 앨리언트 국제대학 조직심리학과 교수인 레베카 터너의 연구에 따르면, 옥시토신은 마치 접착제처럼 인간의 감정을 결합시키는 역할을 하는 호르몬이다. 사람들이 짝을 이룰 때, 즉 "사랑에 빠질 때" 옥시토신 수치가 높아진다. 이 호르몬 덕분에 원하던 이상형을 만났을 때 따뜻하고 포근한 느낌을 갖는다. 남자보다 옥시토신 수치가 높은 여자는 새로운 관계를 시작할 때 남자보다 깊이 빠진다. 옥시토신 분비가 많을수록 여자는 더욱 남자를 보살피려 하고 그와 더 깊은 유대감을 느낀다. 그의 이름을 부르는 일, 그의 향기, 그에 대한 상상, 그를 떠올리는 노래 듣기… 이 모든 행동이 옥시토신 분비를 촉진한다. 값비싼 의상, 완벽한 화장, 치렁치렁 달린 보석, 새로운 스포츠 카 같은 것들은 여성의 감정 상태를 감추어주지 못한다. 사랑받고 존중받는다고 느끼는 여성의 호르몬이 그녀의 뺨에 피를 밀어 올려 발그레 "달아오르게" 하고, 그녀 자신도 그런 열기를 밖으로 발산한다. 그렇다면 사랑받지 못하고 무시만 당하는 여자는 어떨까? 그 또한 금방 눈치 챌 수 있다.

> 남자와 여자의 차이는 무엇인가?
> 여자는 한 남자가 자신의 모든 자잘한 욕구를
> 충족시켜 주기를 바라지만,
> 남자는 모든 여자가 자신의 단 하나 자질구레한
> 욕구를 충족시켜 주기를 바란다.

데이비드 버스의 연구에 의하면, 사랑에 빠지는 단계에서 남자의 테스토스테론 분비가 줄고 대신 옥시토신 수치가 높아져서 남녀관계를 한결 원만하게 만든다고 한다. 이때 남자는 부드럽고 온유하며, 신사적이고 멋진 태도를 보인다. 반면 새로운 관계를 시작하는 여자의 테스토스테론 수치는 흥분과 자신감으로 높아진다. 그렇기에 이 시기의 여성은 쉽게 성적 흥분에 빠지는데, 그로 인해 그들은 남녀의 성욕이 똑같다는 환상을 품게 된다. 대체로 사귄 지 **3~9**개월이 지날 때 찾아오는 '샤가톤(**shagathon**; 발이 맞지 않는 엇박자 마라톤)' 시기가 지나면, 남녀의 성욕은 원래의 '디폴트 위치'로 되돌아간다. 그래서 남자는 여자가 섹스에 시들해졌다고 생각하는 반면, 여자는 남자를 섹스에만 환장한 놈이라고 생각하게 된다. 수많은 남녀관계가 이 시점에서 끝을 본다.

### 왜 불타오르나?

서른셋의 싱글맘 조세핀은 오직 자녀 양육에 모든 힘을 쏟았다. 새 직장에 입사한 지 반년 정도 되었을 때, 그녀는 시드니 항의 크루즈 선상에서 열린 회사 연말 크리스마스 파티에 참석했다. 그녀의 멋진 모습에 수많은 남자 직원들이 찬사를 아끼지 않았다. 그런 반응을 받은 그녀의 자신감은 한층 높아졌고 태도는 더욱 당당해졌다.

달빛 밝은 바다를 운항하는 동안 그녀는 멜번 사무실에서 출장 나온 미남 중역 릭을 소개받았다. 그와 악수하는 순간 그녀의 가슴은 크게 뛰었다. 훤칠한 키에 가무잡잡한 피부의 릭은 그녀를 끊임없이 웃게 만들었다. 조세핀 못지않게 릭도 그녀에게 반한 듯했다. 댄스와 저녁식사로

이어지는 마법의 시간을 보낸 그들은 다음날 새벽까지 깊은 대화를 나누었고, 그 다음날도 내내 함께 있었다. 마치 무슨 마법에 걸린 것 같았다.

파티가 끝나고 집에 돌아온 조세핀의 머릿속에는 온통 릭과 함께한 시간으로 가득했다. 물론 사랑하는 아이들을 다시 만난 건 기뻤지만, 그가 자신을 그리워하는지 궁금해 견딜 수 없었다. 고작 며칠 사이에 그녀는 살이 빠지고 밥도 제대로 먹지 못했다. 하는 일이라고는 릭을 생각하며 그 아름다웠던 시간을 곱씹어 추억하는 것뿐이었다. 조세핀은 수시로 그에게 전화를 걸어 보고 싶다고 말했다. 이른 아침마다 문자 메시지를 보냈다. 자신이 그를 얼마나 많이 생각하는지 보여주고 싶어 선물을 사들였다. 너무나 변한 엄마의 모습에 아이들은 상처를 입고 삐뚤어진 행동을 보였지만 그녀는 신경 쓰지 않았다. 오히려 아들의 치과 치료 예약을 취소하고 그 돈으로 릭을 만나기 위해 멜번행 비행기 표를 샀다.

그녀는 이렇게 생각한다. '이제는 나 자신을 위해 살겠어. 마음 가는 대로 충실히 인생을 즐겨야 해.'

'로맨틱 러브'의 진행 모습은 마치 정신병자의 그것과 비슷하다. 생화학적 관점에서 보면 열렬한 사랑은 약물 남용과 아주 유사한 증세를 보인다. 영국 국영중독센터 원장 존 마스덴은 사랑이 코카인 같은 마약과 아주 비슷한 방식으로 중독을 불러온다고 했다. 마스덴은 로맨틱한 사랑이야말로 남녀를 단단히 붙들어 매어 오랜 시간 유대관계를 맺게 하는 '부비 트랩(위장 폭탄)'이라고 결론지었다. 《사랑의 해부》라는 책을 쓴 인류학자 헬렌 피셔는 "사랑에 빠지는 일은 두뇌에서 일어나는 일련의 화학반응이며 그 증세는 정신병과 아주 유사하다"고 했다. 피셔에 의하면, 코카인 흡입 시 켜지는 두뇌회로가 사랑에 빠졌을 때도 켜진다고 한다. 그리하여 로맨스에 빠진 사람은 마치 마약을 흡입한 듯 깊은 황홀경에 도취된다. 연구자들은 '로맨틱 러브'가 도파민 호르몬을 작동시키는 중간회로와 연결되어 있다고 말한다. 도파민은 황홀, 열광, 중독 같은 감정 상태와 밀접한 관계가 있는 화학물질이다.

### 온몸에 전기가 흐르는 듯한 전율

연애 초창기에 두뇌에서 분비되는 화학물질들은 다양한 신체적 느낌과 반응을 일으킨다. 특히 새로운 사랑에 빠진 사람들의 약 90퍼센트가 그런 경험이 있다고 응답했다. 불면증, 식욕부진, 홍조, 흥분, 어색함, 황홀감, 속이 울렁거림, 호흡이 가빠짐, 현기증, 다리 떨기, 급박해진 심장박동, 손바닥에 땀나기, 말 더듬기…. 이런 반응들은 '애인에게 거절당하면 어떻게 하나' 같은 공포와 관련 있다. 말하자면 흥분과 공포를 동시에 느끼는 이중성인 셈이다. 사랑에 빠진 사람은 이런 감정을 느끼는 동시에 상대도 자신의 사랑에 반응하는지 그 기미를 살피느라 정신이 없다.

가수 캐롤 킹은 사랑에 빠질 때의 화학적 반응을 노래로 완벽하게 표현했다. "발밑의 땅이 꺼지는 기분이에요." 열정과 냉정을 동시에 느끼는 등 감정 조절이 되지 않는 그녀의 상태를 잘 묘사한 노래다. 사랑하는 남자가 나타날 때마다 가슴이 떨려오고 하늘이 무너져 내리는 느낌도 노래했다. 이런 감정은 약물 중독의 증상과 별 다르지 않다.

사랑은 멋진 롤러코스터가 될 수 있고 누구에게나 갑작스럽게 찾아올 수 있다. 사전 경고 없이 찾아오기 때문에 사랑에 빠진 사람은 통제 자체가 불가능하다. 그 엄청난 느낌은 대뇌피질 혹은 회백질이라는 원시적 부위에서 나오기 때문에, 합리적인 사고 대신 비이성적으로 행동하게 된다. 가령 사자를 만나면 이성적으로 탈출 계획을 생각하는 것이 아니라, 앞뒤 돌아보지도 않고 무작정 도망치거나 아니면 무모하게 덤비는 원시적 반응과 다르지 않다.

사랑의 황홀감 덕분에 예술가들은 멋진 노래와 음악을 작곡했고 심금을 울리는 감동적인 시와 소설을 썼다. 그러나 사랑의 강력한 힘에 잘못 사로잡힌 몇몇 사람들은 질투와 편집증으로 인한 범죄를 저질렀다. 최근의 연구에 따르면 사랑의 황홀감은 건강 효과를 극적으로 높여 줄 뿐 아니라 암 같은 중병도 치료하는 힘을 갖고 있다. 사랑의 힘 때문에 불안정하고 위험한 사람과 계속 지내기도 한다. 매 맞는 아내 등이 그런 경우다.

### "잠도 안 오고 밥도 못 먹어"

사랑에 빠지는 단계에 있는 사람들을 가리켜 '상사병(**lovesick**)'에 걸렸다고도 한다. 먹지도 못하고 잠도 제대로 못 자는 경우가 그러하다.

그들은 연인에게 하루에 **20~30**번씩 전화를 거는 등 반복적이고 충동적인 행동을 보인다. 이는 낮은 세로토닌 수치와 높은 옥시토신 수치가 결합한 결과라고 한다. 세로토닌은 각성과 감수성, 자신의 안전에 대한 전반적 느낌을 높여주는 신경전달물질이다.

우울증과 섭식장애는 세로토닌 수치 저하와 관련 있기 때문에 항우울제 처방은 이 수치를 높이는 데 주력한다. 여자는 남자보다 약 **30**퍼센트 이상의 옥시토신을 갖고 있는데, 여기에 낮은 세로토닌 수치가 결합하면 충동적이고 강박적인 행동을 보이게 된다. 바로 이 때문에 특히 여자들이 애인에게 광적으로 집착하거나 강박적인 소유욕을 발동한다.

> "사랑은 종의 존속을 성취하기 위해
> 인간을 상대로 벌이는 지저분한 술수다."
> _**W**. 서머셋 몸

**2007**년 스위스 바젤대학 병원의 서지 브랜드와 동료들은 **18**세 청소년 **113**명을 인터뷰했다. 그들 중 **65**명이 최근 사랑에 빠졌다고 대답했다. 그들은 다른 아이들보다 덜 자고 더 충동적이며 "엉뚱한 생각과 창조적 에너지"가 풍부했다고 브랜드는 보고했다. 사랑에 빠진 십대 소년들은 무모한 폭주나 번지 점프처럼 위험한 행동을 자행했다. 강한 '로맨틱 러브' 초기 단계인 청소년은 조울증 증세를 보이는 환자들과 별반 다르지 않다는 것이 브랜드의 연구 결과다. 사랑에 빠진 십대와 광인은 때때로 구별하기 어렵다.

> 사랑에 빠져 있는 당신에게 누군가가
> "미쳤군"이라고 말한다면
> 매우 정확하게 표현한 것이다.

## 두뇌 스캐닝의 진실

기능적 자기공명 이미지(**fMRI**)와 전자식 뇌촬영도(**MEG**)는 인간 이해에 관한 새로운 가능성을 제시했다. 이 두 장치를 이용하면 환자에게 아무 해도 끼치지 않고 작동 중인 두뇌를 연구할 수 있다.

두뇌 속 사랑과 섹스에 대한 연구는 **2002**년부터 가속도를 내기 시작했다. 당시 영국의 신경생리학자 안드레아스 바텔스와 세미르 제키는 '열정적인 사랑'에 빠졌다고 주장하는 남녀들을 연구했다. 그들에게 친한 친구와 애인의 사진을 각각 보여줄 때, 상당히 다른 두뇌 행동 패턴이 나타났다. 두뇌 스캐닝은 '로맨틱 러브'야말로 도파민 수용기(受容器)가 많이 집중되어 있는 두뇌 부위를 활성화시킨다는 것을 보여준다. 도파민과 노레피네프린의 높은 수치는 예민한 주의력, 과도한 행동, 단기 기억, 불면증, 목표지향적 행동 등을 야기한다. 이제 막 서로에게 매혹된 남녀의 도파민은 과다하게 분비된다. 에너지가 증가하고, 수면욕과 식욕은 적어지며, 주의력이 예민해지면서 새로운 관계의 아주 사소한 사항에도 대단한 기쁨을 느낀다. 성적 흥분으로 고양된 사람들과, 코카인을 흡입하고 황홀경에 빠진 사람들의 두뇌 **MRI** 사진을 비교한 바텔스와 제키는 그 둘이 거의 일치한다는 사실을 발견했다.


### "인정하시죠, 당신은 사랑 중독자입니다"

다음 두 개의 스캐닝 사진은 '사랑에 미친' 사람과 코카인에 중독된 사람의 두뇌다.

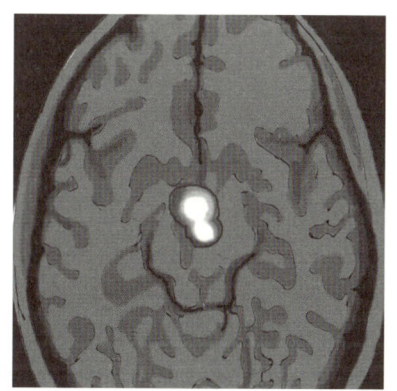 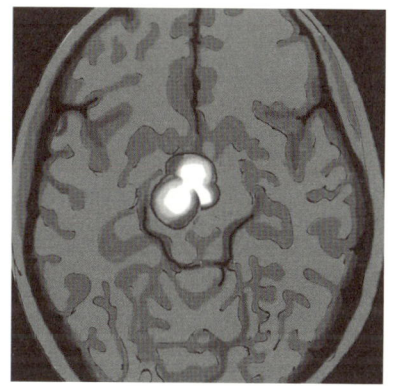

'사랑에 미친' 사람의 두뇌     코카인 중독자의 두뇌

사랑에 빠졌든 마약에 취했든 당신은 동일한 느낌을 갖는다. 또한 두뇌 스캐닝 사진은, 자기 아이를 바라보는 사람과 애인을 바라보는 사람의 두뇌 활동도 똑같다는 사실을 입증했다. 이처럼 로맨틱 러브와 모성애는 종족 번식이라는 동일한 목적을 갖고 있다. 애인과 자녀는 당신의 **DNA**를 후대에 전해주는 존재이기 때문이다.

### 두뇌 속 섹스와 사랑의 지리학

2005년 뉴욕 앨버트아인슈타인 의대 신경과학 교수 루시 브라운과 유명한 생물인류학자 헬렌 피셔 교수는, 17명의 젊은 남녀를 상대로 **MRI** 두뇌 스캐닝을 연구했다. 그들은 "새로운 사랑에 미친 듯 빠져 있는" 상태라고 자신을 소개했다. 모두 욕정 혹은 로맨틱 러브의 초기 단계였다. 이들에 대한 **MRI** 연구는 우리가 사랑에 빠졌을 때 느끼는 기분의 생리적 원인을 설명해주었다. 왜 사랑이 그토록 강력한 감정이지, 왜 거절당했을 때 그토록 고통스럽고 우울한지를 생리적인 관점에서 분석한 것이다.

두 학자는 열정, 기억, 정서, 주의력 등을 관장하는 두뇌 부위인 미상핵(尾狀核)과 복부외피를 연구했다. 이 복부외피에서 활발한 펌프 작용으로 도파민 세포를 두뇌 다른 부위로 전달한다. **MRI** 사진에는 피검사자가 연인의 사진을 보는 순간 이 부위가 환해지는 증상이 나타났다. 실험자들은 이 **MRI** 데이터를 여성의 사진을 보고 발기하는 남성을 연구한 자료와 비교했다. 오랫동안 함께 지냈던 인간과 동물 커플 관련 데이터도 분석했다.

그 결과 발견 사항은 이랬다. 사랑에 빠진 사람의 복부외피는 도파민을 다량 분비하여 미상핵을 흥건히 적신다. 그러면 미상핵은 더 많은 도파민을 요구하는 신호를 보내고, 그렇게 도파민을 많이 받으면 받을수록 그는 점점 더 흥분하고 행복해진다. 피셔와 브라운은 '사랑에 미친' 사람은 이런 호르몬 활동 때문에 마약 중독자의 상태와 비슷해진다

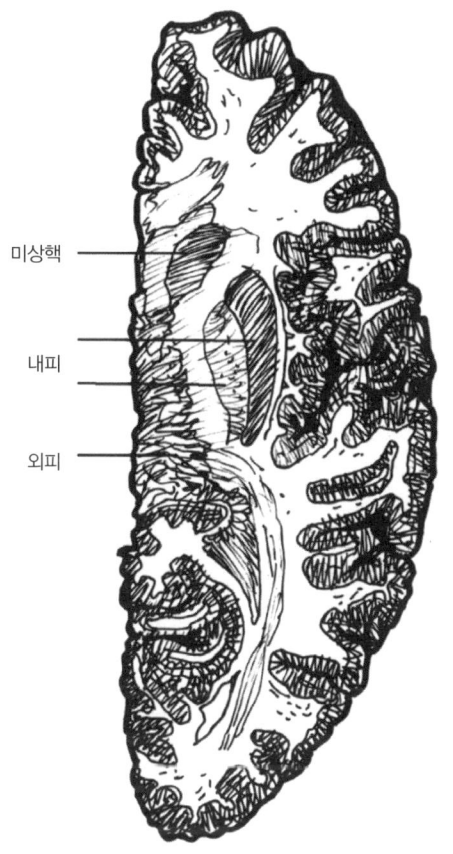

인간 두뇌의 미상핵 단면도

는 사실을 다시금 확인했다.

두 학자는 미상핵과 로맨틱 러브의 연관성을 발견했다. 반면 장기적 애정은 두뇌 전면과 기반에 해당하는 복부내피와 외피에 집중되어 있다는 것도 밝혀냈다. 욕정과 성적 흥분 등을 관장하는 부위는 다른 곳,

주로 두뇌 왼쪽에 집중 분포한다. 이 연구는 두뇌 속 사랑의 신비감을 제거하는 동시에 사랑의 본질을 더 객관적으로 볼 수 있게끔 만든다.

> 사랑은 행복 약물의 화학적 칵테일이다.
> 이 칵테일에 중독된 사람이 바로
> '섹스 중독자' 다.

## 남녀의 사랑은 왜 다른가

피셔와 브라운은 '사랑에 미친' 남녀 대학생들 **3,000**여 명을 대상으로, 연인을 바라볼 때의 두뇌 스캐닝 사진을 분석했다. 피실험자 중 여성들은 미상핵(기억, 정서, 주의력을 관장하는 부위), 중격('쾌락중추'), 후두정 피질(심리적 이미지와 기억 환기) 등이 활발한 활동을 보였다. 반면 남성의 경우 시각 피질과 시각 가공 부위가 활발히 활동하는데, 이 중 하나는 성적 흥분을 관장한다. 바텔스와 제키의 연구도 동일한 결론에 도달했다.

브라운은 사랑이 위치하는 두뇌 부위와 남녀가 사랑을 달리 생각하는 이유를 알려준다. **41**쪽 그림은 열렬히 사랑하는 연인을 바라보는 남자와 여자의 두뇌 스캐닝 사진이다.

사진에서 알 수 있듯이, 남자는 흰 부분이 여자보다 적다. 그러나 컬러 사진을 보면 남자의 부위는 아주 강렬한 빛인데 반해, 여자는 범위

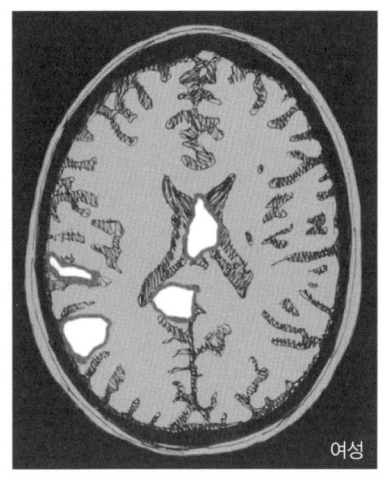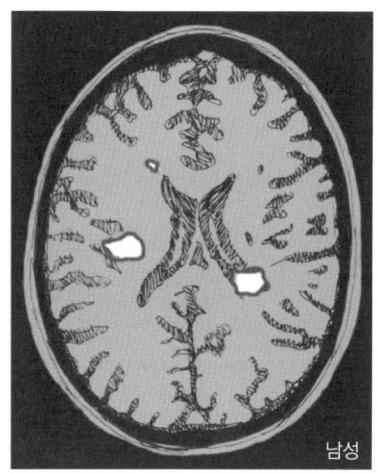

사랑의 이미지. 남녀가 연인을 바라보고 있을 때 찍은 두뇌 사진. 하얀 부분이 활발하게 활동하는 부위다.

가 넓긴 해도 그보다 옅은 빛임을 알 수 있다. 여자는 두뇌의 여러 부분이 활성화되지만 남자와 위치가 완전히 다르다. 이 증거는 남녀가 사랑의 관계에 대해 전혀 다른 견해를 갖게 되는 이유를 보여준다.

피실험자들에게 포르노 사진을 보여주고 두뇌를 스캔한 연구도 있다. 브라운과 피셔는 이 실험 스캔 사진에서는 '사랑에 빠진 사람'의 두뇌 부위가 환해지지 않는다는 사실을 발견했다. 대신 시상하부(배고픔과 목마름 같은 충동을 관장)와 편도(성적 흥분) 부위가 활발히 움직였다. 이 연구 결과는 사랑의 두뇌와 욕정의 두뇌가 다르다는 것을 입증한다. 인간의 두뇌는 상이한 자극에 따라 다른 반응을 보이기 때문이다.

이처럼 사랑의 초창기 단계에서 이성을 평가할 때는 전혀 다른 두뇌 과정이 동원된다. 이성의 성적 잠재력을 평가하려는 남자는 주로 시각을 이용하는 반면, 장기적 반려자 가능성을 알아보려는 여자는 기억에 의존한다. 욕정과 사랑은 두뇌의 서로 다른 부위에서 발현하기에 서로 다르다.

### 남자의 뇌가 여성의 매력을 평가하는 법

바텔스와 제키가 매력적인 여자 사진을 남성에게 보여주자 뇌의 두 부위가 환해졌다. 하나는 시각적 자극과 관련된 부위, 다른 하나는 발기를 관장하는 부위('흠. 이건 짐작도 못했는데!')였다. 대부분의 남자들은 시각적 성향이 강해서 늘 여자를 관찰하고, 상상하고, 포르노를 보는 일에 열중하니 그리 놀라운 결과도 아니다. 남자의 이런 두뇌 부위가 환해지면 도덕적 판단을 관장하는 부위는 상대적으로 위축된다.

> 목욕 중이던 세 살짜리 남자아이가 자신의 고환을 쳐다보며 물었다.
> "엄마, 이게 내 두뇌야?"
> 엄마가 대답했다. "아직은 아니야."

남자의 두뇌 속에 내장된 시각 회로는 지난 백만 년 동안 진화해왔다. 남자는 여자들을 살펴보면서 그들이 과연 자신의 유전자를 계속 이어갈 건강한 아이를 생산할 수 있을지 판단했다. 만약 상대가 젊고 건강한 여자라면 남자는 금세 흥분해 짝짓기 과정에 돌입할 것이다. 그렇기 때문에 남자는 여자보다 훨씬 빨리 사랑에 빠진다. 남자는 시각적 존재며, 외부의 시각적 단서는 즉각적 단서를 남자의 두뇌에 보내어 즉각적인 호르몬 분비를 활성화시킨다. 이 때문에 남자가 첫눈에 반한 상대와 사랑에 빠질 가능성은 여자보다 높다.

본질적으로 남자는 여자의 잠재력을 평가할 때 주로 눈을 사용한다. 남자는 성적으로 흥분하면 호르몬이 분비되고 발기된다. 이 호르몬은 합리적 사고방식을 제압해버린다. 그래서 종종 남자들은 자신에게 이득이 되지 않는 결정도 서슴지 않는다. 발기가 두뇌를 좌지우지하는 상황인 것이다. 남자 경험이 있는 여성들에게는 별로 놀라운 일이 아니다. 데이비드 버스가 조사한 두뇌 스캐닝은 이런 행동이 모든 문화권에서 나타나는 보편적 현상임을 보여준다.

> "신은 남자에게 하나의 성기와 하나의 두뇌를 주셨다.
> 하지만 한 번에 하나만 작동시킬 수 있는 혈액을 주셨다.
> _로빈 윌리엄스

### 여자의 뇌가 남성의 매력을 평가하는 법

여자의 두뇌 스캐닝 연구는 남성과 매우 상반된 결과를 보여주었다. 여자가 남자를 평가할 때는 기억의 환기와 관련된 두뇌 부위가 활발하게 작동했다. 진화적 관점에서 보면, 남자의 행동을 세부사항들까지 기억하기 위한 적응 전략이다.

예부터 여자는 아이를 키워 성인으로 만드는 직무를 담당했다. 엄마의 역할은 매우 복잡한 일인데다가, 다른 포유류보다 특히 인간이 감당하기에는 힘든 일이었다. 여성이 자녀를 먹이고 키우려면 지원과 보호가 있어야만 한다. 선사시대에 여성의 짝이 죽어버리면, 여성은 그 대타를 찾기 위해 엄청난 에너지를 사용해야 했다. 여자를 평가하기 위해 시각에만 의존하면 되는 남자와는 다르다. 여자는 그냥 보기만 해서는 그가 정직하고 믿을 만한 남자인지, 50미터 거리에서 움직이는 사슴을 돌로 죽인 후 그 고기를 함께 나누어줄 남자인지 판단하지 못한다. 21세기의 여성은 선사시대 조상들이 사용했던 남성 평가 전략을 그대로 물려받아 사용한다. 그러기 위해서는 먼저 기억력이 뛰어나야 한다. 남자가 어제 한 말의 속뜻이 무엇인지, 왜 3주 전이나 3달 전에 한 말과 다른지, 아이를 낳으면 어떻게 아이를 대할지, 자상하고 관대한 사람인지, 그의 어머니에게 어떻게 하는지, 직장 경력과 재산 정도는 어떤지 등을 관찰해 기억하고 있어야 한다.

여성은 이 모든 자료를 활용해 짝으로서 상대방의 잠재력을 평가한다. 여성은 어떤 남자의 사진을 볼 때, 그녀가 전에 알던 비슷한 남자를 생각해내고서 그의 성격과 특징을 상기한다. 그녀의 두뇌는 그 특징을 해독하여 지금 바라보고 있는 남자의 얼굴 사진에다 투영한다. 말하자면 다른 남자들의 조각 정보들이 담긴 데이터베이스에서 자료를 동원하여 한 남자의 성격적 특징을 조립하는, 심리적 짜깁기 놀이를 하는 것이다. 물론 이렇게 한다고 해서 언제나 정확한 답을 얻는 것은 아니다. 그녀가 자신이 알고 있는 남자들의 정보에 바탕을 두고서 심리적 합성물을 구축한다는 뜻이다. 여자의 두뇌가 이처럼 남자의 잠재력을 파악하기 위해 많은 정보를 동원하는 동안, 남자는 오랫동안 강렬한 눈빛으로 여자의 '특정 부위'만 쳐다본다. 이제 당신은 여자가 절대 잊어버리지 않는 이유, 남자가 다른 여자들을 흘끔흘끔 쳐다보는 이유를 이해하겠는가?

> 결혼하려는 커플 중 약 **79**퍼센트가 함께 사는데,
> 이들 중 겨우 **18**퍼센트만 **10**년 이상을 함께 산다.

## 욕정은 왜 지속되지 않는가

이탈리아 정신의학자 도나텔라 마라치티는 강박충동증(**OCD: Obsessive Compulsive Disorder**)과 관련된 호르몬 변화를 조사하면서 특히 세로토닌 효과에 집중했다. 세로토닌은 두뇌에 진정 효과를 가져오는 화학물질이다. 공격, 강박, 우울, 불안 같은 증세에는 세로토닌이 절대 부족했다. 프로잭 계열의 항우울제는 두뇌의 세로토닌 분비를 촉진시킴으로써 우울증에 맞서는 약이다. 마라치티는 강박충동증 환자와 사랑에 빠진 사람이 특정 대상 및 특정인에 몇 시간이고 집착하는 현상을 흥미롭게 관찰했다. 이 두 그룹은 자신이 비합리적으로 행동한다는 것을 알면서도 통제하지 못했다. 마라치티는 **OCD** 환자와 사랑에 빠진

사람들을 각각 스무 명씩 모아 세로토닌 수치를 비교 검토했다. 그런 후 이들의 수치를 OCD도 아니고 연애도 하지 않는 사람들의 수치와 다시 비교했다. "정상적인" 피조사자들은 세로토닌 수치가 정상인데 반해, OCD 환자와 열애자(熱愛者)들의 수치는 정상의 40퍼센트 수준에 불과했다. 과학자들은 혈소판 내의 세로토닌 수송 단백질의 활동량을 측정함으로써 이런 수치를 책정했다. 이 실험은 초창기의 로맨틱한 사랑이 종종 강박충동증으로 변질하는 이유를 설명한다.

1~2년 후 동일한 피조사자들을 다시 검사한 마라치티는 그들의 세로토닌 수치가 정상으로 되돌아온 것을 발견했다. 욕정을 일으키는 호르몬의 차이는 완전히 사라졌다. 여전히 사귀고 있는데도 말이다. 연인들은 늘 지금의 '감정'과 '느낌'을 유지하리라고 맹세하지만, 그들의 호르몬은 전혀 다른 얘기를 하고 있다. 현명한 대자연은 우리의 호르몬 수치를 진화의 목적, 즉 자식의 생산을 달성할 때까지만 높여준다.

2005년 이탈리아 파비아대학의 엔초 에마누엘과 동료들은 자원자들을 상대로 동일한 방법을 사용해, 화학물질 전달자인 뉴로트로핀이 로맨틱 러브 시에도 분비되는지 조사했다. 사랑에 빠진 피조사자의 경우, 혈중 신경성장인자(신경 세포의 성장을 자극하는 단백질)의 집중이 정상 수치를 넘어섰고, 열렬한 사랑의 느낌이 강해질수록 더욱 높아졌다. 마라치티와 마찬가지로, 에마누엘은 1~2년 후 사랑의 화학물질이 모두 사라진 것을 발견했다. 그 커플이 아직도 함께 살고 있어도 말이다. 초창기 강력한 사랑의 감정, 집중된 신경성장 인자는 관계의 지속성을 알려주는 정확한 지표가 될 수 없다.

2008년 뉴욕대 아서 아론은 20년을 함께 산 커플과 막 사랑에 빠진 커플의 두뇌 스캐닝을 비교 검토했다. 그 결과 오래 산 커플 중 약 10퍼센트는 이제 막 연애중인 커플의 두뇌 스캐닝과 비슷한 모습이었다. 그러니 우리 중 일부는 아직 희망이 있는 셈이다.

> 물론 90퍼센트의 커플을 위해서는, 초창기 호르몬 분비 외 다른 요소들이 개입해야만 장기적인 관계를 유지할 수 있다.

한편 영국 웨일즈의 생화학자 압둘라 바도위는 알코올이 두뇌의 세로토닌 수치를 떨어뜨린다고 보고했다. 낮은 세로토닌 수치는 억제 심리를 완화해주고 착각을 불러일으킨다. 가령 바 끝에 앉아 있는 평범하기 그지없는 여인이 아주 매력적으로 보인다.

이런 연구 자료들은 장기적인 사랑을 찾는 사람들에게 분명한 메시지를 전달한다. 누군가와 심리적 혹은 재정적으로 장기적 관계를 약속하려면 적어도 2년은 기다리라는 것이다. 또 즐겨 가는 술집을 신중하게 고를 필요도 있다.

열렬한 사랑의 느낌을 만들어내는 화학물질이 겨우 2년 사이에 모두 사라진다면, 우리는 어떻게 해야 할까? 커플의 애정을 오래 유지시키는 화학적 접착제는 무엇일까? 이 질문을 잘 기억하고 있으라. 이후 계속 논의할 것이다.

### 상대에게 차였을 때

새로운 사랑이 가슴을 섬뜩하게 만드는 이유는 이 아름다운 느낌이 쌍방통행이 아닌 일방통행일지도 모른다는 것, 그래서 어느 날 갑자기 끝나버릴 꿈일 수 있다는 가능성 혹은 공포 때문이다.

피셔, 브라운, 아론 등은 최근 이성에게 채인 젊은 남녀 40명의 두뇌를 스캐닝했다. 2007년 브라운과 피셔가 "막 사랑에 빠진" 남녀를 연구할 때처럼 두 종류의 사진을 비교했다. 하나는 현재 사귀는 애인의 사진을 보는 피조사자의 두뇌 사진, 다른 하나는 자신을 버린 전 애인의 사진을 본 두뇌 사진이었다. 그 결과, 전 애인의 사진을 본 피조사자의 두뇌는 신체적 고통, 강박충동적 행동, 위협과 분노 다스리기 등과 관련된 부위에 불이 켜졌다. 애인에게 버림받았을 때 이 부위는 더욱 환해진다. 그래서 떠난 애인에 대한 애착의 감정이 발생한다. 이에 대응하는 메커니즘으로서—일종의 "싸우거나 도망치거나" 반응 같은 것인데—그 사람의 두뇌는 잃어버린 짝을 되찾아오는 노력을 한 번 더 하라는 신호를 보내는 것이다. 신체적 고통을 피하기 위해서 말이다. 그러나 애인은 영원히 떠났고 그 사실을 부정할 수 없다는 것이 두뇌에 각인되면, 두뇌 속의 절망 관련 부위에 불이 켜진다.

> 당신이 연인에게 채이면, 당신의 두뇌는 전보다
> 더 열심히 그/그녀를 따라 다니라고 지시한다.

떠난 전 애인의 사진을 본 피조사자들 두뇌에서는 도파민 시스템이 작동되었다. 쾌락 및 중독과 관련된 시스템 말이다. 다른 친구들의 사진을 봤을 때는 이렇지 않았다. 연인에게 버림받은 사람의 두뇌 사진은 깨어진 남녀관계가 왜 심각한 신체적 문제를 일으키는지도 설명한다. 헤어진 사실을 부정할 수 없게 되고 도파민 같은 행복 호르몬이 사라지면, 우울을 일으키는 화학물질이 대신 분비된다. 이것이 면역 체계를 손상시켜 질병을 유발한다. 경험 법칙에 따르면, 과거 일 년 동안 지속된 관계를 정신적으로 "완전히 잊어버리고" 호르몬 수치가 정상으로 돌아가는 데 평균 한 달이 걸린다. **5**년을 사귄 사이라면 **5**개월은 지나야 한다는 얘기다. 바로 그렇기 때문에 **50**년을 함께 산 부부가 배우자의 죽음을 맞을 경우, 상심에서 쉽게 헤어나지 못한다.

## 요약

근본적인 관점에서 볼 때, 성적 충동은 두뇌에서 혈중으로 흘러드는 화학물질들이 혼합된 결과다. 자극을 받은 두뇌는 주로 테스토스테론과 에스트로겐을 분비한다. 당신이 현재 놓여 있는 상황도 두뇌를 자극해 이런 화학물질을 분비시킬 수 있다. 가령 특별한 노래, 특정한 냄새 혹은 어떤 신체적 특징을 가진 사람 등이 그런 자극원이 될 수 있다. 나이가 들수록 이런 물질(특히 테스토스테론)의 분비량은 줄어든다. 성충동이 줄어드는 나이든 남녀를 위해서는 테스토스테론를 주입하는 것이 통상적이다. 이에 대해서는 뒤에서 더 자세히 다루겠다. 하지만 다음 사항을 기억해두는 것이 중요하다. 새로운 사랑을 만나서 겪는 로맨틱한 이상, 사랑의 느낌, 감정의 롤러코스터 등은 화학적 현상일 뿐, 많은 사람들의 믿음처럼 두 영혼의 신비한 만남은 아니다.

과학은 마침내 수천 년 동안 신비와 환상 속에 감추어져 있던 로맨스, 욕정, 섹스, 장기적 애정 등의 본질을 밝혀냈다. 과학은 두뇌 속 사랑을 찾아가는 내비게이션과 같다. 어떤 사람들은 경악하면서 이런 연구가 새로운 사랑과 로맨스의 경이와 흥분을 사라지게 만든다고 개탄한다. 그러나 과학적 연구는 정반대의 효과를 가져온다. 어떤 행동을 선택하게 뇌는 이유와 동기를 이해하게 한다. 사랑은 신비한 힘이 아니라 과학·생물학적인 기반을 갖고 있는 현상임을 알려준다.

이로 인해 우리는 선택 사항을 잘 통제할 수 있고, 짝짓기 게임에서도 성공률을 높일 수 있다. 당신의 두뇌가 선천적으로 그런 회로를 갖고 있을지라도 잘 대응할 수 있다. "나는 호르몬 때문에 이렇게 행동하는 거야"라고 말하는 대신에, 운전대를 잘 잡고서 가고자 하는 곳을 직접 결정할 수 있다. 사랑에는 생물학 말고도 다른 힘들이 작용하는데, 당신은 이들도 잘 통제할 수 있다. 실제로 이 책에서 그런 사례와 원칙, 해결책 등을 만나게 될 테니 말이다.

> 사랑이 일련의 화학적 반응이라는 사실을 제대로 이해하지 못한다면 사랑 중독증에 빠진 사람을 제대로 구분하지 못하게 된다.

**BMW**가 처음으로 자동차에 내비게이션을 도입했을 때, 많은 사람들은 새로운 장소를 찾아가는 즐거움을 빼앗아 운전의 흥미를 감소시킨다며 반대했다. 그러나 내비게이션은 사람들이 좌절과 분노에 빠지는 것을 막아주었다. 막다른 골목이나 엉뚱한 길로 들어서서 짜증을 내며 시간을 낭비한 사람들은 이 기계의 필요성을 인정하고 고마워한다. 때때로 길을 잃는 일은 신선하고 즐거운 경험일지도 모른다. 하지만 내비게이션이라는 새로운 기술이 있기 때문에 우리는 호주머니 속에 그 다음 계획을 늘 갖고 있을 수 있다. 우리가 이어지는 장들에서 다루는 내용은 그러한 계획들에 관한 것이다.

- 본질적으로, 우리의 성 충동은 지난 수십만 년 동안 변하지 않았다.
- 사랑, 욕정, 로맨스, 성욕은 모두 두뇌 속에서 촉발되는 화학적 반응이다.
- 과학은 남녀가 사랑의 관계를 다르게 본다는 사실을 증명했다. 남녀의 사랑은 각자의 두뇌 속 전혀 다른 부위에 자리 잡고 있다.
- 당신의 충동과 감정이 두뇌 속 화학반응으로 통제된다는 사실을 깨닫는다면, 그 반응들을 적절히 활용할 수 있다.

## 섹스와 사랑에 대한 솔직한 이야기

백만 년이 지나도 변하지 않는 것이 있다.

섹스와 사랑에 대한 솔직한 이야기

우리는 왜 섹스를 하는가? 답이 빤한 식상한 질문이거나, 어리석기 짝이 없는 질문이라고 생각하는가? 한번 생각해보라. 섹스, 로맨스, 바람은 모두 시간과 돈이 많이 드는 행위다. 저녁식사, 휴가, 끝없는 전화와 문자, 값비싼 선물, 결혼, 별거, 이혼에는 시간과 돈이 꼭 필요하다. 그런데 대체 왜? 대답은 유전자의 존속이다. 바로 이것이 사태의 핵심이다. 모두 당신의 **DNA**를 영속화시키려는 노력인 것이다. 인간에게 섹스는 선천적 본능이지만 다른 2차적 목적에도 봉사한다. 섹스를 이용해 권력과 지위를 얻거나, 보노노 원숭이 같은 영장류처럼 남과 교류하고 유대감을 얻기 위해 활용하기도 한다.

하지만 모든 생물이 번식을 위해 섹스하는 것은 아니다. 일부 식물이나 박테리아, 벌레 같은 무척추 동물은 섹스를 하지 않고 자기복제로 번식하는 무성생식을 한다. 문제는 복제된 후손이 부모와 똑같기는 하지만 부모보다 강인하지도, 적응력이 높지도 못하다는 점이다. 이런 후손은 변화하는 환경에서 살아남을 가능성이 떨어진다. 무성생식 후손 암컷은 모체에게 익숙한 환경에서는 생존이 가능하지만 환경은 늘 바뀌기 때문에, 두 개체의 유전자를 혼합함으로써 부모보나 강하고 적응력 높은 자손을 생산할 수 있다.

> 섹스는 유전적이다. 만약 당신의 부모가 섹스를 하지 않는다면
> 당신도 하지 않을 것이다.

2007년 뉴질랜드 오클랜드대학의 매슈 고다드가 이를 증명했다. 고다드는 두 유형의 밀, 즉 유성생식 밀과 자기복제하는 무성생식 밀을 비교했다. 안정된 환경에서는 두 유형의 밀이 같은 속도로 번식했다. 하지만 실내 온도를 지나치게 높이자, 유성생식 밀이 훨씬 잘 견뎠다. 300세대가 넘는 동안 유성생식 밀의 성장률은 94퍼센트였지만 자기복제 밀은 80퍼센트에 그쳤다.

> 섹스는 즐거운 행위일 수 있다.
> 그러나 시간이 많이 걸리고 체력을 소모시킨다.
> 궁극적으로 섹스는 더 강인하고 더 적응성 높은 종을 생산한다.
> 우리가 섹스를 하는 주된 이유다.

## 세월의 변화

1940년대까지만 해도 마흔은 중년으로 간주되었다. 쉰 살의 남자는 은퇴할 날만 기다렸고, 예순이면 노인 대우를 받았다. 그러나 이런 고정 관념은 이제 깨졌다. 로드 스튜어트, 믹 재거, 숀 코넬리, 데이비드 보위, 쉐어, 마돈나, 폴 매카트니를 보라.

21세기는 현재 40대에게 매우 좋은 시절이다. 1960~1970년대는 현대 사회의 생활과 문화에 엄청난 영향을 미친 시기다. 40대는 건강과 장수를 탐구하는 세대, 시계를 거꾸로 돌려 노화 과정의 개념을 재정립하는 세대이기도 하다. 20세기 말까지만 해도 40대 여성의 전형적인 모습은 매우 가정적이고 안정된 삶을 추구하는 유부녀였다. 바이브레이터(여성 자위 기구) 같은 것은 고사하고 기구라고는 주방기구 밖에 모를 만큼 가사에만 전념하며 지냈다. 그녀들의 일상은 따분하고 평범했다. 로맨스, 섹스, 성적 흥분이 배제된 생활은 빅토리아 시대와 다르지 않았다. 그러나 오늘날 40대 여성의 역할 모델은 30대 여성의 신체나 태도를 반영한다. 이 세대는 노화를 거부하는 인류 최초의 세대다.

다음은 오늘날의 일부 사회에서 벌어지는 변화의 통계 수치다. 2008년 수집된 이 자료의 출처는 영국, 호주, 뉴질랜드, 미국, 캐나다, 독일, 프랑스, 네덜란드, 스페인 등 서구 국가들의 통계청과 국민보건청이다.

1. 오늘날 결혼하는 남자의 평균 연령은 34세, 여자는 32세다. 재혼일 경우에는 여기에다 세 살을 더한다.
2. 2008년 현재 첫아이를 출산하는 평균 연령은 30세다. 낮은 수정률 때문에 평균 6쌍 중 1쌍은 인공 수정한다.
3. 이혼하는 남자 평균 연령은 1988년 37.6세에서 2007년 44.2세로, 여자는 34.8세에서 41.3세로 높아졌다.
4. 약 40퍼센트의 자녀가 혼외정사로 잉태된다.
5. 결혼하는 커플 중 36퍼센트만 교회를 식장으로 선택한다.
6. 배우자가 코를 고는 커플의 약 80퍼센트가 각방을 쓴다.

과거 세대에서는 찾아볼 수 없었던 이 통계들은 남녀관계에 일어나는 커다란 변화를 보여준다.

### 현대 인간 연구

동물행태를 연구하는 학자들은 점점 더 진화된 틀을 사용해 인간을 연구하고 있다. 이를 가리키는 용어로 진화심리학, 진화생물학, 행동생태학, 사회생물학 등이 있다. 우리는 이를 총칭하여 '인간 진화심리학(**HEP**: Human Evolutionary Psychology)'라고 한다. 이 학문들의 공통 관심사는 인간의 과거 모습을 바탕으로 하여 현재의 인간을 진화학적으로 이해하려는 것이다. 많은 **HEP** 연구자들은 동물 행동 연구부터 시작

해왔다. 따라서 **HEP** 연구는 인간과 다른 동물의 행동 진화와 같다는 원칙에 입각하여 진행되기 때문에, 여타 동물 행태 연구와 매우 비슷하다. 단지 **HEP**의 경우에는 조사 대상이 말을 할 수 있다는 점만 다를 뿐인데, 이는 연구자들에게 장점이기도 하지만 함정이기도 하다. **HEP**를 잘 이해하면 인간의 반응과 대응을 더욱 잘 예측할 수 있다.

일례로 공작은 화려한 깃털을 진화시켜 왔다. 그 이유는 암컷이 밝고 알록달록하며 화려한 꼬리털을 지닌 수컷을 훨씬 더 선호했기 때문이다. 암컷은 화려한 깃털을 갖지 못한 수컷을 거들떠보지 않았고 짝으로도 거부했다. 그 결과, 아름다운 꼬리털을 갖지 못한 공작 수컷들은 자연 도태되었다.

공작의 경우처럼, 인간의 섹스 전략은 무의식적인 수준에서 작동한다. 다른 종과 마찬가지로 인간의 짝짓기는 언제나 전략에 입각해 있다. 일반적인 통념처럼 결코 마구잡이로 이루어지지 않는다는 뜻이다. 여자는 음식, 잠잘 곳, 은신처 같은 자원을 제공할 수 있는 남자를 원해왔고, 이를 충족시켜 주지 못하는 남자는 다음 세대에 유전자를 전하기 어렵다.

### 사랑이 왜 그리 중요한가

**18**세기 들어 의학이 과학적 학문으로 정립되면서, 의사들은 측정되지 않거나 수량화되지 않는 인간 수명의 개념을 거부했다. 수많은 연구 결과는 사랑하고 사랑받는 일이 장수에 큰 도움이 된다는 것을 밝혔다. 그 외의 다른 것들, 가령 유전자나 식이요법, 생활방식, 약물 그 어떤 것도 사랑의 효과에 미치지 못했다.

딘 오니시는 획기적 저서 《스트레스, 식이요법, 당신의 심장》의 저자이자 인간 수명을 연구하는 선구적이며 개척자적인 학자다. 그는 심장병 같은 질병은 생활습관으로 인해 발생할 수도, 회복될 수도 있으며, 적극적이고 사랑하는 관계 유지가 질병 극복에 큰 도움이 된다고 말했다. 오니시는 **1950**년대 초 하버드에서 행한 "스트레스의 극복" 연구에서 이렇게 보고했다. 연구자들은 건강한 남자 **156**명에게 부모와의 관계를 물었다. 답변은 "친밀하고 따뜻하다"와 "긴장되고 차갑다"로 구분되었다. **35**년이 지난 뒤(**1985**), 어머니와의 관계가 좋지 않다고 대답한 피조사자의 **91**퍼센트가 중년에 심각한 질병에 걸려 있는 것으로 나타났다. 반면 어머니와의 관계가 따뜻하고 좋다고 대답한 사람의 발병률은 **45**퍼센트에 그쳤다. 아버지와의 관계가 나쁘다고 대답한 피조사자의 **82**퍼센트가 중병에 걸렸지만, 따뜻한 관계를 유지한 사람은 **50**퍼센트만 병에 걸렸다. 놀랍게도 부모 모두와 냉랭한 관계라고 대답한 사람들은 **100**퍼센트 중년을 맞아 큰 병에 걸렸다.

> 사랑받는 사람은 오래 살고
> 훨씬 더 건강하다.

클리블랜드에 있는 케이스웨스턴 리저브대학 의과대학 소속 연구자들은 십이지장 궤양 병력이 없는 남성 **8,500**명을 대상으로 설문조사를 한 후 **5**년 동안 그들을 모니터했다. 이후 그들 중 **254**명이 궤양에 걸렸다. 설문에서 "아내는 나를 사랑하지 않는다"라고 대답한 사람은 "아내는 나를 사랑한다"고 답한 사람보다 **3**배 더 많이 십이지장 궤양에 걸렸다. 협심증 병력이 없는 만 명의 유부남을 추적 조사한 연구도 있다. "아내는 당신을 사랑합니까?"라는 질문에 "예"라고 대답한 남자들은 다른 위험인자 소지 여부와 관계없이, 협심증에 걸리는 비율이 현저히 떨어졌다. 또한 피조사자의 건강 위험 카테고리가 높아질수록 아내의 사랑이 건강 유지에 더욱 중요한 요인으로 조사되었다. 후속조사에 의하면 인간의 따뜻한 감정은, 스트레스를 유발해 질병이나 중병을 일으키는 요인들에 대한 완충제로서 커다란 역할을 한다.

그렇다면 아버지나 어머니 혹은 부모 모두와 사이가 좋지 않은 사람은 암에 걸려 죽을 운명이란 말인가? 다행스럽게도 그렇진 않다. 성인이 되어 반려자와 친밀한 관계를 유지한다면 정서적 안정을 되찾아 부모 학대의 효과를 상쇄할 수 있다. 연구 결과들이 이를 증명한다. 그러나 부모에게 학대받은 사람이 훗날 반려자를 만나서도 그런 관계를 반복한다면, 그가 중병에 걸릴 확률은 아주 높아진다.

전 세계의 연구 결과는 기혼자가 독신자나 별거, 이혼한 사람보다 더 오래 살고 면역력이 강하다는 것을 보여준다. 암 진단 후 **5**년 이상 생존율은 인종, 성별, 문화를 불문하고 기혼자가 그렇지 않은 사람보다 훨씬 더 높다.

> 유부남은 독신남보다 오래 산다.
> 하지만 유부남은 독신남보다 더욱 간절히 죽고 싶어 한다.

초기 연구 결과들은 동거나 미혼 커플보다 기혼자가 훨씬 더 건강함을 증명한다. 결혼이라는 제도가 정서적 안정감을 가져다주기 때문이리라. 특히 여성이 더욱 안정감을 느끼는데, 속된 말로 자신의 남편은 이제 시장에서 공식적으로 사라진 '품절남'이 되었기 때문이다. 미국 인구조사협회장 린다 웨이트는 연구 과정에서, 남자든 여자든 결혼 이후 수명이 길어진다는 것을 발견했다. 유부남은 미혼남보다 평균 **10**년을 더 살고, 유부녀는 미혼녀보다 평균 **4**년을 더 산다. 이처럼 기혼자들은 미혼자보다 더 오래 살고 병에 걸릴 확률도 낮다.

> 2021년이 되면 영국의 다섯 커플 중 한 커플은
> 결혼보다 동거를 더 선호하게 될 것이다.

## 사랑의 7가지 유형

많은 사람들에게 사랑은 하나의 거대한 신비이다. 특히 남자들이 그러하다. 남자는 여자가 말하는 '사랑'이라는 단어가 구체적으로 무엇을 의미하는지 잘 이해하지 못한다. 일례로 여자는 남자에게 "당신을 사랑해요"라고 말하더니 뒤이어 "난 초밥도 사랑해요", "강아지도 사랑해요"라고 마지막으로는 "난 쇼핑을 사랑해요"라고 끝낸다. 가련한 남자는 초밥과 옷 쇼핑, 그녀의 리트리버 애완견과 자신 중 그녀가 정말 사랑하는 것은 무엇인지 혼란스럽다.

> "물론 당신을 사랑해." 그가 항의했다.
> "난 당신 남편이야. 그게 내 임무라고."

문제는 대부분의 현대 언어에는 '사랑'이라는 엄청나게 폭넓은 감정을 표현하는 단 하나의 단어밖에 없다는 사실이다. 고대 언어에는 사랑에 대해 다양한 범주를 설정했고, 각 범주에 대한 별도의 어휘가 있었다. 그리하여 고대 페르시아어는 **78**개, 그리스어는 **4**개, 라틴어는 **5**개를 갖고 있었으나, 영어에는 단 한 단어뿐이다.

오늘날의 사랑에는 다음 **7**가지 유형이 있다.

1. 로맨틱 사랑—육체적 매력, 성적 흥분, 로맨스, 호르몬 분비
2. 실용적 사랑—국가, 직장, 쇼핑, 피자에 열광하는 감정
3. 이타적 사랑—신이나 종교 같은 특정 대의를 사랑하는 것
4. 강박적 사랑—질투, 강박, 불안정하고 거센 감정
5. 형제적 사랑—친구나 이웃에게 느끼는 사랑
6. 박애적 사랑—동포 사랑
7. 가족적 사랑—자녀, 부모, 형제에 대한 사랑

여자가 "당신을 사랑해요"라고 처음 말하는 순간 남자는 무엇을 생각할까? 그 이전까지 그들의 관계는 매우 좋았다. 섹스도 좋았고, 많이 웃었고 신나게 즐기며 놀았다. 그러나 여자의 입에서 나온 '사랑'이라는 말을 듣는 순간 남자의 머릿속은 다른 것들로 채워지며 복잡하게 굴러갔다. 장기적 약속과 책임, 결혼, 사돈과 동서, 아이들, 권태기, 희생과 봉사, 정신적 고문, 지루한 일부일처제, 튀어나온 아랫배, 벗겨진 대머리 등.

반면 여자는 '사랑'이라고 말하는 순간 안정된 일부일처제, 포근한 보금자리, 따뜻한 가정과 사랑스런 아이들을 떠올린다. 그러나 이는 남자가 가장 두려워하는 것들이다.

### 사랑의 지도

'사랑의 지도'는 우리가 매력적으로 여기는 것들을 포함하는 청사진이다. 우리는 내면의 채점표에 의거해 상대의 적합성을 평가한다. 상대의 매혹도는 우리의 두뇌회로와 어릴 적 형성된 일련의 기준으로 결정된다. 우리가 보고 듣고 체험한 것에 바탕을 두는 기준으로 말이다. 가령 부모가 무심히 내던진 말이나 표현, 부모가 매력적이거나 혐오스럽다고 생각한 것들, 어릴 적 친구들이 좋아하거나 싫어했던 일들, 선생님에게 상을 받은 일과 벌을 받은 일들, 그 외에도 직접 겪은 다양하고 소소한 일들 등이다. 과학자들은 이런 사랑의 지도는 6세경부터 형성되기 시작해 15세가 되면 확고히 굳어진다고 한다.

특히 두 가지 사실은 불변의 진리로 굳어졌다. 여자는 남자의 자원, 남자는 여성의 젊음과 미모를 측정의 기본사항으로 여긴다.

네 살짜리 아이는 툭하면 "난 커서 엄마(혹은 아빠) 결혼할 거야!"라고 소리친다. 이처럼 아기들은 부모나 형제자매와 결혼하려 한다. 그러나 과학자들에 따르면 우리는 7세경부터 가족 및 가까운 사람들에 대한 '로맨틱한 감정'을 잃어버리고, 멀리 있거나 신비한 사람들에게 매혹된다고 한다. 친숙한 사람들에 대한 혐오감은 두뇌의 화학물질 수위에 따라 작동된다. 그 유명한 '땀 냄새 나는 티셔츠' 실험이 이를 증명한다. 여성들에게 다양한 남자 티셔츠를 냄새 맡게 한 후, 각 셔츠에 대한 매혹도를 질문한 실험이다. 남자의 면역체계가 여자와 가까울수록—형제나 친지, 아버지 등—그 티셔츠에 대한 호감도는 떨어졌다. 반면 면역체계가 다르면 다를수록 여성은 그 티셔츠에 호감을 느꼈다. 다른 포유류에서도 발견되는 이런 현상의 진화로 인해 인간은 근친결혼을 하지 않게 되었다. 근친상간과 근친결혼의 생물학적 문제를 사전에 차단한 이 사례야말로 적자생존을 구체적으로 증명한다.

타이밍도 매혹에서는 매우 중요한 요소다. 우울, 고독, 이혼 등으로 감정적 하강 상태이거나 반대로 성공을 자축하며 기분이 한껏 고조된 상태라면, 당신의 두뇌는 그 순간 당신이 갖고 있는 사랑의 욕구를 충족시켜 줄 사람을 찾아 나선다. 변화된 환경은 호르몬 수치를 바꾸고, 그에 따라 사랑의 지도도 활성화된다. 환경변화도 이런 효과를 가져온다. 휴가를 즐기거나 업무회의를 할 때, 감정의 흥분이나 이완 혹은 일상적인 가정 내 의무 사항들로부터 자유로워질 때, 우리의 도파민 수치는 높아지고 그에 따라 사랑에 빠지거나 정사를 벌이게 된다. 어떤 경우든, 그 배후에는 활발한 호르몬 작동이 존재한다는 사실을 명심하라.

### 할리우드와 미디어의 거짓말

영화배우는 전문적인 거짓말쟁이다. 영화 속 자신의 캐릭터를 관객에게 가장 설득력 있게 보여주는 배우가 유명해지고 상도 탄다. 할리우드는 거짓 이미지, 가짜 로맨스, 인공적 매혹의 중심지다. 그런데도 선남선녀들은 실제 생활에서 이런 거짓 이미지들과 경쟁하려고 애를 쓴다. 배우들은 아름다운 환상을 창조하기 위해 스크린에서 특별한 효과를 사용한다. 실생활에서는 결코 따라할 수 없는 환상이다. 이런 인공적인 이미지는 두 세대를 걸쳐 우리의 두뇌 속으로 계속 주입되었다. 여자들은 은막의 여신들과 겨루기 위해 과한 행동을 취하고, 남자들은 역사상 그 어느 때보다 멋지고 자극적이며 로맨틱하기를 강요당하고 있다. 샤넬 향수를 뿌리고, 베르사체 의상을 입고, 롤렉스시계를 차고, 완벽한 머리모양과 신체적 비율을 드러내면서 고급 리무진을 타고, 30인조 오케스트라가 연주하는 최고급 레스토랑에 가본 적이 있는가? 우리는 바로 이런 이미지를 상대로 헛된 경쟁을 펼치고, 그런 사람이 되도록 부추김을 당하고 있다.

오늘날 언론매체는 끊임없이 우리에게 이런 황당하고 비현실적인 이미지를 주입한다. 현대인은 이런 거짓 이미지의 그늘 아래 살면서 그에 부응하는 삶을 원한다. 특히 이런 미디어에 속은 많은 여성들이 자신의 짝으로 브래드 피트 같은 남자를 꿈꾸며, 자신은 그럴 자격이 충분하다고 착각한다. 현실은 자동차 수리공에다 평범하기 짝이 없는 남편을 두고서 말이다. 현실과 환상의 경계선이 흐릿해졌다. 연애 초창기에는 많은 남자들이 여자들의 비현실적 기대감에 이기지 못하고, 실제로 그렇게 살게끔 해주겠다는 환상을 심어 놓기도 한다. 여자들은 영화에나 등장하는 남자 주인공을 원한다. 여자의 소망과 갈망을 정확히 간파하고 언제나 그것을 제공해주는 남자. 그러나 오래지 않아 여자는 상대가 평범한 보통 남자라는 사실을 깨닫고 환멸을 느끼기 시작한다. 비현실적인 기대감은 로맨스를 깨뜨리는 결정적 원인이다.

여자는 날마다 수백 가지의 거짓 이미지에 노출된다. 거짓 로맨스의 상황에서는 언제나 '새로운 남자'가 등장한다. 여자처럼 생각하고 말하고 반응하지만 힘은 센 '마초 맨'이다. 조각 같은 몸매, 값비싼 의상, 털이 무성한 가슴, 멋지게 다듬은 턱수염을 뽐내면서도, 로맨스와 일상에 관한 여자들의 수다를 열심히 들어준다. 여성 잡지들은 이런 거짓 이미지를 더욱 강화시킨다. 그런 잡지를 읽는 여자들은 자신만이 부드러우면서도 강한, 멋진 남자를 만나지 못한 유일한 여자라고 불평한다. 연구 결과에 따르면, 허황된 로맨스 소설에 심취한 여자들은 실생활에서 행복을 느끼지 못한다고 한다. 하지만 아예 로맨스 소설을 읽지 않는 여자들보다 오르가슴을 더 잘 느낀다고도 한다.

> 왜 유부녀가 독신녀보다 몸무게가 더 나갈까?
> 집에 온 독신녀는 냉장고 안에 뭐가 있나 본 후 침대로 간다.
> 반면 집에 온 유부녀는 침대에 뭐가 있나 본 후 냉장고로 가기 때문이다.

### 남자에게 가혹한 21세기

**1960**년대 초 이전에 태어난 남자들은 "남성의 매력을 발휘하려면 직업, 취미 그리고 마당의 헛간을 소유해야 한다"고 교육받으며 자란 마지막 세대다. 숙녀를 위해 문을 열어줘야 하고, 숙녀 주위에서는 상소리를 하지 말아야 하며, 맥주를 잘 마시고, 존 웨인이나 캐리 그랜트 같은 배우를 존경해야 한다고 배웠다. 그래야만 '진짜' 남자가 될 수 있다고 배웠다. 존 웨인은 그들의 궁극적인 롤모델이었다. 거칠고 강하면서도 여자와 미인들에게는 존경심을 잃지 않는 남자였기 때문이다.

> 진짜 사나이는 대중 앞에서 눈물을 흘려서는 안 된다.
> 그러나 극장에서 충실한 개가 주인을 구하다
> 죽는 영화를 보면서 우는 것은 괜찮다.
> 하이디 클룸이 블라우스를 벗는 모습을 보고 울어도 된다.
> 운 없이 마시던 맥주를 떨어뜨렸을 때도 상관없다.

**1970**년대 이후 페미니즘이 확장되면서 남자와 로맨스에 대한 여성의 기대감은 완전히 바뀌었다. 오늘날 여자들은 자신의 할머니 세대가 감히 상상도 못한 일을 남자들에게 기대하고 있다. **1970**년대 이전만 해도 여자가 사회적으로 존중 받으려면 남편과 자녀가 있어야 했다. 하다못해 대출을 하려 해도 남편의 존재가 필요했다. 그러나 이런 조건들은 더는 필요하지 않기 때문에 여자는 자유롭게 남자에게 자신이 원하는 것을 요구할 수 있게 되었다.

남자는 여자의 새로운 도전에 부응하려 노력해왔다. 그러나 그녀들은 남자에게 "여자처럼 행동하고 생각하기"를 요구했다. 일례로 그녀가 울적하거나 기분 나빠지면 끝없는 수다에 동참해주고, 해결책을 제시하기보다는 위로해주기를 바란다. 그러나 이는 남성의 두뇌회로에 들어있지 않은 사항이다. 자연히 당황하고 혼란스러워진 남자들은 이전의 미덕, 즉 마초적이고 남자다운 행동을 찾아 뒷걸음질 쳤다. 자동차, 밀리터리, 컴퓨터, 스포츠 경기 기록 등에 거의 강박적으로 집착하는 남자들의 모습을 본 적 있을 것이다. 대체로 의사소통이 필요 없는 행위들이다. 그러나 여성화한 현대 사회는 이런 남성적인 행동을 좋아하지 않으며 때로는 병이라고 진단하기도 한다. 실제로 이런 행동에 심취한 남자들이 '정신병자'라는 주홍글씨를 받기도 했다. 그러나 그들은 정신병자가 아니라 일부 남성적 행위의 구체적 형태를 보여주는 사례 혹은 부모를 잘못 만난 사람일 뿐이다.

오늘날 어린이들을 가르치는 교사들은 대부분 여성이다. 여교사들은 남자아이들에게 의견 차이를 "말로 해결하고", "조용하게 놀라"고 말한다. 남자의 두뇌에 새겨진 특징인 위계질서 확립하기, 레슬링, 장난기 어린 싸움, 리더 선출을 금지한다. 그러니 남자아이들이 롤모델로 삼을 만한 교사가 별로 없다. 그렇기 때문에 새로운 세대의 젊은 남자들은 남성의 본질을 생각하며 당황스러워 한다.

불행하게도, 미디어와 할리우드 때문에 여성이 남성에게 바라는 바로미터의 눈금은 해마다 높아진다. 그 결과 많은 남자들이 여자를 사귈 생각을 아예 포기했다. 여자들은 잡지에 표지모델로 등장하는 완벽한 여배우의 이미지를 실현하길 원한다. 이런 상황에서 남자들은 더욱 난감해진다. 왜냐하면 여성잡지는 여성들에게 외모와 태도에 대해 구체적으로 지시해주지만, 남성잡지는 그러지 않기 때문이다. 21세기의 새로운 완벽남은 직장에서는 유능한 전사, 의상과 요리에 관해서는 경이를 불러일으키는 지식남, 침실에서는 종마, 체육관에서는 초콜릿 복근을 자랑하는 짐승남, 아이에게는 완벽한 아버지, 여자의 고민에 끝까지

귀 기울이는 친구, 〈로미오와 줄리엣〉이나 〈타이타닉〉 같은 영화를 볼 때는 눈물을 흘리는 감성남이어야 한다. 그러나 대부분의 여성들에게는 슬픈 소식이지만, 이런 남자들은 대부분 '남자친구'를 갖고 있다.

21세기 완벽남의 요구조건 목록이 점점 길어지면서, 수많은 남자들이 축구 경기, 자동차 대회, 술집으로 몰려가고 있다. 거기에서는 여전히 남들 보는 데서 남자처럼 행동할 수 있기 때문이다. 그래서 남자 없는 여자들은 쇼핑을 가거나 초콜릿을 먹는다.

## 요약

지금은 과거에 비해 이성관계를 시작하기도 어렵고 유지하기는 더 어려운 시대다. 상대에 대한 기대감은 전대미문의 수위에 도달했다. 부모는 자녀를 어떻게 지도해야 할지 난감해하고 있다. 하지만 사랑하고 사랑받는 일은 예나 지금이나 건강과 생존, 행복한 인생에 없어서는 안 되는 필수요소다. 남자는 어떤 상황에서는 여성처럼 부드러워야 하고, 또 어떤 상황에서는 마초처럼 강인하게 행동해야 한다. 여자는 스스로 생계를 책임지면서 자신의 위치를 어떻게 설정할지 알고 있어야 한다.

과거 우리 조상들은 이렇게 지내지 않았다. 자신이 누구인지, 어디서 왔는지 아는 사람은 올바른 전략을 세워서 이성을 매혹하고, 지속적인 관계를 유지한다. 무엇보다 먼저 상대방이 섹스와 사랑으로부터 진정

원하는 것이 무엇인지 정확하게 알아야 한다. 다음 두 장에서 이에 관해 다룰 것이다.

- 사회는 지난 한 세기 동안 몰라보게 변했다. 그러나 우리의 욕구와 동기는 수십만 년 동안 전혀 바뀌지 않았다.
- 미디어는 사람들에게 비현실적인 남녀관계를 보여주며 잘못된 환상을 제공했다. 이 세상 그 누구도 완벽할 수 없다. 자신을 혹은 연인을 유명 배우처럼 여기거나 그렇게 바꾸려 하는 일은 불행의 시작이다.
- 우리의 원시적 동기를 이해하는 일이야말로 행복한 관계의 문을 여는 열쇠다.

# 여자가 진정으로 원하는 것

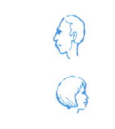

여자가 진정으로 원하는 것

많은 어머니들이 자신도 모르는 사이에 아들을 형편없는 남편으로 훈련시키고 있다. 아들은 자기가 무슨 일을 하든지(혹은 하지 않든지) 엄마가 자신을 항상 사랑한다는 사실을 안다. 옷을 아무렇게나 벗어놔도, 설거지 그릇을 산처럼 쌓아놔도 엄마는 지적하지 않는다. 엄마를 외식에 초대하지 않아도 되고, 예의를 지키지 않아도 용납이 된다. 이처럼 어머니는 아들에게 "여자에 대한 사랑은 일방통행이 되어도 무방하고, 네가 베풀지 않아도 여자는 여전히 행복하다"는 착각을 심어준다.

그렇기 때문에 새로운 로맨스와 관련된 호르몬 분비가 사라질 때―언젠가는 당연히 사라진다―로맨스는 끝나고, 열정은 실종되며, 섹스는 식어버리고 만다. 아들은 어머니에게 자신의 사랑을 증명할 필요가 없다. 어머니는 언제나 그 사랑을 확신하기 때문이다. 하물며 감히 새로 등장한 여자가 감히 사랑의 증명을 요구하다니? 그의 여자가 어머니 역할을 맡았다는 증거는 이럴 때 나타난다. 그녀가 그의 옷을 빨아주고, 무엇을 먹으라고 챙기고, 무슨 일을 하라고 독촉할 때 말이다. 그 어떤 남자도 어머니 같은 여자와 섹스하고 싶어 하지 않는다. 여자가 남자를 성공적으로 바꿀 수 있는 유일한 시기는 그가 갓난아이일 때뿐이라는 사실을 기억하라.

> 당신이 남자를 바꾸려 든다면 그의 어머니 역할을 맡으려는 것이다.
> 그의 어머니는 그에게 시금치를 먹이려 했고,
> 숙제를 열심히 하도록 만들었다.


### 바뀌는 여성의 욕망

현대 여성은 할머니 세대보다 훨씬 더 이성관계에 있어서 많은 것을 요구한다. 그간 얼마나 많이 변했는지 알아보기 위해, **1963**년 한 여성 작가가 젊은 여성들을 위해 쓴 《가정 경제》라는 책 중 섹스에 관한 부분을 인용하겠다.

> 침실에 들어가면 즉시 침대에 들어갈 준비를 하라. 여성의 청결은 매우 중요한 문제지만, 피곤한 당신의 남편은 버스 정류장에서 줄을 서는 것

처럼 화장실 앞에 줄을 서려고 하진 않을 것이다. 그러나 침실로 갈 때는 가장 좋은 모습을 보이도록 하라. 너무 노골적이지 않되 은근한 환영의 표정을 보이라. 만약 얼굴에 팩을 하거나 머리에 세팅기구를 말아야 한다면 남편이 잠들 때까지 기다리라. 한밤중에 이런 일들을 하다가 남편에게 충격을 줄지도 모르기 때문이다. 남편과 성교하게 되면 결혼 서약을 기억하라. 특히 그에게 순종하겠다고 한 서약 내용을 기억해야 한다. 그가 성교하지 않고 자겠다고 한다면 그렇게 하도록 허용하라. 모든 일에서 남편의 의사를 따르라. 당신이 먼저 성교를 요구하며 남편을 압박해서는 안 된다. 남편이 성교를 원하면 공손하게 동의하고, 아내의 만족보다 남편의 만족이 더 중요하다는 사실을 기억하라. 그가 절정의 순간에 도달할 때, 당신의 가벼운 신음 소리는 그에게 격려가 된다. 당신이 성교를 즐겼다는 충분한 증거도 될 수 있다. 남편이 다소 이례적인 행위를 요구하면 아무 불평 없이 복종하되, 침묵으로 내키지 않은 마음을 표시해도 무방하다.

당신의 남편은 성교 직후 곧 잠에 빠져들 것이다. 그러면 잠옷을 다시 입고 얼굴에 팩을 하고 머리를 손질하도록 하라. 그리고 자명종을 정해진 시간에 맞춰 놓아 다음 날 남편보다 먼저 일어나라. 그러면 남편이 깨기 전에 아침식사를 준비해 놓고 기다릴 수 있다.

어떤가? 이 글을 읽는 남성들은 이 시대로 되돌아가고 싶을 것이다. 실제로 이 내용이 매우 합리적이고 이상적이라고 주장하는 남자들도 많다. 그러나 21세기 여성들은 할머니 세대와는 다르다. 그때는 그때고 지금은 지금이라고 생각하는 것이다. 오늘날 여성들은 짝짓기에 관해서는 오래 전 설정된 두뇌회로의 지시를 따르긴 하지만, 할머니 세대로부터는 멀리 떠나왔다. 예전 세대들이 하지 못했던 선택과 결정을 할 수 있도록, 현대 사회가 여성을 돕고 있다.

> 많은 어머니들은 아직도 딸에게, 불의의 사고를 대비하여 깨끗하고 단정한 속옷을 착용하라고 말한다. 어머니들은 대체 무슨 생각인 걸까? 사고를 당해 무의식 상태인 딸이 병원에 실려 갔을 때, 병원 직원들이 딸의 치마를 들추고 속옷을 보며 낄낄거릴 여유가 있다고 보는 걸까?

### 피임, 그 영원한 숙제

1950년대 여성의 60퍼센트는 약혼자 혹은 남편에게 처녀성을 바쳤다. 그렇다면 지금은 어떨까? 오늘날 이 수치는 급격하게 하락하여 단 1퍼센트에 불과하다. 1960년 이후로 서양 혹은 유럽 국가 여자들의 경우, 5명에 1명꼴로 자녀가 없다. 그 전에는 피임약이나 피임 방법이 발전하지 않았기 때문에 여성들의 임신율이 높았다. 중국에서는 매년 2백만이 넘는 커플이 이혼한다. 20대 여성은 파우치에 립스틱과 함께 콘돔을 넣어다닐 가능성이 많다. 오늘날 적극적으로 섹스를 찾아 나서는 여성은 으레 자신감의 부양(浮揚)을 고취시키는 여성으로 칭송되기도 한다.

> 미국에서 여성 고액 연봉자의 **42**퍼센트가 자식이 없으며,
> **14**퍼센트는 앞으로 아이 낳을 생각이 없다고 말한다.

서른이 되면 대부분의 여성들은 셋 이상의 섹스 파트너를 둔다. 이들은 20대를 자신이 누구인지 알아내어 정체성을 확립하는 시기로 보낸다. 20대에 결혼해 안정적 가정을 꾸리고 자녀를 양육할 생각은 전혀 하지 않는다. 대부분의 여성 잡지들은 20대 여성을 타깃 독자로 삼고 그녀들의 성욕과 성적 테크닉에 관한 기사를 잔뜩 내보낸다. 표지에 '섹스'나 '오르가슴'이라는 단어가 없는 여성 잡지는 찾아보기 어렵다. 여성 화장실에는 콘돔 자판기가 있다.

그러나 텔레비전 드라마는 아직도 구태의연하게 교제 중인 커플이 여섯 번 만난 후 결혼한다는 상황을 연출하는 등, 사랑과 로맨스의 결말은 결혼이라는 메시지를 내보낸다. 현대 여성을 곤란하게 만드는 문제가 무엇인지 아는가? 대부분의 남자들이 전혀 변하지 않았고, 텔레비전이나 영화에서 나오는 남자들과 전혀 비슷하지도 않다는 사실이다. 많은 남자들이 아직도 아버지 세대 혹은 할아버지 세대들의 가치관과 태도를 고수하고 있다. 일과 스포츠처럼 편안한 남성적 영역으로부터 좀처럼 벗어나려 하지 않는다.

오늘날 벌어지는 미디어의 과대 포장 작업은 젊은 여성들에게, 예전에는 문란한 성관계라고 지탄받던 행동을 취하라고 부추긴다. 그러면서도 현대 여성은 지속적인 남녀관계에 흥미를 보이며 거의 강박적일 정도로 집착한다. 빅토리아와 데이비드 베컴 부부, 브란젤리나 같은 유명 커플

들에 대해 샅샅이 알고 싶어 하며 그런 류의 기사들을 매우 좋아한다.

### 즐기고 싶은 여자들

오늘날의 성적 혁명을 이끌고 있는 여성들은 20대가 아니라 40대다. 30대에 자신의 커리어를 견고히 확립하고, 장성하여 독립한 자녀들을 둔 40대 여성 말이다. 그들은 결혼이 더는 필요 없는 제도라고 생각하며, 사랑 없는 따분한 관계에 얽매이기를 거부한다.

> 많은 여성들이 결혼은 한평생 지속된다고
> 생각하지 않는다. 인생은 너무 길다.
> 결혼은 사랑을 위한 것이다.

전통적인 결혼제도는 여성들에게 사회적 지위와 안정된 생활수준을 제공했다. 1970년대 이전까지만 해도 대부분의 가정은 남자가 생계를 책임졌고 여자는 재정적 혜택을 받았다. 하지만 현대 여성들은 스스로 돈을 벌고 자신의 지위를 확립할 수 있다. 이제 전통적 결혼은 더 이상 혜택이 아니기 때문에 하룻밤 사이에도 깨질 수 있게 되었다.

> 미국 여성들 중 3분의 1이
> 남편보다 더 많이 번다.

현대 여성이 처한 새로운 사회적 상황에 더하여, 예전의 여성들이 어떻게 진화해왔는지 이해하는 일은 현대 여성에게 남녀관계를 생각하고, 반응하고, 평가하는 데 예리한 통찰력을 제공한다. 여자는 인생에서 그 무엇보다도 사랑을 중시하기에, 자신의 성공과 가치를 남녀관계의 충실도로 측정한다. 반면 남자는 사회적 성취와 출세로 자신의 성공과 가치를 측정한다. 원시시대 여성들은 남자를 보살피고 사랑하는 사람으로 진화해왔다. 의식주 및 생존을 위해서는 남자가 제공하는 안전이 절대적으로 필요했기 때문이다. 당시 남녀관계는 일종의 물물교환 제도였다. 남자의 사랑을 얻지 못한 여자는 동굴에서 쫓겨나 적이나 맹수에게 희생될 수도 있었다. 여자는 자녀들을 사랑하고 양육하는 일에 전념했다. 그래야만 그들의 유전자가 다음 세대로 안전하게 전해질 수 있었기 때문이다. 사냥이나 전쟁에서 돌아오지 않는 남자도 있었다. 그러면 그의 여자는 다른 여자들의 도움과 보호를 받아야 했다. 생존을 위한 지원 그룹이 필요했던 것이다.

이것은 지난 수십만 년 동안 이어진 생활 방식이었다. 그런데 진화론적 관점에서 보면 거의 하룻밤 사이에 상황은 완전히 뒤바뀌고 말았다. 피임약 덕분에 사상 처음으로 여성은 일을 할지 아니면 아이를 가질지 선택할 수 있게 되었다. **1960**년대 페미니즘 운동은 여성들에게 독립적으로 생각하고 행동하면서 스스로 결정하는 기회를 제공했다. **1980~1990**년대 남녀평등 운동은 여성에게 힘과 영향력이라는 새로운 지위를 안겨주었다. 그런데도 자립적이고 독립적인 **21**세기 여성들은 안정과 성취감을 느끼기 위해 남자의 존재를 필요로 하는, 지극히 이중적인 감정으로 고뇌하고 있다. 이런 원초적 욕구는 새로운 시대의 여성에게 불안정, 자기회의, 죄책감을 제공한다. 여성은 왜 이런 감정이 생기는지 알지 못한다. 문제가 무엇일까? 거의 백만 년 동안 진화하면서 여성 두뇌 속에는 그녀가 오늘날 느끼는 감정을 갖게끔 회로가 설치되었다. 그렇지만 그녀가 현재 누리는 지위의 변화는 채 **50**년도 되지 않는 동안 벌어진 것이다. 여성의 생물학(본능)이 여성의 사회학(환경)과 엄청난 불화를 일으키고 있다.

> 성공한 남자는 여자가 쓰는 돈보다
> 더 많은 돈을 버는 사람이다.
> 성공한 여자는 이런 남자를 만난
> 사람이다.

### 왓 위민 원트

연구자들은 마침내 여자가 남자에게 진정으로 바라는 것이 무엇인지 알아냈다. 그것은 현대 여성들이 원한다는 갈망과 일치하지 않는다. **21**세기 여성이 남성에게 정말 원하는 것은 선사시대 여성들의 바람과 별로 다르지 않다. 훌륭한 사냥기술로 식량을 제공하고 처자식을 부양하는 일 말이다. 현대 여성은 돈과 교양, 유머감각, 지위와 권위를 가진 남자를 원한다. 원시 여자나 **21**세기 여자나 좋은 자원을 가진 남자를 원하는 것이다. 여성은 야심만만하고, 지적이고, 근면 성실하고, 책임감 있고, 존경받는 남성을 갈망한다.

> 현대 여성은 그녀의 선조가 오래전부터 원했던 바로 그것을 바란다.
> 즉 자원이다.

원시 여성은 키가 크고 성숙하고, 역삼각형 상체와 잘 발달된 근육질의 남자를 원했다. 이 모든 신체적 특성은 그가 사냥을 잘하고 가족을 부양할 수 있다는 증거이기 때문이다. 남녀평등을 외치는 21세기 여성 또한 잘 발달된 상체와 어깨를 가진 남자를 선호한다. 그러나 덩치가 너무 큰 남자는 좋아하지 않는다. 그런 남자는 자기중심적이거나 이기적일 수 있기 때문이다. 문명 여성에게 있어 남자의 잘 발달된 식스팩 복근은 멋진 보너스다.

이런 신체조건은 사냥하러 뛰어다니고, 야생 들소를 잡고, 무거운 짐을 나르고, 거미를 죽이는 데 유리하지만 정작 21세기의 일상에서는 별 필요가 없다. 그런데도 현대 여성이 남성의 이런 신체에 매혹된다는 것은, 그들의 두뇌회로가 원시 여성들의 갈망과 똑같은 것을 원한다는 증거다.

동서고금을 막론하고 여성은 자원을 가진 남자를 원한다. 더 자세히 설명하면, 그런 자원을 처자식과 나누어 가질 의욕이 있는 남자에게 끌린다.

### 그것은 공연한 수작이 아니다

다른 영장류 암컷도 자원을 함께 나누는 수컷에게 매혹된다. 독일 막스플랑크 진화인류학연구소 크리스티나 고메스와 크리스토프 보슈는 코트디부아르 보호림의 침팬지를 연구했다. 이들 역시 먹이를 나누는 조건으로 섹스를 제공하는 '계약'을 맺고 있었다. 두 학자는 수컷이 사냥한 후 암컷과의 교미 횟수를 관찰했다. 발정기가 아닌 암컷과 고기를 공유하는 수컷은 그 암컷들과의 교미 횟수가 두 배나 높았다. 이는 암컷의 임신 가능성을 높이는 동시에 암컷의 전반적인 음식 섭취량도 증가했다. 고메스는 이 연구가 훌륭한 사냥기술과 번식 능력 사이의 연결 고리를 증명한다고 주장했다.

하지만 인간은 어떤 남자가 자원을 얼마나 갖고 있는지 파악하려면 시간이 걸린다. 데이트 세 번 만에 알 수도 있고 3주나 3달이 걸릴 수도 있다. 그렇기에 여자는 남자보다 진도가 느린 반면 높은 옥시토신 수치 덕분에 일단 사랑하면 깊게 빠진다. 깔끔한 외모의 세련된 도시 남자, 〈타이타닉〉을 보며 눈물을 흘리는 남자, 자신의 감정에 대해 한없이 수다를 떨 수 있는 남자… 이런 남자들은 여자의 좋은 친구가 될 수는 있을지 몰라도 평생을 함께할 믿음직한 반려자는 되지 못한다. 결론은 자원이다. 여자는 자원이 풍부한 남자를 원한다.

풍부한 자원은 남성적 매력의 첫째 조건이자, 여성의 호감을 불러일으키는 가장 강력한 요인이다. 뱀이나 절벽을 선천적으로 무서워하듯, 여자는 남자의 자원을 본능적으로 사랑한다.

> 현대 여성은 여전히 제공하고 보호하는 남자를 원한다. 즉 자원이 풍부한 남자를 선호한다는 뜻이다.

 심리학자 데이비드 버스는 '개별적 차이와 진화 심리학' 분야를 담당하는 교수다. 그는 **37**개 문화권에 사는 **10,047**명을 대상으로 가장 대규모적인 짝짓기 선호도 연구를 수행해 획기적인 경지를 개척했다. 그는 현대와 고대 문화권, 사회주의, 공산주의, 자본주의, 단혼, 중혼, 온갖 종교적 교파를 망라하는 남녀를 모아 연구했다. 전반적으로 여성은 남성에 비해 상대의 자원을 두 배나 더 높게 평가했다. 버스의 연구는 **1930**년대 이래 수행된 다른 연구 결과들을 재확인해준다. 즉, 여자는 남자에 비해 상대방의 재정 능력을 두 배 이상 높게 평가한다.

 여자는 남자의 자원 혹은 자원을 획득할 수 있는 잠재력을 알아내기 위해 안달한다. 버스는 미국인 **1,491**명을 상대로 동일한 테스트를 수행했고 그 결과 역시 똑같았다. 여성은 그 무엇보다도 남성의 자원을 높이 평가했다. 우리 부부는 잡지와 신문 구인란에 실린 광고 **1,295**건을 연구했는데, 여성이 재정적 자원을 바람직한 자격요건으로 지정한 사례는 남자보다 **11**배나 많았다. 반면 남자는 여자의 건강과 젊음, 미모를 선호했다. 여자들은 자원 외에 '성실성'을 원했는데, 이는 "당신의 자원을 장기적으로 나와 함께 나누겠다고 약속해줘요"라는 뜻이다.

 여자는 신분과 지위가 높은 남자에게 끌린다. 신분은 자원을 통제할 수 있는 남자의 능력을 드러내는 가장 뚜렷한 기준이기 때문이다. 바로 그렇기 때문에 흉악범처럼 생긴 복싱 챔피언이 젊고 매력적인 여성, 즉 훌륭한 유전자 전달자들에 둘러싸인다. 〈플레이보이〉 사장 휴 헤프너를 보라.

짝짓기 선호도에 대한 모든 연구는 여성이 남자의 지위와 위신, 권력과 위상, 재정적 전망에 높은 점수를 준다는 사실을 입증한다. 하지만 남자는 여자를 고를 때 이런 점을 매우 낮게 평가한다. 여자들 또한 장기적인 파트너를 고를 때는 이런 특징을 중시하지만 하룻밤 섹스 파트너를 택할 때는 전혀 그렇지 않다. 이들 연구는 여성이 교양을 자원의 높은 지표로 여긴다는 것을 밝혀냈다. "여자는 의사나 변호사와 결혼하길 원한다"는 오래된 속담의 진실이 다시금 확인되었다. 의사나 변호사는 지금 당장 자원이 없을 수도 있지만, 앞으로는 획득할 전망이 크다고 보이는 대표 직종이 아닌가. 버스 교수는 모든 문화권의 여성들이 남자의 재정 능력을 높이 평가한다고 보고했다. 독일 여성이 평가하는 중요도는 **38**퍼센트, 타이완 여성은 **63**퍼센트, 인도 여성은 **87**퍼센트였다.

전 세계 모든 나라의 여성들은 믿음직한 총각이 없다고 불평한다. 식당과 술집, 나이트클럽과 카페에는 총각들이 넘쳐 나지만 인생의 반려자를 찾는 여자들은 이들에게 전혀 관심을 두지 않는다. 여자가 말하는 '믿음직한 총각'은 충분한 자원(혹은 앞으로의 잠재력)을 가진 남자이기 때문이다. 그러니 미래의 남편이 카페 웨이터일 수도 있다는 생각은 결코 하지 않는다. 그런 남자는 그녀들의 안중에도 없다.

> 여자는 일반적으로 연봉이 낮은 직종에
> 종사하는 남자를 무시한다.

## 재산과 오르가슴의 상관관계

2008년 뉴캐슬대학 진화심리학자인 토머스 폴레트와 공동 연구자 대니얼 네틀은 남녀관계를 연구하고서, 배우자의 재산이 많을수록 여성은 섹스에서 더 많은 쾌락을 느낀다는 것을 발견했다. 즉 남자가 부유할수록 여자는 더 많은 오르가슴을 더 빈번하게 체험한다는 주장이다. 폴레트와 니텔은 중국 유부녀 1,534명을 설문조사하여 결과를 심층 분석했다. 설문에는 그들의 성생활과 수입, 기타 요소 등 개인적 사항들이 많이 포함되었다.

조사 결과 121명(7.9%)의 여성이 섹스 중 항상 오르가슴을 체험했다고 대답했다. 408명(26.6%)은 자주, 762명(15.8%)이 종종 체험했다고 답했다. 반면 243명(15.8%)은 거의 혹은 한번도 체험하지 못했다고 응답했다. 이 수치는 서양 국가들과 매우 비슷했다. 두 학자는 여성의 오르가슴이 배우자의 소득이나 부에 따라 증가하는 현상도 발견했다. 여성의 오르가슴에 영향을 주는 다른 요소들도 많지만 그 중에서도 돈은 가장 강력한 요소다.

> 남자의 수입과 자원이 높을수록
> 여자의 오르가슴 빈도도 높아진다.

이런 사항은 우리가《몸짓 언어의 결정판 The Definite Book of Body Language》이라는 책에서 언급한 내용과도 정확히 일치한다. 우리는 여성의 오르가슴 빈도가 남성의 신체 균형과 매력도에 연계되어 있다고 말했지만, 폴레트와 네틀의 연구는 남자의 자원이 외모보다 강력한 요소임을 보여준다.

폴레트, 네틀, 데이비드 버스 등의 연구는 이런 사실을 여과없이 증명한다. 여성의 오르가슴은 능력 있는 남자에 대한 여성의 정서적 유대감을 강력하게 표현하는 수단이다. 오르가슴을 통해 여자는 자신이 성적으로 매우 만족하고 있다는 신호를 남자에게 보낸다. '다른 남자에게서 성적 만족을 찾지 않겠으니, 그 대신 나와 내 아이들에게 더 많이 투자해달라'고 요청하는 것이다. 결론은 자원 많은 남자가 여자의 바람직한 파트너이고, 여자에게 오르가슴도 더 많이 안겨준다는 것이다.

### 여자가 바라는 5가지 갈망

여성의 중요한 관심사는 언제나 남자의 자원이었다. 그가 자원을 획득할 능력이 있는지, 그 자원을 나와 함께 나눌 의향이 있는지 알아내기 위해 여자는 여러 가지 안테나를 개발해왔다. 그래서 여성은 남성이 자원을 공유하려 한다는 것을 보여주는 행동의 메모장을 작성했다. 오로지 인간 남자만 여자와 자원을 공유한다. 다른 영장류 암컷은 스스로 음식과 피난처를 찾아야 한다.

인간의 짝짓기 전략을 연구한 진화생물학자와 진화심리학자들은 전 세계 여성이 남자에게 바라는 중요한 특징들이 대체로 같다는 결론을 내렸다. 여자가 남자에게 바라는 우선사항 5가지는 다음과 같다.

1. 사랑
2. 신의
3. 친절
4. 장기적 약속(책임)
5. 교양과 지성

### 1. 사랑

위의 다섯 가지 사항을 모두 종합하면 결국 여성이 원하는 '사랑'을 온전하게 표현할 수 있다. 여자는 매일 매순간 사랑받고 존중받는다는 것을 확인하고 싶어 하며, 그 증거로 남자의 다정하고 친밀한 말을 요구한다. "당신을 사랑해." "당신은 아름다워." "당신 음식 솜씨는 최고야." "당신은 뭐든지 다 잘해." 가끔은 뜬금없이 전화를 걸어 "갑자기 당신 생각이 나서 전화했어"라는 말들이다. 여자의 가사 솜씨를 칭찬하는 것은 결국 사랑의 표현이며, 그 사랑은 곧 남자의 자원을 함께 나누겠다는 뜻이기도 하다. 이혼하려는 여자들이 가장 많이 하는 말은 "남편은 내 존재를 너무나 당연히 여기고 무시했으며, 아무리 집안일을 열심히 해도 알아주지 않았다"였다. 왜 이런 사태가 벌어지는 걸까? 남자는 생계를 책임지고 고장 난 물건을 수리하는 일, 까다로운 문제를 해결하고 전구를 갈아주는 것이 사랑과 애정의 충분한 증거라고 생각하기 때문이다.

여자는 남자가 진정 자신을 사랑한다면 말뿐 아니라 행동으로도 보여줘야 한다고 믿는다. 그래서 틈만 나면 사랑의 증거를 요구하지만 남자는 이런 개념을 좀처럼 납득하지 못한다. 왜냐하면 이미 그녀를 위해 "뭔가를 해줬고" 그로써 사랑을 표현했다고 생각하기 때문이다. 지붕을 수리하고, 마당 잔디를 깎고, 그녀의 차를 고쳐주고, 극장에도 데려가고, 열심히 일하면서 주택담보대출 이자를 꼬박꼬박 지불하는 일이 사랑이 아니면 뭐냐고 생각하기 때문이다. 남자의 두뇌는 행동과 성취로 자부심과 기여도를 판단한다. 다정한 말이나 부드러운 감정 표현은 별로 중요하지 않다고 생각한다.

> "지난밤 퇴근했는데 집에 있던 아내가
> 가장 값비싼 곳으로 데려다달라고 하더군.
> 그래서 그녀를 주유소로 데려갔지.
> 그때부터 부부 싸움이 시작되었어."

다른 책에서 우리 부부는, 여자의 두뇌는 언어 기술을 더욱 잘 발휘하게 조직되어 있기에 여자에게 말은 일종의 전희(前戱)라고 주장했다.

여자는 사랑의 말을 수시로 들어야 그걸 진실이라고 생각하기 때문에 매일 듣길 원한다. 남자들이여, 이 점을 명심하라! 생일이나 기념일을 기억해 챙기는 것도 여자의 사랑 눈금에서 높은 점수를 얻는 방법이다. 아무리 사소한 선물이라도 여자에게는 커다란 사랑의 정표다.

선물은 간단할수록 더 좋다. 꽃가게에서 사온 작은 꽃다발, 직접 작성한 사랑 고백 카드는 매우 훌륭한 선물이다. 중요한 것은, 선물을 챙겨서 가져오는 남자의 행동이지, 실제로 어떤 물건인지가 아니다. 대부분의 남자는 선물이란 크고 비싸야 가치 있다고 생각한다. 그러나 여자에게는 값비싼 최신 토스트기보다 길에서 따온 들꽃 한 송이가 더 강력한 힘을 발휘한다. 장미 한 다발은 집안 장식용으로 오해될 수 있지만, 장미 한 송이는 여자에게 있어 어떤 상징인지 의심의 여지가 없다.

## 2. 신의

신의는 남자가 여자와 자원을 공유하겠다는 약속을 뜻한다. 배신에 대한 남녀의 정의는 매우 다르다. 남자에게 있어 배신은 여자가 딴 놈과 섹스하는 일이다. 그럴 경우 자칫 자신의 시간과 돈을 그 놈팡이의 아이를 키우는 데 쓸 수 있기 때문이다. 반면 남자가 바람을 피울 때, 여자의 주된 관심사는 그들 사이의 정신적 유대관계다. 그래서 바람난 남편에게 아내는 제일 먼저 이렇게 묻는다. "그 여자를 사랑해?" 이 질문은 "자원을 그녀와 공유할 거야?"라는 뜻이다. 그 여자와 잤다는 사실은 그 다음 문제다. "그저 하룻밤 불장난에 불과했어. 단순한 섹스라고. 딱 한 번의 실수야"라고 대답해도 아내는 그 말을 믿지 못한다. 어떻게 정신적 교감도, 친밀한 관계도 없이 섹스할 수 있단 말인가? 그러나 남자에게는 그게 가능할 뿐 아니라 매우 쉬운 일이다. 남자의 뇌는 욕정과 사랑을 구분하여 나눌 수 있다. 남자에게 섹스는 섹스, 사랑은 사랑이다. 하지만 여자는 다르다. 섹스는 곧 사랑이요, 사랑은 곧 자원의 공유다. 남자가 신의를 지키겠다고 말하면, 여자는 '이 사람은 자원을 다른 여자와 나누지 않겠구나'라고 받아들인다.

### 3. 친절

데이비드 버스의 연구에 따르면, **32**개 문화권에서 여성이 가장 바라는 사항 중 **3**위가 친절이라고 한다. 친절은 장기적 약속을 상징하기 때문이다. 번식 자원은 여자가 제공할 수 있는 핵심 사항이기 때문에, 여자는 누구에게 그것을 줄지 엄격하게 따진다. 그래서 상대방의 사랑, 성실, 관용, 친절을 필수 조건으로 요구한다. 원시 여인들은 관대한 남자를 선호하고 인색한 남자를 배척했다. 관대한 남자는 자원과 은신처를 제공하여 그녀와 아이의 생존을 보장해주기 때문이다.

나름의 자원, 지위, 권력을 가진 여자도 여전히 자원 많은 남자를 선호한다. 버스는 문화권과 상관없이 거의 모든 여성이 재정적으로 성공한 남자를 선호한다는 사실을 발견했다. 경제적으로 성공한 여성은 오히려 보통 여성보다 훨씬 더 재력가(성공남)를 선호한다. 성공한 자신보다 더 강한 남자를 짝으로 원하기 때문이다. 그래서 부유하고, 권력 있고, 성공한 여자가 전혀 그렇지 못한 패배자와 짝을 이루는 경우는 거의 없다. 몇 년 전 우리는 유럽의 여성 중역 **624**명을 조사했는데, 그들 중

86퍼센트는 자기보다 성공하지 못한 남자에게는 관심이 없다고 말했다. 9퍼센트는 한번 고려해보겠다고, 5퍼센트는 상관없다고 대답했다.

그렇다면 나이든 여배우가 훨씬 젊은 남자와 커플이 되는 구도는 어떻게 설명해야 할까? 연상의 성공녀가 거느리는 젊은 남자들은 대체로 성공과는 거리가 멀다. 게다가 진화의 관점에서 보면 별 영양가 없는 커플이다. 여자가 생식 능력이 없기 때문이다. 그러나 60세 남자와 25세 여자라면 얘기가 달라진다. 평균적으로 60세 여자가 5명이 있다면, 같은 연령대의 남자는 3명 정도 있을 뿐이다. 따라서 나이든 여성의 선택폭은 상대적으로 좁다. 반면 나이든 남자는 젊은 여자를 좋아한다. 가능하면 60세보다는 35세 여성을 원한다. 나이든 여자는 젊은 파트너를 만남으로써 회춘할 수 있다. 하지만 젊은 남자는 돈, 권력, 명성, 유명세 같은 그녀의 자원 때문에 그런 관계를 맺은 것이다. 그녀가 갖고 있는 자원을 나눠 가지려고 말이다. 그렇다고 나이든 여자와 젊은 남자의 관계가 지속되지 못한다는 뜻은 아니다. 일부 관계는 지속된다. 그러나 대부분은 지속되지 않는다.

**남자를 위한 사랑의 규칙 제17조**
여자친구의 고양이가 죽으면 깊은 관심과 애도, 슬픔을 보여야 한다.
설혹 당신이 몰래 그 고양이를 죽였다 해도 말이다.

반대로 24세였던 안나 니콜 스미스(플레이보이 모델. 2007년 호텔에서 숨진 채 발견됨)와 87세였던 텍사스 석유 재벌이자 억만장자인 하워드 마설의 결합은 얘기가 된다. 마셜은 젊고 아름다운 블론드 여자의 매력과 섹스를 구매했고 니콜 스미스는 권력과 지위, 재산을 보고 그 관계를 맺었다. 마셜은 그녀에게 사랑한다고 말했고 친절했으며 결국 결혼으로 신의를 지켰다. 마셜이 정부 연금을 받으며 요양원에 사는 **87**세 노인네였다면 그녀가 과연 그와 결혼했을까? 만약 그가 자원이 별로 없었다면 자신과 비슷한 처지의 **80**대 연금 수령자와 결혼했을 것이다. 여생의 반려자를 얻기 위해서 말이다. 흥미롭게도, 이와 관련된 모든 연구는 전 세계 모든 남자가 자신의 재산 유무를 떠나 여자의 경제적 지위에는 별로 호감을 보이지 않음을 보여준다. 대기업 회장이든, 계약직 말단 사원이든 똑같이 젊고 아름다운 여성에게 매료된다는 뜻이다. 빌 클린턴과 모니카 르윈스키를 떠올려보라.

### 4. 장기적 약속

장기적 약속을 하는 남자는 지속적으로 자원을 제공하겠다고 약속하는 남자다. 여성들은 남성이 장기적인 약속을 두려워하고 사랑을 회피한다며 비난한다. 원시 여인의 관점에서 장기적 약속의 의미를 생각하면 타당한 주장이기도 하다. 여자가 성적인 관계를 맺는다는 것은 **10~15**년 동안 그 관계를 유지하면서 아이가(생기면) 자립할 수 있도록 키워야 한다는 뜻이다. 반면 남자는 성관계를 그저 몇 분에 걸쳐 일어나는 일 정도로 여기고, 그게 끝나면 또 다른 모험을 찾아 나선다. 남자는 자기 유전자를 가능한 한 많이, 널리 뿌려야 하기 때문에 한 여자에게 장기적으로 약속하길 두려워한다. 영원한 단혼(單婚) 상태도 싫어한다. 대부분의 남자는 장기적 약속이란 곧 자원 공유임을 안다.

"남자가 내게 장기적인 약속을 해줬으면 좋겠어!" 온 세상 여자들은 이렇게 외친다. 그도 그럴 것이 임신과 출산에 **10**개월이 걸리고, 그렇게 낳은 아이가 생존할 정도의 자립 상태가 되려면 **5**년가량이 더 소요된다. 반면 침팬지 새끼는 생후 **6**주만 지나도 자립이 가능하다. 사정이 이렇기 때문에, 여자는 최소 **6**년은 자기 곁에서 식량을 제공하고 처자식을 보호해줄 남자를 원한다. 남녀는 잠재의식 차원에서 이런 점을 인식하고 있다. '**7**년 만의 외출(**the seven year itch**, 결혼 7년 후에 찾아온다는 바람기 혹은 권태기)'이라는 말도 그런 맥락에서 나왔다.

임신은 시키면서 지원은 하지 않으려는 남자와 교제하는 일은 아이와 엄마의 생존을 위협하는 일이다. 그래서 여자는 **2**세 양육에 지원을 아끼지 않는 남자를 찾아내려고 열심히 노력한다. 대부분의 여성에게 있어서, 결혼은 곁에 계속 머물겠다는 남자의 궁극적인 약속이다. 임신과 출산을 맡는 여자는 그 아이의 탄생과 양육에 대한 장기적 책임을 진다. 그런 만큼 남자도 똑같이 해주기를 바라는 것이다. 그래서 신의는 여성에게 매우 중요한 요소다.

생물학적으로 보면, 어떤 여자도 남자가 바람 피워 밖에서 낳아온 아이를 키우고 싶어 하지 않는다. 오직 자신이 낳은 아이만 양육하길 원한다. 그래서 현대 여성은 일부일처제가 남녀관계의 필수 사항이라고 여긴다. 여자가 믿음을 잃어버리면 그 관계는 돌이키기 어렵다. 특히 남자의 배신을 여러 번 겪은 여자는 남자를 신뢰하지 못하고 냉소적으로 변한다.

> 많은 젊은 여자들이 '일부일처제'라는 말 대신
> '신의와 성실'이라는 표현을 사용한다.

오늘날 남자의 현재 혹은 미래의 자원에 대한 정보를 입수하기란 한결 쉬워졌다. 하지만 남자가 그것을 처자식과 공유할 의사를 보이지 않는다면 그것은 엄연한 단점이 된다. 그런 지원이 없으면 여자 혼자 헤쳐 나가야 하기 때문이다. 여자가 남자의 장기적 약속(책임)을 측정하는 주된 기준은 사랑이다. 앞서 말했듯, 수많은 연구는 전 세계 모든 문화권에 사랑이 존재한다는 사실을 보여주었다. 버스 교수는 수많은 여성들을 조사한 후 115개에 달하는 '사랑의 행위'를 목록으로 작성했다. 목록의 1번은 장기적 약속을 보여주는 행위였다. 구체적 사례로는 다른 여자와의 섹스를 포기하기, 결혼, 자녀에게 다정하기, 여자에게 자상하게 굴기, 필요할 때마다 정신적 지원을 아끼지 않기, 선물 주기 등이었다.

신의와 성실은 여성이 구인 시 가장 강조하는 특성이다. 여성은 남성보다 4배나 더 신의와 성실을 강조했다. 신의와 성실은 장기적 약속(책임)의 동의어이고 책임은 곧 자원을 공유하겠다는 약속이다.

### 5. 교양과 지성

높은 교양과 지성을 갖춘 남자는 자원을 획득할 가능성이 높은 남자로 인식된다. 고등교육을 받았다는 것은 직장에서 높은 지위로 승진할 가능성이 많다는 뜻이자 그만큼 권력과 지위, 자원을 더 많이 차지하게 된다는 뜻이다. 높은 지능도 이런 것들을 보장해준다. 비록 현재는 그렇지 않다 해도 분명 향후 자원을 얻어낼 수 있다는 근거로 여겨지는 요소다.

현대 여성들은 재정적으로 안정된 남자를 원하지만, 자신도 스스로 경제적 안정을 추구하고자 노력한다. 과거에는 여자가 돈을 벌지 않아도 무방했다. 결혼은 일단 했다 하면 평생 가는 것이고, 남자가 늘 처자식을 부양했기 때문이다. 과거에는 대가족이었기 때문에 대규모의 지원 네트워크가 있었지만 오늘날은 그렇지 않다. 지금 내 곁에 있는 남자가 내일도 여전히 있으리라는 보장도 할 수 없다. 영국의 경우 어머니 혼자 부양하는 가정이 **19.67**퍼센트에 달한다. 다섯 집 중 한 집이 모자가정이라는 뜻이다(**2007**년 기준). 반면 아버지 혼자 부양하는 집은 **2.16**퍼센트로 큰 대조를 이룬다. 따라서 개인적 재정 안정은 여성에게 매우 절실한 문제다.

모든 여성이 백만장자와의 결혼을 꿈꾼다는 말은 아니다. 그러나 도박하는 남자, 돈으로 불필요한 모험을 하는 남자, 위험한 투자와 투기를 즐기는 남자, 개인 용도로 너무 많은 돈을 쓰는 남자를 여성은 결코 원하지 않는다. 옛날 여자들은 남편의 재정적 무능력이나 무모함을 참아줘야 했다. "비가 오나 눈이 오나 내 남편"이라는 태도 외에는 선택 사항이 없었다. 그러나 **21**세기 여성은 남성의 재정적 불안정을 무책임이라고 해석하며, 남편이 아내를 사랑 혹은 존중하지 않는다는 표시로 받아들인다.

### 비싼 반지의 중요성

 여자의 마음을 오랫동안 사로잡고 싶은 남자는 그녀에게 반지를 선물한다. 비싸고 알이 큰 반지일수록 여자에게 더욱 강렬한 메시지를 전달한다. 그 반지는 자신의 자원을 함께 나누어 사용하겠다는 남자의 메시지인 것이다. 반지가 비싸고 멋있을수록 여자에 대한 그의 약속은 강력해진다. 만약 돈이 좀 모자라 빚을 내는 한이 있더라도 작고 별 볼일 없는 반지보다는 크고 빛나는 반지를 선물하는 것이 좋다. 그러나 대부분의 남자는 이 점을 잘 이해하지 못한다. 여자는 그 반지를 자주 들여다보면서 남자의 약속을 되새기는 것이다. 그녀의 친구들도 그 반지의 모양과 크기를 살피면서 남자의 약속을 가늠한다. 설령 부부가 작은 집에서 살고 낡은 차를 몰더라도 공개적으로 끼고 다니는 반지만큼은 크고 비싼 것이 좋다. 그것은 남편이 아내에게 보내는 사랑과 약속의 공개선언이기 때문이다.

 이런 사랑의 기준이 여자의 마음속에서 작동한다는 사실을 잘 아는 케빈은 아내에게 멋진 보석을 여러 번 선물했다. 하지만 자신은 평범한 금반지와 예물시계만 착용했다. 케빈은 자신을 보석으로 치장하는 일에 전혀 흥미를 느끼지 않았다. 그는 어떤 선언을 위해 보석을 사용해야 할 필요를 느끼지 못했다.
 그러나 케빈의 동생 글렌은 이런 남성적 관점을 자기 아내인 린에게도 그대로 적용했다. 그는 아내에게 보석을 선물하지 않았다. 가끔 사다주는 액세서리도 태국이나 가판 세일에서 산 값싸고 허름한 물건들이었다. 글렌은 아내가 자신의 이런 태도를 매우 못마땅하게 여긴다고 생각하지 못했다. 아내는 그가 더 좋은 것을 사줄 수 있는데도 그러지 않는 이유는 자신에게 관심이 없기 때문이라고 해석했다.

글렌은 정기적으로 꽃을 선물하는 일도 낭비라고 생각했다. 꽃은 며칠도 못가 시들지 않는가. 논리적이고 남성적으로 보면 꽃 화분이 훨씬 실용적이다. 무엇보다도 오래 가니까. 그래서 글렌은 아내에게 장미꽃 화분을 사다주었다. 그는 장미의 꽃말은 '사랑'이라고 아내에게 속삭였다. 그러면서 화분을 예쁘게 가꾸면 돈을 받고 되팔 수도 있고, 더 잘하면 꽃집을 열 수도 있다고 격려했다. 그러나 린은 전혀 기뻐하지 않았다. 사다준 꽃이 시들면, 다시 사서 선물하면 되지 않는가! 그것이야말로 자신을 향한 남편의 사랑을 보여주는 기회가 아닌가.

어제 대징항문과 의사는 글렌의 엉덩이에서 장미 가시를 제거해주었다. 그는 며칠만 지나면 제대로 걸어 다닐 수 있을 거라고 한다.(격분한 린이 장미로 남편 엉덩이를 때려 가시에 찔렸다는 뜻-옮긴이).

> 남성의 시각으로, 논리적인 관점으로 보면
> 장미 화분이 장미꽃다발보다 훨씬 좋은 선물일 것이다.
> 그러나 그런 생각을 하는 남자는 결국 혼자 자게 된다.

사랑의 행위는 약속의 신호이기 때문에 전 세계 모든 여성의 목록 제일 앞 순서를 차지한다. 거의 모든 연구 결과가 장기적 관계에서 사랑이 빠질 수 없음을 증명한다. 전 세계 여성의 **80~90**퍼센트가 "결혼 등 장기적 관계에 사랑은 필수"라고 응답했다. 남녀관계 연구가이자 작가인 수 스프레처는 이런 조사 연구 결과를 발표했다. 미국 여성 **89**퍼센트가 사랑하지 않는 사람과는 결혼하지 않겠다고 말한 반면(**11**퍼센트는 사랑 없이 결혼할 수 있다고 응답), 러시아 여성 **41**퍼센트는 사랑하지 않아도 결혼할 수 있다고 답했다. 이런 결과가 나온 이유는 상대적으로 러시아에 남자가 적기 때문이다. 폭넓게 여성을 선택할 수 있는 러시아 남자들은 장기적인 약속을 회피하는 경향을 보인다. **2009**년 우크라이나 키예프 시 남자의 기대 수명은 **56**세였다. **20**세 청년의 남녀 성비는 **1**대 **4**를 이룬다. 키예프로 가는 비행기 표는 대부분의 여행사에서 팔고 있으니 많은 이용 바란다.

그래서 우리 부부는 남자들에게 이런 조언을 하고 싶다. 살면서 많은 것들을 생략할 수 있지만, 당신의 여자에게 선물하는 멋진 보석류는 절대 생략하지 말라. 교제 초기에 돈이 없어 싼 반지를 선물했다면, 가능한 한 빠른 시일 내에 그것을 멋진 놈으로 업그레이드하라. 당신이 우리의 조언을 좋아하든 싫어하든, 그것은 당신의 연애와 인생에 큰 영향을 미칠 것이고, 다른 여자들은 그 반지를 보고 당신의 책임의식을 평가할 것이다. 이 주장에 반대하는 여성이 있다면, 아마 남자에게 싸구려 반지를 받은 후 업그레이드 받지 못했음이 분명하다.

**죽었다 깨어나도 여자가 하지 않을 10가지 말**

1. 이제 우리 화끈한 육체관계로 나아가야 하지 않겠어요? 이런 플라토

닉한 관계는 너무 지겨워요!

2. 화장실 변기 뚜껑은 항상 세워 놓도록 해요. 난 젖은 변기의 차가운 느낌이 참 좋더라!
3. 나는 털이 숭숭 난 엉덩이가 섹시해서 좋아요.
4. 이야, 방귀 냄새 구수하네. 다시 한 번 뀌어봐.
5. 그 낡은 티셔츠 계속 입어. 난 겨드랑이에 구멍 난 티셔츠가 시크해서 좋더라.
6. 이 다이아몬드는 너무 커요. 그리고 이제 새 구두라면 지겨워요.
7. 그 초콜릿 좀 치워!
8. 세일하든 말든 신경 안 써. 아무리 명품 드레스라도 **300**파운드라니, 너무 비싸잖아!
9. 이거 입으면 내 가슴이 작아 보일까?
10. 난 잠시 외출할 테니, 심심하면 예전 여자친구한테 전화하지 그래요?

## 여자를 매혹시키는 7가지 유형의 남자

다음 **7**가지는 여자가 남자의 매력을 체크하는 기준 목록인 동시에, 자원을 획득한 남자의 능력을 판단하는 단서이기도 하다. 특정 순서는 없다. 하지만 분명한 사실은, 여자가 이런 남자에게 매혹된다는 것이다.

### 1. 여자는 재미있는 남자에게 매혹된다

유머 감각은 거의 모든 연구에서 여자를 매혹시키는 조건 상위에 랭크된다. 여성이 내는 구인란에 자주 언급되는 사항이기도 하다. 웃음을 터뜨리면 두뇌는 신체에 엔돌핀을 분비하라고 지시한다. 그러면 따뜻하고 간지러운 느낌을 갖게 된다. 천연 진통제인 엔돌핀은 면역 체계를 강화시키고 병으로부터 신체를 보호한다. 웃음은 코티솔 같은 스트레스 호르몬을 감소시키고 혈압을 낮춰주어 심장병의 위험도 줄여준다. 코티솔 수치가 증가하면 면역 체계가 파괴되므로 이 호르몬을 낮추는 것은 건강에 큰 도움이 된다.

여자는 인생의 밝은 면을 보는 남자가 자신의 건강에 도움이 된다는 사실을 직감적으로 느낀다. 건강뿐 아니라 복지, 장기적인 생존에도 유익하다는 것을 안다. 그래서 여자는 부정적인 남자, 비참해 보이는 남자, 뭐든지 삐딱하게 보는 냉소적인 남자는 피한다. 남자 또한 유머의 위력을 알고 있다. 그래서 남자들끼리 더 멋진 농담을 하려고 경쟁하기도 한다. 가장 큰 웃음을 이끌어낸 친구가 그 순간의 승자가 된다는 것도, 유머가 여성에게 매우 효과적이라는 것도 잘 안다.

### 2. 여자는 의사소통을 잘하는 남자에게 매혹된다

여자의 이야기를 잘 들어주는 남자, 여자의 얘기 도중에 불쑥 끼어들거나 쓸데없이 해결책을 제시하지 않는 남자는 여자의 우선순위에서 항상 앞 번호를 차지한다. 여자가 개인적인 이야기를 하면, 남자인 당신도 개인적 문제를 슬쩍 말하는 것도 좋다. 이런 '거울 놀이'는 좋은 관계를 형성하고, 친밀한 관계를 빠른 속도로 발전시킨다. 그렇다고 남자가 여자처럼 행동해야 한다는 뜻은 아니다. 단지 깊은 관심을 가지고 그녀의 말을 경청하되, 이야기 도중에 끼어들지 말라는 뜻이다.

> 여자와 논쟁하는 데에는 두 가지 이론이 있다.
> 두 이론 중 그 무엇도 통하지 않는다.

### 3. 여자는 요리하는 남자에게 매혹된다

거의 백만 년 동안 남자는 식량을 사냥해 여자에게 제공했다. 심지어 **21**세기에서도 여자를 위해 요리를 준비하는 남자는 그녀의 원시적 향수를 불러일으킨다. 여자를 저녁식사 자리로 데려가는 것이 그처럼 유혹적인 이벤트가 되는 이유이기도 하다. 설령 그녀가 배고프지 않더라도 말이다. 여자에게 음식 자원을 제공한다는 행위 자체가 동기의 방아쇠다. 당신이 남자라면 오늘 당장 요리 학원에 등록하라.

### 4. 여자는 춤추는 남자에게 매혹된다

춤의 유일한 목적은 남의 이목을 집중시키는 것이고, 그 주된 동기는 섹스다. 춤을 추는 커플은 서로 마주잡고 상대의 움직임을 거울처럼 따라한다. 다른 동물들이 짝짓기하기 직전에 주고받는 동작과 똑같다. 남자는 **8**명 중 **1**명꼴로 두뇌에 '리듬 스위치'가 내장되어 있어서 자신의 맥박을 느끼고 음악에 맞추어 손을 놀릴 수 있다. 반면 대부분의 여성은 태어날 때부터 리듬 스위치를 갖고 있다. 춤을 추는 여성의 목적은 가능한 짝의 이목을 집중시키는 것이다. 그런 춤에 적극적으로 참여하는 남자는 성공을 거둘 것이고, 데이트 상대가 부족한 일도 없을 것이다. 만약 당신이 남자라면, 요리 학원이 끝난 후 곧바로 댄싱 학원에 가도록 하라.

> "춤은 수평적 욕망의 수직적 표현이다."
> _ 조지 버나드 쇼

### 5. 여자는 안정감을 주는 남자에게 매혹된다

여자가 불안해하는 요인은 크게 세 가지다. 자신의 외모, 경제력, 사랑받는지의 여부다. 여자는 예뻐 보이고, 좋은 향기를 풍기고, 좋은 느낌을 준다는 말을 듣고 싶어 한다. 그녀의 새로운 머리 모양, 그녀가 신은 새 구두를 언급하지 않는 일은 "넌 별로 주목할 만한 여자가 아니야"라는 비난과 같다. 아름답다는 찬사와 스타일과 감각이 뛰어나다는 칭찬을 받는 여자는 자신이 충분히 섹시하다고 느낀다. 그러면 그녀는 당신과의 섹스를 고려할지도 모른다. 집에 늦게 오거나 자신의 소재지를 알려주지 않는 남자는 여성에게 의심과 불안을 불러일으킨다. 전화를 걸어 지금 어디에 있고 언제쯤 집에 돌아갈 것이며 당신이 무척 보고 싶다고 말하는 남편은 여자의 공포를 한결 덜어준다.

> "이 드레스를 입으면 내 엉덩이가 커 보여?" 그녀가 물었다.
> "아니," 그가 대답했다.
> "당신 엉덩이가 커 보이는 이유는 당신이 계속 먹어대는 초콜릿이지."

### 6. 여자는 아이를 좋아하는 남자에게 매혹된다

여자가 남녀관계를 원하는 이유는 안정, 평안, 위로를 느낄 수 있는 어떤 단위의 일부가 되고 싶기 때문이다. 생명 창조 능력은 여자가 갖고 있는 가장 으뜸가는 패다. 따라서 아이와 함께 놀아주고, 얼굴을 장난스럽게 찡그려 아이를 웃기고, 재밌는 얘기를 잘하고, 아이가 잘 때 동화책을 읽어주는 남자는 여자에게 높은 점수를 받을 것이다.

### 7. 여자는 건강해 보이는 남자에게 매혹된다

모든 여성은 건강한 남자를 바람직한 배우자의 조건 중에서 무엇보다도 중요하게 여긴다. 두 가지 이유가 있다. 첫째, 남자가 건강하지 않아 병에 걸리거나 일찍 죽어 활동하지 못하면 여자에게 필요한 자원을 제공할 수 없다. 둘째, 신체 접촉이나 열등한 유전자를 통해 그녀와 자녀에게 실병을 옮길 수 있다. 건강한 남자는 건강한 자녀와 지속적인 자원을 약속한다. 여자들은 신통치 못한 신체조건, 지저분한 피부, 나쁜 입 냄새, 몸단장 습관 등 여러 가지 사항을 종합해 남자의 건강 상태를 점검한다.

좋은 신체조건과 깨끗한 피부, 넘치는 에너지 같은 건강의 표시는 경쾌한 걸음걸이, 날랜 동작, 활기찬 태도 등으로 구체화된다. 이는 신분 높은 사람들의 특징이기도 하다. 느긋하고 천천히 움직이는 남자도 건강하게 장수할 가능성이 있지만 동기와 야망이 부족하다고 인식된다. 따라서 장기적 자원의 가치라는 면에서 보면 감점 요인이다. 만약 당신이 남자라면 여자에게 요리를 해주고 댄스클럽에 데려가기 전에 먼저 체육관을 들러 열심히 운동하라.

### 여자가 '루저'를 싫어하는 이유

전 세계 모든 연구가 이 사실을 여실히 증명해준다. 여자는 야망 없고 소극적인 남자에게 결코 호감을 느끼지 못한다. 게으르거나 실직하거나 나태한 남자와 사귀고 싶어 하는 여자는 없다. 설령 그런 남자와 사귄다 하더라도 금방 끝내버리고 만다. 열심히 일하고 목표하는 커리어가 분명한 남자는 여성들이 선망하는 대상이다. 그러나 반대로 야망 있는 여성은 그다지 남자에게 어필하지 못한다. 다음 장에서 자세히 다루겠지만, 남자는 여자를 주로 '내 유전자를 잘 전해주는 건강한 전달자'로 여기기 때문이다.

일부 여성들이 볼 때 남성의 이런 태도는 아주 한심하고 비정하게 보일지 모르지만, 이 사실을 잘 이해하면 여성은 러브 게임에서 상당한 우위를 차지할 수 있다.

> "오늘 밤에는 역할을 한번 바꿔보는 것이 어때?"
> 그가 빙그레 웃으며 말했다.
> "정말 멋진 생각이에요!" 그녀가 대답했다. "그럼 빨리 다리미질을 해요. 나는 소파에 앉아 방귀를 뀔 테니까!"

### 여자는 언제나 자원을 원한다

모든 전쟁은 남자들이 시작했다. 목적은 단 하나, 상대방의 자원을 뺏는 것이다. 자원은 크게 두 가지 형태로 나뉜다. 하나는 토지, 석유, 도시처럼 구체적인 것이고 다른 하나는 생식 자원 즉 여자를 의미한다. 역사를 보면 전쟁터로 떠난 남자들은 적의 영토를 침략하고, 적의 재산을 노략질하고, 상대방과 그 아들들을 죽였지만 여자들은 강간하거나 납치했다. 딸들이나 여자들을 살해하는 사례는 거의 없다. 그녀들은 정복자의 유전자를 후대에 전하는 완벽한 기회를 제공했기 때문이다.

현대 남성이 자원을 획득하고 통제하려는 이유는, 여자가 그런 남자를 선호하기 때문이다. 여자들은 남자가 가정보다는 직장에 더 많은 시간과 관심을 쏟는다고 비난한다. 가정에서 처자식과 보내는 시간보다는 직장에서 경쟁자를 물리치고 이윤을 창출하는 일에 더 몰두한다고

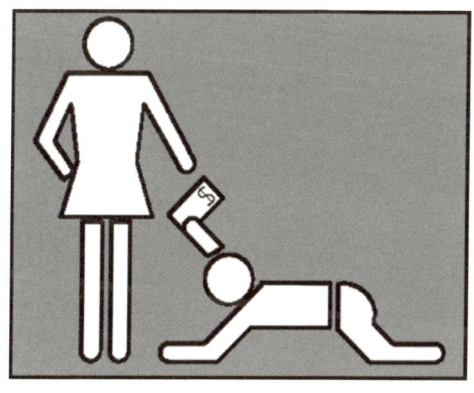

국제적으로 통용되는 최근 결혼의 상징

불평한다. 하지만 여자들이 본능적으로 그런 남자들을 선호하지 않았더라면, 현대 남성들이 그처럼 자원을 획득하려는 욕망을 품지 않았을지도 모른다. 여자들이 원한다는 것을 알기 때문에 남자는 그렇게 행동한다.

### 요약

원시 여인들은 후보들의 특징을 신중하고 면밀히 검토하여 장기적인 파트너 관계를 결정했다. 그렇게 하지 않아서 잘못 선택하면 궁핍과 학대, 유기 같은 비극적 결과를 초래할 수 있기 때문이다. 이렇게 형성된 기본 기준이 21세기 여성들에게도 그대로 전해져 파트너를 선택할 때 응용된다. 현대 여성들도 원시 여인들과 마찬가지로 학대, 유기, 구타를 원하지 않는다. 모든 여성이 남자의 돈만 바란다는 뜻은 아니다.

> 미국 정신의학협회는 여자들이 자신의 엉덩이를 어떻게 생각하는지에 관한 최신 조사연구 자료를 발표했다. 그 결과는 매우 흥미롭다.
> 1. 피조사 여성 중 겨우 5퍼센트만 자기 엉덩이가 너무 크다고 생각했다.
> 2. 약 12퍼센트는 자기 엉덩이가 너무 작다고 생각했다.
> 3. 나머지 83퍼센트는 크든 작든 전혀 신경 쓰지 않았다. 그들은 남편을 사랑했고 남편이 좋은 사람이라고 생각했으며, 자신의 엉덩이 크기와 관계없이 결국 그와 결혼했을 거라고 대답했다.

그러나 남자의 지능, 지위, 야망은 여성에게 있어 일차적인 동기유발이 된다. 장기적인 자원 획득을 가져오는 특성이기 때문이다. 물론 모든 여성이 이런 특성을 가진 남자를 만나는 건 아니지만, 그런 남자를 선호한다는 사실은 명백하다. 자원도 야망도 없는 남자에게 여자는 어떤 관심도 보이지 않는다. 현재는 자원이 없더라도 앞으로 자원을 획득할 능력이 있는 남자라면 그런대로 고려 대상이 된다. 지금은 가난한 스물두 살의 대학생이지만 앞으로 의사, 변호사가 되기 위해 열심히 공부한다면 여자는 그를 좋은 신랑감으로 간주한다.

- 현대 여성들은 원시 조상들이 남자에게 원했던 바로 그것, 즉 좋은 사냥 기술과 자원을 바란다. 사회는 진화하지만 여성의 욕구는 진화하지 않는다.
- 여자는 남자의 게으른 태도와 동기 결핍을 가장 혐오한다. 그에게 자원을 획득할 능력이 없다는 반증이기기 때문이다.
- 여자는 자원을 제공하고, 아이들과 잘 놀아주고, 자신에게 안정감을 안겨주는 남자를 원한다

## 남자가 진정으로 원하는 것

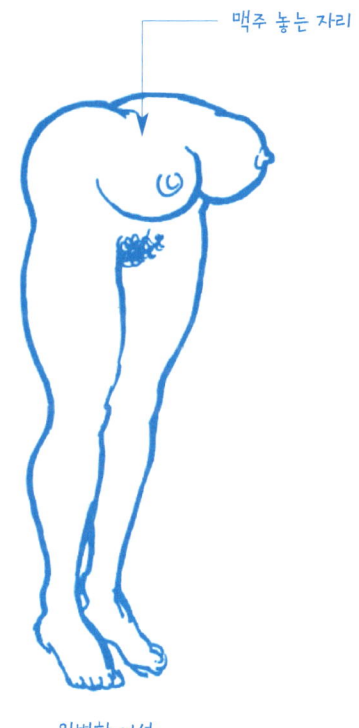

맥주 놓는 자리

완벽한 여성

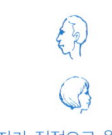

### 남자가 진정으로 원하는 것

　대부분의 남자들에게 있어 이성관계는 "그리고 영원히 행복하게 살았답니다"라는 동화의 결말과는 무관하다. 관계의 성패는 주로 여자가 어떤 서비스를 해주느냐에 달려 있다. 그녀는 자원을 원하고 그는 서비스를 바란다. 간단히 말해 남녀관계의 기본은 재화와 서비스의 교환이라고 할 수 있다. 남자에게 "당신에게 있어 아내란 어떤 의미인가?"라고 물어보면 한결같이 여자가 제공하는 서비스를 거론한다. 요리를 잘해요, 집안을 깔끔하게 청소해요, 아이를 잘 키워요, 날 즐겁게 해줘요, 좋은 친구예요, 섹시해요, 가슴이 예뻐요 같은 대답이 나온다. 이를 좀 더 노골적으로 표현한다면, 남자는 여자의 서비스에 대한 대가를 시간당 지불하는 것이다.

반면 여자에게 "남편에 대해 말해보라"고 하면 대부분 이렇게 대답한다. 생활력이 강해요, 똑똑해요, 날 웃겨줘요, 좋은 직장에 다녀요, 집을 가지고 있어요…. 달리 말해서 그는 자원을 제공한다. 이러한 재화와 서비스의 교환에 대해, 현대 사회는 듣기 좋고 정치적으로도 올바른 표현인 '적합성'이라고 둘러댄다. 하지만 까놓고 말하면 결국 재화와 서비스의 교환이다. 남자는 여자가 제공하는 서비스와 그녀의 외모와 육체에 관심을 둔다.

아마도 이 책을 읽는 여성들 중 일부는, 우리 부부가 남자를 천하고 이기적인 인간으로 묘사한다고 생각할지 모른다. 하지만 우리가 이 책에서 제시하는 남자의 욕구와 우선순위는 아주 간단하다. 만약 여성인 당신이 남자의 이런 욕구를 적시적소에 충족시켜 준다면, 행복하고 멋진 남자를 소유할 수 있다. 그러나 이런 남성적 '가치'를 여성적 '가치'에 비추어 판단하려 든다면, 당신은 끊임없는 갈등과 지속적인 불행을 겪을 것이다.

> 남자는 오로지 두 가지 감정만 갖고 있다.
> 식욕과 성욕.
> 그러니 만약 그가 지금 발기하지 않았다면
> 그에게 샌드위치를 만들어주라.

많은 사람들(특히 페미니스트들)이 매혹적인 여성에 대한 남성의 기준을 운운하면 화내거나 당황한다. 기준이 피상적일 뿐만 아니라 피부 한

꺼풀만 따지는 수준 낮은 행위라며 비난하기도 한다. 남성의 짝짓기 기준에 대한 연구가 불쾌하다며 검열이나 자제가 필요하다고 주장하는 여성들도 있다. 그러나 현실은 어떤가? 남자의 기준은 수십만 년 동안 진화되어 와서 그들의 두뇌에 내장되었기 때문에 거의 바뀌지 않는다. 남자가 여자의 외모와 젊음을 선호하는 이유는 유전자 전달이라는 엄연한 사실에 바탕을 두고 있다. 물론 우리 사회나 생활 방식은 옛날과 많이 달라졌다. 그러나 남자가 여자를 바라보는 눈은 달라지지 않았다. 그런 선호 기준이 지금은 사라진 고대 세계에서 적용되었다 할지라도 여전히 현대에서도 작동하고 있는 것이다. 이런 기준의 존재를 부정하는 것은 자연의 질서를 거스르는 행위다. 이는 비가 온다고 하늘에 화를 내거나, 육식동물이 다른 짐승을 잡아먹는다는 사실에 분개하는 것과 비슷하다.

> 남자의 성적 기호를 바꾸라는 말은
> 그에게 "얼굴에 수염이 더 이상 필요 없으니
> 그 수염을 나지 못하게 하라"고 명령하는 것과 같다.

남자의 생물학이 그의 짝짓기 기준을 결정한다. 이러한 사실을 받아들이는 여자는 남자를 더 잘 다루는 전략을 구상할 수 있다. 물고기는 수백만 년 동안 진화해오면서 실지렁이와 떡밥의 맛을 좋아하게 되었다. 그래서 우리는 낚시할 때 실지렁이와 떡밥을 챙겨간다. 물고기가 그걸 좋아하기 때문이다. 당신이 좋아하는 것, 가령 초콜릿이나 아이스

크림은 물고기를 전혀 유혹하지 못한다. 내가 좋아한다고 해서 물고기도 그걸 보고 수면 위로 떠오를 거라고 기대하는 것은 바보짓이다. 물고기를 낚으려면 물고기가 좋아하는 것을 찾아 그걸 제공해야 한다. 마찬가지로 남자를 낚으려면 그들의 두뇌회로가 어떻게 설정되어 있는지 이해하고 수용해야 한다.

### 미디어가 만든 남자의 관점

언론매체 특히 여성잡지들은 모든 여자가 추구해야 하는 미적 기준을 너무 비현실적으로 설정한다는 비판을 받고 있다. 여성지는 분명 그런 경향이 있지만 남성지는 꼭 그렇지만도 않다. 여성지에 단골로 등장하는 유명 모델과 배우들은 날씬하다 못해 막대기처럼 마른 몸매의 소유자들이다. 빼쩍 마른 여성의 이미지는 패션쇼 런웨이에서 차용한 것이다. 패션모델은 새로운 의상의 옷걸이 역할이나 디자이너의 강조점을 연출하는 배우 역할을 맡는다.

그러나 연구 조사에 따르면, 대부분의 남성은 막대기 같은 여성에게 별 매력을 느끼지 못한다. 여자의 몸이 날씬하고 마를수록 '70퍼센트의 엉덩이-허리 비율'과 멀어지고(8장에서 자세히 다룰 것이다), 임신 확률도 그만큼 떨어지기 때문이다. 두뇌회로가 여자의 생식력에 대한 믿을 만한 단서를 찾아내도록 설치되어 있기에, 남자는 모래시계 체형 여자에게 매혹된다. 남성지는 이 사실을 잘 알고 있다. 남성잡지의 자동차 광고를 본 적이 있는가? 차 옆에는 항상 뚜렷한 S라인을 뽐내는 미인이 몸매를 자랑스럽게 과시하고 있다. 할리 데이비슨 광고에 삐쩍 마른 여자는 절대 나오지 않는 이유가 바로 이것이다. 미스 유니버스 선발대회 시청자의 80퍼센트 이상이 남성인 반면, 패션쇼 관중에서 남성의 비율은 5퍼센트에도 미치지 못한다.

> 나는 아내와 침대에 누워 TV를 보다가 고개를 돌려 물었다.
> "우리 섹스나 한 번 할까?"
> "싫어요." 아내가 대답했다.
> "그게 당신의 최종 답변이야?" 내가 다시 한 번 물었다.
> 그녀는 나를 노려보며 대답했다. "그래요."
> 그래서 내가 말했다. "그렇다면 친구에게 전화나 해야지……"

애리조나 주립대학 더글러스 켄릭 교수와 동료들은 언론매체에서 널리 광고하는, 생물학적으로 완벽한 여성들을 연구한 후 약간 이상한 결과를 얻었다. 그들은 성적으로 매력 있는 여자 사진을 본 남자와 평범한 여자 사진을 본 남자의 반응을 조사했다. 그랬더니 매력적인 여자 사진을 본 남자는 그렇지 않은 남자보다 실제 자신의 파트너를 훨씬 불만스럽게 생각했다. 더 나쁜 사실은, 아주 매력적인 여성 사진을 본 남자들은 자신의 실제 파트너를 진지하게 여기지도 않고 만족스럽게 생각하지도 않고 가깝다고 느끼지도 않았으며 장기적인 약속도 하고 싶지 않아 했다는 것이다. 매우 우려되는 결과라 아니할 수 없다. 남성 잡지나 인터넷에 나오는 섹시한 여성 사진들은 아주 매력적인 자세와 윤곽을 포착하기 위해 수백 장을 찍은 후 거기서 심사숙고해 고른 한두 장이다. 달리 말해 그 사진들은 우리가 사는 현실을 반영하지 않는다.

원시 남성은 자신이 직접 고를 수 있는 주변 여성들에서 선택했다. 완벽한 환상 속에만 존재하는, 포토샵으로 떡칠한 왜곡되고 수정된 사진을 본 적이 없었다. 그래서 원시 남성은 21세기 남성보다 자신의 여자에 훨씬 더 만족하고 그녀를 소중히 여겼다. 그들에게는 눈에 보이는 것(**visual**)이 곧 실물(**actual**)이기 때문이다. 그러나 21세기 남성지의 여성은 비주얼과 실물이 일치하지 않는다. 이는 매우 합리적인 추론의 결과다. 수십만 년 전이나 지금이나 여자를 평가하고 선택하는 남자의 두뇌회로는 별로 달라지지 않았지만, 현대 기술로 인해 방해와 혼란을 당하고 있다. 현대 기술은 원시 여성의 생식신호에 대한 남성의 반응을 과도하게 자극한다. 일례로 패스트푸드 업계는 현대의 화학기술을 활용해 우리의 뇌를 속인다. 지금 내가 먹는 것이 정크 푸드가 아니라 내 건강과 생존에 꼭 필요한 가치 식품이라고 믿게 만드는 것이다. 그러나 그 결과는 당뇨, 비만, 질병일 뿐이다.

이처럼 미디어가 완벽한 여성의 이미지를 광고하고 있기에 남

아름다움은 순간이다. 그러나 실리콘은 영원하다.

자들은 점점 더 장기적 책임을 회피하려 하고 방탕하게 행동하려 한다. 이런 잘못된 이미지는 남성을 유혹하려는 여성의 타고난 경쟁심을 부채질한다. 그 결과 현대 여성들은 성형과 화장, 의상에 지나칠 정도로 신경 쓰게 되었다.

### 왓 멘 원트

남자가 언제나 여자에게 원하는 **4**가지 기본 사항이 있다.

1. 섹스
2. 기본 서비스(요리, 빨래, 자녀 양육 등)
3. 최고의 남자로 대접받고 사랑받는 것
4. 누구의 방해도 없는 자신만의 시간

남자의 욕구는 매우 간단하다. 남자의 말과 행동은 이 네 가지 욕구를 통해 걸러진다. 만약 남자가 어느 순간에 이 넷 중 무엇을 요구하는지 잘 파악한다면 당신은 그를 아주 손쉽게 다룰 수 있다. 문제는 남자의 목록 최우선사항이 여자의 목록에는 한참 아래에 있거나 아예 빠져 있을 수도 있다는 사실이다. 반대로 여자의 목록에서는 앞 순번이지만 남자의 목록에서는 꼴찌일 수도 있다. 일례로 남자는 밤늦게까지 일하거나 야근을 할 수 있고, 생계를 위해 투잡을 뛸 수도 있다. 하지만 여자는 이런 남자를 가정보다는 일을 더 좋아하고 관심 있어 한다고 오해할 수도 있다.

> **남자가 여자에게 알려주고 싶은 사항 153호**
> "내게 무엇을 말하고 싶든지 상관없는데, 가능하면
> 텔레비전에서 광고할 때 말을 꺼내줘."

 연애 중인 남자들은 이 네 가지 요구사항을 얻어내기 위해 여자에게 필요한 조치들을 취한다. 로맨틱한 저녁식사, 멋진 이벤트, 다정한 대화…. 그러면서 그녀에게 "이제껏 만난 여자들 중 가장 멋지다", "당신이 내 인생 유일한 여자", "너 때문에 다른 여자는 전혀 생각나지 않는다" 같은 전형적인 대사를 늘어놓으며 자신의 '여성적인 면'을 슬쩍 드러낸다. 그러나 그의 진짜 목표는 지금 당장 그녀에게서 4가지 서비스 중 하나를 얻어내는 것이다. 만약 여자가 "지금 이대로 영원하자"라는 말을 지금 당장 듣고 싶어 한다면 남자는 그 말을 당장 할 것이다. 남자는 그녀와 섹스할 수만 있다면 그녀의 외모에 대해서도 서슴지 않고 거짓말을 한다. 그런 행동을 전혀 수치스럽다고 생각하지 않으며 오히려 당연하고 세련된 대응이라고 자부한다.

> 남자가 당신을 평생 최고로 모실 거라 생각하지 말라.
> 그가 최고로 여기는 것은 때로 그의 친구나 자녀일 수 있고
> 때로는 그가 좋아하는 스포츠 팀, 그의 자동차, 그의 경력일 수도 있
> 으며 정말 가끔 당신이 그 자리를 차지할 수도 있다.

### 모든 건 섹스를 위해

남자는 섹스나 다른 보상을 얻기 위해 여자에게 봉사하며, 여자도 그 사실을 안다. "나를 백화점에 데려가 줘요. 이거 좀 만들어줘요. 나를 저곳에 좀 태워다 줘요. 나를 멋진 극장/레스토랑/엄마 집에 데려다 줘요. 애를 침대에 뉘어줘요. 천장에 페인트칠 좀 해줘요." 남자가 이런 일들을 해주는 대가로 섹스를 바라는 게 진실일까? 대답은 "그렇다"이다. 왜냐하면 남자는 다른 남자를 위해서는 결코 이런 일을 해주지 않으니까. 간혹 다른 남자를 위해서 뭔가 해준다면 둘 사이에 '반드시 갚아야 한다'는 암묵적 계약이 성립될 때다.

만약 섹스라는 보답 없이 여자에게 이런 일을 해준다면? 그녀는 묵계적으로 '다른 남자'와 같은 위치로 장부에 기록된다. 이처럼 남자는 섹스나 기타 보상으로 자신의 노력에 보답을 받길 기대한다.

스코트는 커스틴과 그녀의 두 아들과 함께 지냈다. 그들은 일 년 간 동거했지만 이제는 깨졌다. 실직자였던 그는 커스틴 대신 집안일을 했다. 마당 잔디를 깎고, 빨래와 청소를 하고, 음식물 쓰레기를 내다버리고, 그녀의 아들들과 놀아주었다. 가끔 아이들에게 선물을 주었고 일주일에 한 번은 외식을 나갔다. 그는 커스틴에게 최소한의 집세를 지불했지만 방은 따로 썼다. 예전처럼 그녀와 깊은 관계를 갖고 싶지 않았던 것이다. 반면 커스틴은 여전히 그를 사랑했고 장기적인 관계를 원했다. 하지만 스코트가 그럴 뜻이 없다고 분명히 거부하자, 그녀는 집에서 나가달라고 요구했다. 그는 이제 더 이상 그 집을 찾아가지 않고 그녀 아이들과도 놀아주지 않는다. 커스틴에게 빚진 집세를 다 갚은 거나 다름없으니 그 집을 찾아갈 이유가 없다고 생각한다.

여자가 더는 서비스를 하지 않겠다고 위협하면 남자는 조급해진다. 무심하고 게으르던 남자가 여자에게 갑자기 차이면 황급히 영원한 사랑을 약속하는 이유가 여기에 있다. 심지어 빨리 결혼하자는, 당신을 닮은 아이를 갖고 싶다는 말까지 한다. 자신을 위한 요리, 빨래, 섹스를 되찾고 경쟁자를 물리치기 위해 필요한 것은 뭐든지 하겠다고 여자에게 약속한다. (남자에게는) 다행히도 대부분의 여자들이 이런 말을 믿는다. 여기서 여자들을 위한 교훈을 알려주겠다. 남자가 제공하는 흥미로운 놀이를 마음껏 즐기라. 그러나 그의 이야기를 항상 믿어주지는 말라.

> 월터 롤리 경은 자신의 고급 신상 재킷을 벗어 진흙탕 위에 깔아 여자가 밟고 지나가도록 했다. 왜 그랬을까? **15**개월 동안 바다에 나가 있었던 그는 너무나 섹스가 하고 싶어 돌아버린 것이다.
> 제정신인 남자라면 그처럼 비싼 재킷을 그런 식으로 내던졌겠는가.

## 인간관계에는 관심 없는 남자

우리가 《말을 듣지 않는 남자, 지도를 읽지 못하는 여자》에서 밝혔듯, 남자의 두뇌는 '사냥' 기술, 섹스, 스포츠에 매혹된다. 남성지는 이런 욕구를 잘 보여주고 있다. '새로운 낚시법' '최신 디지털 카메라' '멋진 자가용' '수영복 입은 쭉빵 미녀' 사진이 실린 잡지는 언제나 큰 인기를 끈다. 그러나 남성지에 이런 기사는 실리지 않는다.

"당신의 결혼식을 멋지게 준비하는 법"
"신의 있는 여성이 되는 방법"
"올바른 복장을 선택하는 비결"
"영원한 파트너를 발견하려면 어떻게 해야 하는가"

대신 이런 기사들이 많다.

"백만장자 되는 법"
"완벽한 초콜릿 복근 만들기 4주 프로젝트"
"침대에서 야수가 되는 비결"
"많은 여자와 더 많은 섹스를 하려면?"

여자는 〈주간 여성〉, 〈코스모폴리탄〉, 〈마리끌레르〉, 〈여성의날〉, 〈새로운 사상〉처럼 사랑과 인간관계를 다룬 잡지들을 즐겨 읽는다. 그러나

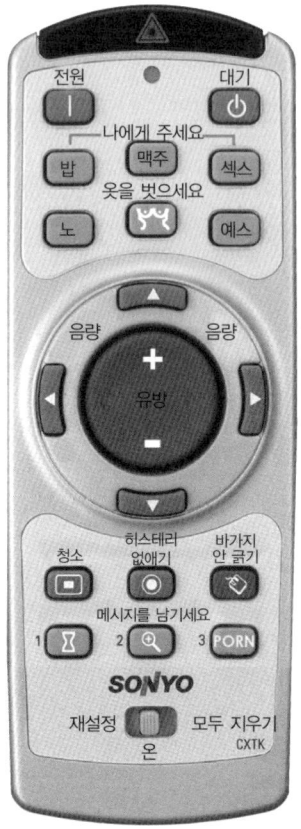

남자가 원하는 완벽한 리모컨

서점의 '인간관계' 코너에 가득한 수천 권의 책 중에서도 정작 여자의 생각을 다룬 책은 별로 없다. 왜냐하면 남자들은 그런 데 관심이 없기 때문이다. 남자는 밥 얻어먹고, 섹스하고, 취미생활을 한 다음에는 혼자 있길 바란다. 인간관계를 다룬 처세서들은 이 점을 언급하지 않는다. 대부분의 처세서를 여자가 집필하고, 타깃 독자의 **90**퍼센트 이상도 여자이기 때문이다. 남자가 여자를 상대로 인간관계를 능숙히 형성하지 못하는 이유는, 그 관계 자체를 별로 신경 쓰지 않기 때문이다. '인간관계'를 생각할 때 남자들이 떠올리는 것이라고는 악을 쓰며 울부짖는 아이, 아내의 바가지, 튀어나온 배와 벗겨진 대머리, 생활비가 똑 떨어진 상태, 지겹기 그지없는 일부일처제 등이다.

심지어 대부분의 남자, 특히 젊은 남자들은 지속적인 인간관계를 인생을 즐기는 데 거치적거리는 장해물로 여기기까지 한다. 어느 날 갑자기 굴러들어온 호박을 차지하지 못하게 만드는 방해요소라고 생각하는 것이다. 생각해보라. 토미 리가 속옷을 제일 먼저 벗은 여자와 장기적 약속을 맺었다고 해서 파멜라 앤더슨, 헤더 로클리어 외 멋진 금발머리 여자들과 한바탕 뒹굴 수 있는 기회를 마다하겠는가? 물론 이런 시나리오는 상위 1퍼센트의 남자들에게도 쉽지 않은 기회지만, 수많은 남자들은 일이 어떻게 진행될지 모르기 때문에 최후의 퇴각로를 확보해 두는 것이다. 이게 대부분의 남자가 갖고 있는 솔직한 생각이다. "죽음이 우리를 갈라놓을 때까지"는 그들에게 너무나 지겹고 고리타분한 이야기일 뿐이다.

**남자가 여자에게 알려주고 싶은 사항 43호**
거의 모든 질문은 "예"나 "아니오"로 답할 수 있다.

### 남자 화법 해독하기

남자가 4가지 기본 욕구 중 어느 하나(특히 섹스)를 요구할 때 여자에게 사용하는 표준 말투가 있다. 다음은 남자들이 자주 사용하는 대사 10가지와 그 속뜻이다.

1. "당신은 예뻐/아름다워/멋져."
   '당신의 얼굴은 반듯하고 밸런스가 훌륭하군. 내 유전자를 성공적으로 후대에 전달해줄 것 같아. 그러니 우리 섹스하자.'
2. "당신은 오늘 밤 너무 멋지군."
   '지금 당장 당신과 자고 싶어.'
3. "우리 좋은 친구가 되자."
   '우린 그다지 서로에게 빠지지 않은 것 같군. 내 소재를 파악하기 위해 하루에 마흔 번씩 전화나 문자를 하지 말아주길 바라.'
4. "오늘 당신이 입은 옷 정말 훌륭해!"
   '그 옷을 입으니 당신의 엉덩이와 허리 비율이 돋보이고 가슴도 커 보이는데? 그래서 내 두뇌회로엔 불이 붙었고 호르몬이 마구 분비되는군. 지금 당장 당신과 섹스하고 싶어.'
5. "들어와서 커피 한 잔 하고 가."
   '절반쯤 취한 상태에서 화끈한 밤을 보내 보자구. 여긴 당신의 신체적 결점을 드러내주는 환한 불빛도 없잖아.'
6. "내가 술 한 잔 살게." 이보다 진전된 버전은 "한 잔 더 할래?"

'당신에게 술을 먹여 경계심을 푼 후에 섹스하고 싶어.'

7. "오늘밤 늦게까지 머물 수 없어. 내일 아침 일찍 출발해야 하거든."
   '섹스 고마웠어. 난 지금 여기서 나가겠어!'

8. "나는 공개적이고 솔직한 관계를 원해."
   '만약 내가 나중에 다른 여자를 만나게 되면 이 말로 핑계를 댈 수 있 겠지. "거봐, 난 당신에게 솔직하겠다고 했잖아!"'

9. "끝나면 전화할게/만나러 갈게."
   '오늘 밤 다른 여자를 못 만난다면 대신 당신을 만나러 갈게.'

10. "당신 때문이 아니야…나 때문이야."
    '너 때문이야. 그러니 제발 저리 가!'

우스꽝스럽기 짝이 없는 대사들이지만, 문제는 여자들이 이런 말을 진실이라고 착각하기 때문에 남자들이 계속 이를 이용해 먹는다는 것이다. 장기적인 관계로 발전할 상대인지 조기에 남자를 파악할 수 있는 여자는 드물다. 이런 남자의 속내를 간파할 수 있다면 벤츠와 똥차를 더욱 잘 구분할 수 있을 것이다.

## 남자는 생식의 가치를 추구한다

원시 남성은 여성의 생식력을 중시했기에 젊음과 건강을 주로 고려했다. 여성이 젊을수록 번식력은 뛰어나다. 여성의 생식 가치는 20세에 가장 높고 30세는 중간, 40세는 낮고 50세부터는 없다. 현대 남성들도 조상으로부터 젊은 여자를 선호하는 기질을 물려받았다. 바로 이 때문에 여자가 젊을수록 강간당할 위험이 높다. 미국의 통계 수치를 보면 강간 피해자의 85퍼센트가 36세 이하로, 여성의 생식 가치와 직접적인 관련이 있다.

대체로 남자들은 2-4세 연하의 배우자를 선호한다. 남자 나이가 많을수록 젊은 여자를 더 선호한다. 켄릭과 키피의 연구에 따르면 20세 남자는 18세의 여자를, 35세 남자는 30세의 여자를 좋아하며, 48세 남자는 37세의 여자를 좋아한다. 50대의 남자는 적어도 자기보다 스무 살은 더 어린 여자를 원한다.

남자는 자원과 매혹의 능력 사이의 상관관계를 본능적으로 인지하고 있다. 독일 인종학자인 카를 그라머는 남녀 2,638명을 대상으로 연구한 후 다음과 같은 결과를 얻었다. 남자는 벌이가 늘수록 자신보다 젊은 여자를 추구했다. 월 1만 파운드를 버는 남자는 자신보다 5~15세 어린 여자를 원한 반면, 월 1천 파운드를 버는 남자는 5세 정도 젊은 여자를 원했다. 월 소득이 1천 파운드 낮아질수록 원하는 여자

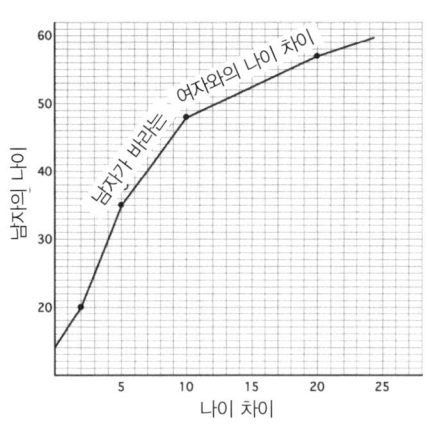

와의 나이 차이도 한 살 정도 낮아졌다. 달리 말해서, 남자는 자신의 자원이 많을수록 여자를 더 잘 매혹시킬 수 있고 그녀의 번식 가치도 높아진다는 것을 안다. 자신의 자원을 한 여자에게 집중 투자할 생각이라면, 그는 우수한 짝을 얻을 기회가 그만큼 높아진다. 뛰어난 여성일수록 자신이 원하는 것(장기적 약속)을 얻어내기 위해 버티다가 그것을 제공할 남성에게 기회를 주기 때문이다.

그럼 생식력이 없는 **50**세 넘은 여성은 여생을 외롭게 지내야 한단 말인가? 아니, 그렇지 않다. 나이든 여성일지라도 짝짓기 게임에서 밀려나지 않으려면, 젊은 여성처럼 자신을 매력적으로 보이려고 가꾸고 노력해야 한다. 자기관리를 잘해서 젊고 아름답게 보인다면 연령대를 불문하고 남자들을 매혹시킬 수 있다. 마돈나와 데미 무어를 떠올려 보라.

### 남자가 여자에게 알려주고 싶은 사항 22호
"만약 내 말이 두 가지로 해석될 수 있는데,
그 중 하나가 당신을 화나게 하거나 슬프게 한다면
나의 진심은 다른 하나야."

여자가 볼 때 남자의 이런 선호도는 매우 불공정하고 불합리하며 정치적으로 부당하고 바보 같지만 엄연한 현실이다. 좋든 싫든 그것이 사실임을 받아들여야 한다. 남성적 선호의 근원을 잘 이해하고, 그것이 두뇌회로의 일부라는 점을 인식하는 여성은 더 쉽게 남성의 행동을 이해하고 적절히 대응할 수 있다.

### 남녀의 서로 다른 리스트

#### 남자의 장기적 목록
다음은 남자가 장기적 파트너에게 기대하는 항목이다.
1. 성격
2. 매력
3. 두뇌
4. 유머
5. 몸매

이 목록은 아래의 여자 목록과 상당히 비슷하다. 둘 다 모두 성격을 첫 번째로 꼽았다. 여자가 다정다감한 남자를 원하는 반면, 남자들은 아름다운 여성을 선호한다는 사실이 가장 눈에 띄는 차이점이다.

#### 여자의 장기적 목록
다음은 여자가 장기적 파트너에게 기대하는 항목이다.
1. 성격
2. 유머
3. 다정다감함

4. 두뇌

5. 몸매

원시 여성의 목록은 이렇게 길지 않았다. 식량을 제공하고 안전하게 보호해주는 남자면 충분했다. 원시 남성은 여자의 호감을 사기 위해 멋진 농담을 건넬 필요도, 수다를 경청할 필요도, 춤을 멋지게 출 필요도 없었다. 원시 여성도 오늘날 여성보다 훨씬 더 쉽게 짝을 찾았을 것이다. 화장, 성형, 보정 속옷 같은 것을 생각하지도 않았을 테니까. 원시 남녀의 짝짓기 게임은 서로에게 매우 공정했다.

그러나 여성은 모르는 하나의 변수가 이 게임에 존재한다. 남자는 짝을 고를 때 두 가지 목록을 사용하지만, 대부분의 여성은 하나의 목록만 사용한다. 여자는 장기든 단기든 남자를 고를 때 위의 목록 하나를 펼쳐든다. 그러나 남자는 장기적 파트너 말고 잠깐 스치는 여자를 고르는 단기 목록을 하나 더 갖고 있다.

### 남자의 단기적 목록

다음은 남자가 단기적 파트너에게 기대하는 항목이다.

1. 섹시함
2. 몸매
3. 가슴
4. 엉덩이
5. 성격

보다시피 이 목록은 두뇌의 시상하부와 편도체 호르몬 활동을 자극하는 시각적 단서들이 주를 이룬다. 이처럼 남자의 단기 리스트는 욕정과 관련 있다. 데이비드 버스는 남녀가 단기적 파트너에게 바라는 67가지 특징을 정리했는데, 그 중에는 신의와 성실, 사교성, 정직, 재력, 친절, 지능, 매력, 교양, 관용, 책임감, 협동성 등이 있었다. 그런데 여자들은 이런 특징을 중시한 데 반해 남자들은 별로 중요하게 여기지 않았다. 남자들은 단기 파트너의 부정적인 면, 가령 성적 문란이나 음주벽, 트라우마, 괴벽 같은 것도 여자만큼 신경 쓰지 않았다. 하지만 장기적 파트너에 대해서는 이런 점을 매우 신경 쓰며 우려를 표시했다. 장기적 파트너의 경우, 남자는 신체적 매력과 장기적 약속에 관심을 보였고 낮은 성욕과 털이 많은 신체를 바람직하지 않은 특징으로 생각했다. 남자는 캐주얼 파트너가 장기적 약속을 요구하는 것을 못마땅하게 여겼지만, 장기적 혹은 결혼할 사람이 그런 요구를 하는 것은 매우 중요하게 받아들였다. 그리고 남자는 단기 파트너라 해도 미혼보다는 기혼 여성을 선호했다. 유부녀는 자신에게 장기적 약속을 요구하지 않으리라 생각하기 때문이다.

남자의 단기 목록은 클럽, 술집, 해변, 체육관 등 그가 가는 곳 어디서나 사용되는 리스트다. 그리고 대체로 신체에 관련된 항목이다. 남자의 두뇌는 대체로 시각적 단서에 의해 움직이고 그가 제일 먼저 보는 것은 여자의 얼굴과 몸매이기 때문이다. 실제로 많은 여성들이 이 단기 목록을 참고한다. 많은 남자들이 하룻밤의 정사나 가벼운 관계에서 이 목록대로 움직인다. 헤픈 여자 혹은 창녀처럼 입고 다니는 여자는 이 목록에 충실히 반응하는 케이스다. 미니스커트, 가슴골이 훤히 드러나는 블라우스, 진한 화장, 음란한 행동 등은 이 단기 목록과 밀접한 관련이 있다. 그런 여자는 남자들과 단기적 관계를 맺으며 주로 시간을 보낸다. 남자를 장기적 관계로 끌어들이려면 그의 장기적 목록을 이해하고, 그에 맞는 행실과 행동을 해야 한다. 반면 순간적인 집중과 이목이 필요할 때는 단기 목록도 적절히 활용할 줄 알아야 한다.

### 남녀의 서로 다른 구인란

파트너를 찾는 구인 광고란은 남녀 선호도의 차이를 명백하게 보여준다. 남자는 여자에 비해 신체적, 성적 매력이 있는 파트너를 찾는 광고를 3~4배 더 많이 하는 반면, 여자는 직업, 자동차, 집 등 자원을 가진 남자를 찾는 것이 주된 목적이다.

2,200건의 개인 광고를 연구한 심리학자 마크 메이슨은 광고가 무엇을 가장 많이 요구하고, 어떤 광고가 가장 많은 응답을 받았는지 조사했다. 메이슨이 찾아낸 공식은 "70퍼센트는 자신에 대해, 30퍼센트는 상대방에 대한 요구사항을 말하는 것"이었다.

다음은 남자가 자신을 광고해 효과를 본 사례다.

남자, 28세, 고소득자, 성실하고 순수하며 유머감각 있음. 진정한 파트

>  너십을 원하는 매력적이고 자상한 젊은 여성을 찾음.

이 광고의 성공요인은 여성인 대상에게 그들이 원하는 것(자원)을 먼저 어필하고 이어 자신의 요구(젊음과 건강, 즉 생식 가치)을 말했기 때문이다.

이 광고를 여자의 전형적 광고와 비교해보자. 구인란에서 가져온 이 여성의 광고 또한 좋은 효과를 얻었다.

>  여성, 매력적이고 날씬하고 사랑스럽고 다정함. 유머감각과 독립정신, 성실함을 갖추고 진지한 파트너십을 원하는 고소득 남자를 찾음.

이 광고에서 여자는 남자의 자원에 대한 보답으로 신체적 자산과 보호를 제안하고 있다.

남자와 여자가 진정으로 원하는 것에 대해 토론하다 보면 꼭 반대 의견이 나오게 마련이다. 이런 내용과는 전혀 다른 광고가 성공한 사례들을 들먹이며 말이다. 우리가 말하고 싶은 것은, 대부분의 사람들에게 대부분의 경우에 통용되는 가장 기본 원칙임을 기억해야 할 필요가 있다는 것이다. 소수의 예외적 경우에 관한 이야기가 아니다.

### 성적 매력은 왜 중요한가

**1940**년에 시작, **50**년에 걸친 여러 세대의 짝짓기 연구는 일반적인 남녀의 짝 선호도를 측정했다. **10**년 단위로 이루어지는 연구 조사에서 남자는 성적 매력을 매우 중요한 요소로 보았다. 반면 여성은 좋긴 해도 아주 중요하다고 여기진 않았다. 그러나 **1990**년에 이르자 **50**퍼센트가 넘는 남녀 모두 성적 매력의 중요성을 인정했다. **2008**년이 되자 **1940**년대의 피조사 남성 비율보다 **65**퍼센트 이상 증가했다. **20**세기 말에 이르러 국제화와 세계화가 이루어지자 파트너의 선택 폭도 훨씬 커졌기 때문이다. 게다가 전 세계의 미디어는 완벽한 남자와 완벽한 여자를 선전하는 데 열을 올리고 있다. 이 연구는 우리가 성적 매력에 부여하는 중요도가 유전자에 새겨진 것이 아니라 상황에 따라 변화 가능한 것임을 알려준다. 그렇지만 불행히도, 우리는 조상보다 더 완벽한 파트너를 끊임없이 요구하고 있다.

남자의 경우 성적 매력에 대한 강력한 선호는 동서고금을 막론한다. 그리스, 중국, 라트비아, 모로코, 에스키모, 부시맨 등 인종과 지역을 가릴 것 없이 모든 남자는 파트너의 성적 매력을 원한다. 이런 남자의 욕구는 수십만 년 동안 작동해왔고, 이 때문에 수십억 달러 규모의 성형 및 화장품 산업이 탄생되었다. 이 산업들은 남자 두뇌의 호르몬 활동을 촉진시키는 신호를 잘 파악하고, 자사 제품과 서비스가 그 신호를 확실히 제공한다고 약속하며 발전을 거듭한다.

> 한 여자가 침실 거울 앞에 알몸으로 서 있었다. 자신의 몸매가 마음에 들지 않은 그녀는 남편에게 부탁했다. "여보, 기분이 너무 안 좋아요. 내가 늙고 뚱뚱하고 못났다는 생각이 떠나지 않아요. 내 기분이 좀 나아지도록 지금 당장 날 칭찬해줘요."
> 그녀의 남편이 말했다. "당신, 시력 하나는 정말 좋구먼!"
> 그리고 부부 싸움이 시작되었다….

남자가 여성에게서 성적 매력을 추구하는 또 다른 이유는 자신의 자원 통제 능력을 과시하고 싶어서다. 남자의 팔뚝에 매달린 미인은 그의 자원이 풍부하다는 가장 직접적인 증거다. 남자들이 '트로피 와이프(집에 진열한 트로피처럼, 보이기 위한 아내)'를 원하는 진짜 이유도 바로 이것이다. 매력적인 여성 파트너는 값비싼 명화, 최신 스포츠카, 황금 시계, 멋진 직함과 동일한 부류에 속할뿐더러, 주변의 다른 여성들에게 그 남자를 매력적인 인물로 돋보이게 한다.

수많은 연구에 의하면, 동서고금을 막론하고 못생긴 여성은 파트너인 남자의 사회적 지위를 떨어뜨린다. 반면 못생긴 남자는 여성의 지위에 아무 영향도 미치지 않는다. 성질 포악한 마이크 타이슨처럼 생겨도 돈과 권력, 자원을 갖고 있는 남자는 언제나 매력적인 대상이다. 옥상에서 떨어진 메주처럼 생겼든, 차에 얼굴이 치인 사람처럼 보이든 전혀 상관없다.

### '성적 매력'이란 무엇인가

성적 매력이란 여자가 시간과 공을 들여 자신의 자산을 아주 돋보이게 드러내는 동시에 단점은 최소화하는 것을 말한다. 매력적인 여성은 언제나 매력적인 자세를 취한다. 남자는 여자의 착한 마음보다는 아름다운 외모에 더 끌리고 큰 자극을 받는다. 여자의 신체적 매력은 건강 상태와 직결되기 때문에 남자는 늘 여자의 외모에 높은 점수를 준다. 나이든 여성이 잘 차려입고 완벽하게 화장하면 매력적으로 보일 수는 있으나, 실상은 임신 가능한 젊은 여성의 외모와 신호를 재창조하는 데 불과하다. 대부분의 여성은 이 사실을 알고 있다. 성형 수술, 체중 조절, 의상과 액세서리 업계들은 이런 남성적 기준에 맞춰줄 수 있다고 약속하면서 번영해간다.

심리학자 폴 로진은 사람들에게 '이상적인 여성 몸매'를 조사했다. 그는 아주 날씬한 몸매에서 아주 뚱뚱한 몸매에 이르기까지 다양한 여성의 사진을 보여주었다. 대상 여성들은 아주 날씬한 몸매를 선택하면서 "내가 닮고 싶은 몸매"라고 대답했다. 반면 남성들은 성적 매력의 관점에서 평균적인 몸매를 선호했다. 현대 여성은 남성이 날씬한 여자를 좋아한다고 생각하지만 그렇지 않다. 전반적으로 남자는 모래시계 체형인 중간 혹은 중간 이상 사이즈의 여성을 선호한다. 그 이유는 뒤에서 상세히 설명하겠다.

캘리포니아대학 인류학과 교수 도널드 사이먼스는 흥미로운 사실을 보고했다. 음식이 풍부한 미국 같은 사회의 남자들은 날씬한 여성을 선호한다. 그러나 음식이 풍부하지 않은 사회의 남자들은 뚱뚱한 여성에게 매혹된다. 사이먼스는 음식 자체가 아니라 음식과 관련된 심리 상태가 더 중요하다고 주장한다.

### 원시와 문명의 공통점

아마존과 아프리카 일부 부족 여성들은 남자의 관심을 끌기 위해 가슴을 훤히 드러내고, 엉덩이와 성기를 아슬아슬하게 지나가는 가는 허리띠 하나만 두르고 다녔다. 문명 세계의 여성이라면 충격을 받을 풍습이지만, 사실 이는 그녀들이 남자의 주의를 끌기 위해 하는 행동과 별다르지 않다. 문명 여성들은 건강하고 매끈한 피부를 위해 파운데이션을 바르고, 눈이 커 보이기 위해 마스카라를 하고, 혈색을 좋게 하기 위해 립스틱을 바르고, 어리고 귀여워 보이기 위해 성형을 한다. 가슴을 모아 커 보이게 하는 푸시업 브래지어, 힙업을 위한 나일론 팬티 스타킹, 늘씬해 보이도록 하이힐을 신고 얼굴에 보톡스를 맞는다. 여성의 젊음과 건강을 원하는 남자의 두뇌회로에 호소하기 위한 판촉용 도구인 것이다. 앞서 말했듯, 이 모든 내용은 남자가 여자보다 훨씬 빨리 사랑에 빠지는 이유를 증명한다. 시각적 신호는 두뇌에 직접 호소하기 때문이다.

우리는 이런 치장을 하지 말라고 이야기하는 것이 아니다. 단지 여성이 치장하는 이유를 설명할 뿐이다.

## 남자가 아름다움을 찾는 이유

동물에게는 아름다움의 개념이 없다. 개, 고양이, 코끼리는 석양과 폭포, 모네의 그림에 감동하지 않는다. 못생긴 원숭이나 고양이, 말 같은 것은 존재하지 않는다. 동물의 세계에서 암컷의 매력은 아주 단순하다. 발정 난 암컷은 그 자체로 매력적이다.

우리가 주변의 아름다움을 측정하는 기준은 조상으로부터 물려받은 것이다. 유명한 그림이나 사진은 우리 조상이 살았던 세계의 사물들 즉 동물, 날씨, 갈등과 도피 등을 모방하기 때문에 아름답게 느껴진다.

> 병원에서 신체검사를 받고 돌아온 조안(45세)이 남편에게 자랑했다. "세상에 말이죠, 의사가 내 가슴이 20세 여성과 같다지 뭐유." 남편이 물었다. "당신의 축 쳐진 45세의 애스(엉덩이, 멍청이라는 뜻의 단어)에 대해서는 아무 말 없던가?" 그녀가 대답했다.
> "뭔 소리예요? 당신 이름은 나오지도 않았다고요."

남자는 여자의 생식력에 관한 단서를 얻기 위하여 여자의 육체적 아름다움을 판단한다. 그 단서로는 매끈한 피부, 건강하게 빛나는 머릿결, 부드럽게 물결치는 근육, 맑고 고운 눈, 활달한 에너지 등이 있다. 여자의 화장, 샴푸, 린스, 크림, 미백 제품 등은 이런 장점을 제공한다고 속삭인다. 이런 특징은 젊음과 건강을 상징하고 곧바로 생식 가치와 직결된다. 진화론적 관점에서 보면, 젊고 건강한 여자가 더 많은 아이를 낳을 수 있고 남자에게 확실한 유전자 계승을 보장할 수 있다. 그렇기에 청결하고 단정한 여자는 매력적이지만, 지저분하고 추한 여자는 어디서나 최하위 점수를 받는다. 더러움은 질병과 연관되고 유아의 생존 가능성을 낮추기 때문이다.

뉴멕시코대학 진화생물학자인 랜디 손힐은 사람들에게 여자의 얼굴 사진을 보여주면서 호감도를 평가하는 실험을 수행했다. 남녀 모두 늙은 여자의 얼굴에 최하위 점수를 매겼는데, 특히 남자들이 여자들보다 더 낮은 점수를 주었다. 얼굴의 주름살 제거 수술이 왜 성황을 이루는지 깨달았는가? 여자들도 이미 알고 있는 원칙이었던 것이다.

### 전 세계가 미인대회장

오늘 날 세계는 문화권을 막론하고 거대한 미인대회 장소가 된 듯하다. 역사상 그 어느 때보다 여자의 외모에 막대한 돈이 투자되는 시대다. 여성지의 표지를 미녀가 차지하는 비율은 오늘날 **94**퍼센트지만 **1940**년대에는 **18**퍼센트에 불과했다. 당시 여성지의 주요 관심사는 의상과 식품, 실용적 가정용품 등이었다. 오늘날 미국의 성형과 화장, 다이어트 산업의 연매출은 **1**천억 달러가 넘는다. 화장품 산업은 남자들이 욕망하는 여성의 이미지를 창조하지 않으면서, 이미 만들어진 이미지를 최대한 활용한다. 페미니스트들은 이렇게 주장한다. 미용 산업의 유혹에 빠져드는 여자들은 머리가 텅 빈 백치이며, 남자의 비위를 맞추거나 미디어에 세뇌당하는 바보라고 말이다. 그러나 사실은 그렇지 않다. 화장품 및 성형 산업은 남자를 매혹시키려는 여자들의 충동적 욕구에 따라 발전했을 뿐이다. 여자는 이것이 소기의 목적을 달성하는 데 도움이 된다는 것을 본능적으로 안다. 진짜 문제는 미디어가 대부분의 여성들이 결코 도달할 수 없는 수준의 아름다움을 지나치게 선전하고 부추긴다는 것이다. 이로 인해 수백만 여성들이 자존감을 스스로 저하시킬 뿐만 아니라 남자들이 장기적 파트너에게 바라는 다른 주요 요소들, 가령 성격이나 유머, 지능 등을 무시할 수 있기 때문이다.

### 모두가 미인을 좋아해

**2003**년 텍사스대학의 주디스 랭글루아와 동료들은 아름다운 얼굴에 대한 인간의 반응이 본능임을 실험으로 증명했다. 이전에는 문화나 교육에 의해 후천적 반응으로 여겨졌지만 실은 그렇지 않다는 것이다. 주디스는 생후 **8~12**주된 아기 그룹과 생후 **6~8**개월 된 아이 그룹에게 다양한 얼굴 사진들을 보여주었다. 두 그룹 모두 평범한 얼굴보다는 예쁘고 매력적인 얼굴을 더 오래 쳐다보았다. 두 번째 실험에서 주디스는 생후 **1**년 된 아이들에게 다양한 얼굴의 인형들을 주었다. 아이들은 예쁜 얼굴을 한 인형과 더 오래 놀았고, 더 많은 미소를 보냈다.

흥미롭게도 아름다운 얼굴에 대한 공식은 모든 문화권에 확립되어 있다. 전 세계 모든 사람이 아름다운 얼굴과 그렇지 못한 얼굴을 동일하게 생각한다는 뜻이다. 《거짓말을 하는 남자, 눈물을 흘리는 여자》에서 우리는 좌우 얼굴 대칭이 좋을수록 매력적인 얼굴이라고 보고했다. 나이가 들면서 우리 얼굴의 좌우 대칭은 허물어지게 마련이다. 그렇기 때문에 젊은 얼굴이 더 아름답고 매력적이다.

> 〈플레이보이〉의 알몸 모델을 쳐다보는 남자는
> 그 여자가 요리를 잘할지, 피아노를 잘 칠지, 성격이 좋은지
> 따위는 전혀 생각하지 않는다.

### 엉덩이와 허리의 70% 황금 비율

앞에서도 이 비율이 남자에게 중요한 의미라고 여러 번 언급했다. 남자의 두뇌회로는 '모래시계' 혹은 S자 체형으로 알려진 이 비율을 열심히 찾는다. 이러한 몸매의 여성이 가임률과 생식력이 높다. 남성용품 광고에 등장하는 여성은 거의 모두 이 비율이다. 과체중일지라도 이 비율을 갖추고 있으면 남자의 시선을 끈다. 체중보다 이 **70**퍼센트라는 비율이 중요하다는 뜻이다. 이 비율은 여성의 엉덩이와 허벅지에 체지방이 적당히 축적되어 있어 임신과 수태, 모유수유 능력이 훌륭하다는 신호로 해석된다.

남자는 자신과 정반대인 여자의 신체 부위를 사랑한다. 여성이 굴곡

을 자랑한다면 남자는 각지고 울퉁불퉁한 몸매를 뽐낸다. 여자는 부드럽고 남자는 단단하다. 신체의 차이에 있어서는 정반대 요소가 매혹을 불러일으킨다.

> 많은 남자들이 여자가 가슴이 클수록 머리(지능)는 모자라다고 생각한다. 그러나 실상 그 반대다. 여자가 가슴이 클수록 남자의 머리는 사라진다.

### 남자가 혐오하는 여자의 말

남자는 자신의 몸매를 비하하고 불평하는 여자를 못마땅하게 여긴다. 이런 말들이 그 좋은 예다.

"내 허벅지는 너무 굵어."
"내 엉덩이는 너무 커."
"난 셀룰라이트가 너무 많아서 고민이야."
"나는 너무 뚱뚱해/너무 커/너무 작아."
"내 머리카락은 너무 가늘어/억세/부스스해."
"내 가슴은 너무 작아/처졌어/늘어졌어."
"난 배가 너무 나왔어."
"내 눈가 주름이 싫어."

대부분 사랑하는 여자와 함께 있는 남자는 그녀 몸매의 장점에 관심을 갖고 단점은 눈감아주는 경향이 있다. 여자와 함께 와인을 마시며 저녁식사를 하고 로맨틱한 대화를 나누는 남자의 두뇌는 도파민 같은 화학물질을 분비하기 때문에, 그녀 스스로 의식하는 결점 따위는 그의 눈에 들어오지 않는다.

여자에 관한 한 남자는 지극히 단순한 동물이다. 남자가 싫어하고 혐오하는 것은 여자의 몸매나 크기, 체형이 아니다. 남자는 자신감을 갖지 못하고 안달복달하는 여자의 불안정한 태도를 경멸한다. 2008년 13~28세 여성들을 조사한 호주의 한 연구에 따르면, 86퍼센트가 자신의 외모를 불만스럽게 여겼으며 성형 같은 다른 조치를 고려중이라고 대답했다. 정작 남자들은 그런 여자의 불평불만을 지겹게 여길 뿐 외모의 단점은 별 대수롭지 않게 생각한다. 성적으로 흥분한 남자는 여자의 늘어진 뱃살도 부드러워 보이고, 굵은 허벅지도 섹시하게 느껴지며, 부스스한 머리카락도 완벽하게 보인다. 하지만 징징거리며 자신의 결점을 불평해대는 여자에게 남자는 어떤 매력도, 호감도 느끼지 않는다. 남자란 이처럼 단순한 존재다.

### 동성애 남녀의 선택

디트로이트대학 심리학자인 엘리자베스 힐와 윌리엄 잰코비악은 이성 커플과 동성 커플에게 일련의 인물사진들을 보여주고 신체적 매력

평가를 요청했다. 이성애 남자와 동성애 남자는 잠재적 파트너의 젊음과 아름다운 외모를 선호하는 동일 반응을 보였다. 그러나 이성애 여자와 동성애 여자는 젊음에 그리 높은 매력 점수를 매기지 않았다. 짝을 구하는 잡지 구인란을 분석한 두 학자는 이성애 남녀와 동성애 남자는 3명 중 1명꼴로 사진을 요구한 반면, 동성애 여자는 8명 중 1명꼴로 사진을 요구한다는 사실을 발견했다. 구인란에 키와 몸무게, 체격과 눈 색깔 같은 신체적 특징을 기재할 때 동성애 남자와 이성애 남자는 4명에 3명꼴로 기재한 반면, 이성애 여자는 5명에 1명꼴로 기재했다. 반면 동성애 여자는 14명에 1명꼴로 정보를 제공했다.

또 다른 연구에서 블루멘스타인과 슈워츠는 12,000커플을 조사했는데 그 중에는 게이 커플이 969쌍, 레즈비언 커플이 788쌍 포함되어 있었다. 이런 장기적 관계에서도 바로 위에서 언급한 신체적 선택의 기준은 그대로 적용되었다. 동성애 남자 57퍼센트와 이성애 남자 59퍼센트는 파트너의 신체가 섹시한지 여부가 매우 중요하다고 답했다. 반면 동성애 여성은 35퍼센트, 이성애 여성은 31퍼센트에 그쳤다. 이처럼 이성애 남자든 동성애 남자든 동일한 신체적 선택의 기준을 갖고 있다는 결론을 내릴 수 있다. 단지 다른 것은 파트너의 성(性)일 뿐이다.


### 정부, 남편이 되다

여성의 정절과 신의는 남성의 자원에 대한 의존도와 밀접한 관련이 있다. 영국, 호주, 스웨덴처럼 버림받은 여성을 위한 견고한 복지 정책을 펼치는 국가의 여성은 남성에게 덜 의존하는 경향이 있다. 정부가 자원 제공의 역할을 떠맡았기 때문이다. 그래서 복지제도가 잘 정착된 국가에서는 혼전 및 혼외정사 비율이 높다. 반면 중국이나 인도처럼 복지제도가 미흡한 나라의 혼외정사 비율은 낮다. 이런 국가에서는 주로 남자가 자원을 갖고 있고 여자는 그것을 잃고 싶지 않기 때문이다.

앤드류는 노령 연금을 신청하려고 사회복지청에 갔다. 카운터에 앉아 있던 여직원은 나이 확인을 위해 신분증을 요구했다. 깜빡하고 지갑을 두고 온 그는 집에 가서 가져오겠다고 대답했다.
그러자 여직원이 말했다. "셔츠 단추를 끌러보세요."
그는 셔츠를 풀어 은발의 가슴 털을 보여주었다.
"그 정도면 충분히 증거가 되겠네요." 그녀는 신청서를 접수해 주었다.
귀가한 앤드류는 아내에게 사회복지청에서 있었던 일을 말해주었다.
"바지 지퍼도 열어서 보여주지 그랬수?" 아내가 말했다. "그랬더라면 장애연금도 같이 받을 수 있었을 텐데."


## 요약

지난 60년 간 수행된 남자의 짝짓기 기준 연구들은 화가나 시인, 작가들이 지난 6천년 동안 주장한 것과 똑같은 결론에 도달했다. 여성의 얼굴과 몸매는 지능이나 다른 재산보다 남자에게 훨씬 매력적이라는 사실 말이다. 아무리 남녀평등을 외치는 **21**세기를 살고 있다 해도 이 사실만큼은 절대 변하지 않는다. 현대 남성들은 원시 남성들처럼 즉각적인 필요를 요구한다. 내 짝이 나의 유전자를 후세에 잘 전달할 것인지, 내게 봉사하고 내 자식을 잘 키울 것인지부터 살피는 것이다. 단기 파트너를 찾을 때 남자는 건강, 젊음, 외모, 성적 적극성을 따진다. 그러나 장기 파트너라면 성격, 유머, 지능, 자상한 태도를 더 우선시한다.

불행하게도 오늘날 남자들은 날이면 날마다 잡지, 신문, 텔레비전, 간판 등에서 '완벽한' 여성의 사진을 수백 번은 더 본다. 이런 사진은 대부분 화장과 성형의 결과인데다가 컴퓨터 아트 작업, 특수 조명 효과, 포토샵 수정 같은 합성 기술의 결과물이다. 결코 실물 그대로의 여성이 아님을 유념하라.

여성이 진정으로 원하는 것:
사랑, 존경, 존중, 신뢰, 아첨, 칭송, 칭찬, 지원, 위로, 보호, 포옹, 숭배

남성이 진정으로 원하는 것:
결승전 입장권

마지막으로 섹스에 관한 한 남자는 진정 무엇을 원하는가? 그 대답은 '모든 것'이다. 남자는 언제 어디서든 어떤 조건에서든 섹스가 가능

하다. 여성은 난자를 소유하고 있기 때문에 언제고 섹스 파트너를 발견할 수 있다. 하지만 남자는 섹스를 찾아나서야 하고 다른 남자와 경쟁도 해야 한다. 가능한 많은 여성과 성교하여 자기 유전자를 널리 퍼트리려는 본능적 목표로부터 추진력을 얻는다. 이 때문에 남자는 섹스의 기회주의자가 된다. 오늘날의 여성은 여전히 섹스에 이유를 요구하지만, 남자는 상대만 있으면 아무 때나 섹스할 수 있다. 이제 남녀가 가벼운 불장난과 하룻밤의 정사에서 무엇을 원하는지 살펴보자.

- 자신은 의식하지 않을지 몰라도 남자는 섹스, 요리, 임신 및 출산, 자녀 양육 같은 서비스를 제공할 수 있는 여자를 찾는다.
- 남자는 시각적 단서에 반응한다. 여자가 좋아하든 말든 외모는 남자에게 매우 중요하다.
- 원시시대와 마찬가지로 현대 남자들은 여자의 젊음, 건강, 생식력을 갈망한다. 그의 유전자를 후세에 잘 전할 수 있다는 증표이기 때문이다.
- 남자가 제일 혐오하는 것은 자기 외모와 몸매에 자신감이 없는 여자다.

# "그저 하룻밤 불장난이었어"

토요일 밤 11시 30분, 바에서 본 그녀
(책을 거꾸로 들어 그림을 보라)

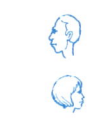

"그저 하룻밤 불장난이었어"

이런 광경을 상상해보자. 거리를 걷고 있는 당신에게 매력적인 이성이 다가오더니 이렇게 말한다.

"근처 자동차 공원에 주차된 미니버스로 가서 나랑 섹스할래요?"

이 질문을 받는 사람이 여자라면 **99.2퍼센트**는 "싫어요!"라고 대답한다. 그러나 남자라면 **4명중 3명**이 "좋아요!"라고 답한다. 이 장에서 우리는 사람들이 캐주얼 섹스(**casual sex:** 어쩌다 만난 사람과의 성행위, 우연한 성관계) 혹은 하룻밤 정사를 벌이는 이유를 다루려 한다.

에이즈 위기가 터지기 직전인 **1982년**, 클라크와 해트필드 교수는 한 대학에서 다음과 같은 실험을 실시했다. 매우 매력적인 남성(혹은 여성)이 한 여학생(혹은 남학생)에게 다가가 "캠퍼스에서 당신을 여러 번 봤는데 좋아하게 되었다"고 고백하며 아래 3가지 제안 중 하나를 던지게 했다.

1. 나와 데이트할래요?
2. 내가 사는 아파트에 갈래요?
3. 나와 같이 잘래요?

남학생 76퍼센트는 매력적인 이성과의 섹스를 흔쾌히 수락했지만, 여학생 전원은 섹스를 거부했다. 하지만 약 50퍼센트의 여학생이 데이트는 동의했다. 클라크는 7년 뒤인 1989년에 에이즈가 캐주얼 섹스에 미치는 영향을 파악하고자 동일한 시험을 다시 수행했다. 에이즈 공포가 창궐한 시대에도 남자들은 여전히 캐주얼 섹스에 관심이 많은 반면, 여자들은 여전히 거부했고 단지 데이트에만 응했을 뿐이다.

우리는 피조사 여성들—성 혁명이 절정에 다다른 시기의 플로리다주립대학 학부 여학생들—이 캐주얼 섹스에 개방적인 마인드를 가지고 있으리라고 추정할 수 있다. 하지만 그렇다 하더라도, 아무리 잘생기고 매력적인 남자라도, 생판 모르는 이성은 여자가 생각하는 파트너의 첫 관문을 통과하지 못했다. 반면 남학생의 76퍼센트가 전혀 모르는 매력적인 여성에게 "좋다"라고 대답했다는 사실은, 낯선 사람일지라도 캐주얼 섹스의 장애가 되지 않음을 보여준다. 이들의 행동을 이해하지 못하는 것은 아니다. 그들은 단기 파트너 목록을 활용했기에 호르몬이 즉각 분비되었던 것이다.

이 실험은 **1989**년 이래 여러 번 반복되었지만 매번 결과는 똑같았다. 상대 남자가 매력적일수록 여학생은 데이트에 응했으나 섹스는 여전히 거부했다. 남학생은 상대 여자가 매력적일수록 섹스에 응할 가능성이 높았다. 여자들은 이런 즉석 제안에 당황하거나 놀라고 때로는 불쾌하게 여겼지만, 대부분의 남학생들은 오히려 흥분하면서 우쭐하고 자랑스러워했다.

또 다른 실험에서 한 미국대학 학부생 **99**명은 성적 친밀도에 대한 그들의 태도를 보여주는 비밀 조사에 응했다. 발견 사항을 살펴보니, 남학생이 여학생에 비해 다음 네 가지 사항을 실천하려는 의욕이 훨씬 높았다.

1. 겨우 **3**시간 사귄 사람과 섹스하기
2. **6**시간 간격으로 서로 다른 두 사람과 섹스하기
3. 사랑하지 않는 사람과 섹스하기
4. 좋은 관계가 아닌 사람과 섹스하기

이 조사는 섹스 기회에 대한 인간 반응이 수천 년 동안 변하지 않았음을 입증한다.

> 킨제이는 다음과 같은 사실을 발견했다.
> 미국 남자 **69**퍼센트가 창녀를 찾으며 그중 **15**퍼센트는 단골 고객이다.
> 그러나 창남을 찾는 여자의 비율은 **1**퍼센트 미만이었다.

### 캐주얼 섹스란 무엇인가

캐주얼 섹스에는 다양한 정의가 있고 그것을 가리키는 용어도 다양하다. 즐거운 전화, 갑작스러운 접속, 이름 없는 섹스, 유익한 친구, 섹스 파트너, 하룻밤의 정사, 우연한 만남 등. 무어라 부르든 간에 '캐주얼 섹스'는 낯선 사람과의 우연한 성관계를 가리킨다. 정기적으로 캐주얼 섹스를 갖기로 합의하는 경우도 있다.

당초 캐주얼 섹스는 정신적 만족보다는 육욕을 해소할 목적의 남녀관계다. 대부분의 사람들은 캐주얼 섹스에는 정신적 유대감이 없다고 여긴다. 책임질 필요가 없는 섹스는 남자에게는 엄청나게 매력적이지만, 여자에게는 그렇지 않다. 일부 현대 여성의 행동은 마치 남자들의 욕망과 비슷하다는 착각을 불러일으키지만 사실이 아니다. 여자가 육체적 만족을 위해 캐주얼 섹스를 원할 때는 다음 두 가지 경우다. 하나는 테스토스테론 수치가 아주 높을 때(전체 여성의 **20**퍼센트 미만이다), 다른 하나는 배란기에 들어서서 좋은 유전자를 가진 남자를 찾고 있을 때다. 하지만 이런 상황이라 해도 낯선 사람과 섹스하는 여자는 기본적인 기준을 충족시키려 노력한다. 오로지 동물적 섹스만 바란다면 무엇보다도 테스토스테론 수치가 매우 높아야 한다. 하지만 대부분의 여성은 이 수치가 높지 않다. 잠시 뒤에 이에 관하여 더 자세히 다루겠다.

**2008**년 데이비드 슈미트 교수는 **48**개국 **14,000**명을 대상으로 캐주얼 섹스 관련 설문조사를 실시했다. 질문 내용은 향후 **5**년 동안 얼마나 많은 사람과 캐주얼 섹스를 할 것 같은가, 캐주얼 섹스를 자연스럽게 여기는가 등이었다. 이 결과는 '사회 성욕'의 지표로 전환되었는데, 이는 성적으로 자유로운 사람들의 생각과 행동을 재량하는 눈금이다. 아프리카 부족민은 세계에서 가장 성적으로 개방되어 있다고 하지만 이 조사에는 포함되지 않았다. 하룻밤 정사, 파트너 숫자, 섹스의 태도 등을 측정하는 지표에 따르면 가장 성적으로 문란한 나라는 핀란드, 그 다음이 스웨덴이었다.

인구 **1**천만이 넘는 국가 중에서 영국은 캐주얼 섹스와 성병 건수가 가장 높은 나라였다. 그 이유로는 종교의 쇠락, 남녀평등 운동, 섹스 문화 발달 등이 있다. 영국의 도덕적 추가 빅토리아 가치관과는 정반대로 움직이고 있다.


## 성적 관계의 정의

'섯저 관계'에 대한 정의 그리고 파트너의 배신에 관한 정의는 남녀

### 가장 문란한 나라 순위 (2008 OECD)

| | | |
|---|---|---|
| 1. 영국 | 2. 독일 | 3. 네덜란드 |
| 4. 체코 공화국 | 5. 호주 | 6. 미국 |
| 7. 프랑스 | 8. 터키 | 9. 멕시코 |
| 10. 캐나다 | 11. 이탈리아 | 12. 폴란드 |
| 13. 스페인 | 14. 그리스 | 15. 포르투갈 |

"그저 하룻밤 불장난이었어"

간에 매우 다르다. 우리는 성적 관계를 올바르게 정의하기 위해 관련된 주요 연구 결과 중 **6**건을 철저히 분석했다. 몇 년 전 클린턴이 대통령이 모니카 르윈스키에 대해서 "나는 그 여자와 성적 관계를 맺지 않았다"는 유명한 발언을 했을 때, 저 단어는 전 세계적인 화두로 떠올랐다. 법적인 관점에서 보면 클린턴 말이 맞다. 오럴 섹스(구강 성교)는 성적 관계로 분류되지 않기 때문이다. 하지만 일반인들은 그가 르윈스키와 분명히 성적 관계를 맺었다고 여긴다. 성적 관계에 대한 남녀의 정의를 명확히 요약하면 다음과 같다.

> 남성의 정의 : 신체적 성행위 종망라. 오럴 섹스와 정상 섹스 포함.
> 여성의 정의 : 깊은 유대감을 느끼는 사람과의 성적·신체적·정신적 행위.

남자가 생각하는 '성적 관계'는 친밀한 신체 접촉에서 온전한 섹스에 이르기까지 신체적 행위다. 반면 여자에게는 상대와의 유대감을 견고하게 해주는 신체적·정신적 행위 모두 포함된다. 전희, 페팅, 관능적 댄스에서 커피 마시기, 점심 식사, 다정한 이메일 혹은 인터넷 채팅에 이르기까지 다양한 행위가 여성의 정의에 들어간다. 섹스가 전혀 개입되지 않았더라도 성적 관계로 여기는 것이다. 모든 연구 결과는 남성이 성적 관계를 섹스 행위로 해석하는 반면, 여성은 정신적 유대관계와 장기적 책임의 관점에서 본다고 보고한다. 이것은 우리 부부가 앞에서 한 주장과도 일치한다. 남자는 섹스 그 자체를 보지만 여자는 섹스를 사랑의 표현으로 여긴다.

거의 모든 연구 조사 결과, 남자는 유대감이나 친밀감 없이도 섹스할 수 있다는 의욕이 여자보다 훨씬 높게 나왔다. 1990년 시라큐스대학 인류학자 존 타운센드와 개리 레비는 382명을 상대로 설문조사한 결과, 남자는 순전히 외모만으로도 상대와의 섹스 여부를 결정했다. 반면 여자는 애정, 책임, 자원 등 다양한 요소들을 감안하는 것으로 조사되었다. 예를 들어 여자는 결정을 내리기에 앞서서 이런 질문을 던진다. '그가 나를 사랑할까?' '나와의 미래를 생각할까?' '혹시 양다리를 걸치거나 바람둥이는 아닐까?' '경제력이나 장래성이 훌륭할까?'

사회생물학자 엘리스와 사이먼스는 이런 연구 결과를 얻었다. 젊은 여자일수록 자신의 자녀(현재 있거나 앞으로 낳을 예정이거나)를 남자가 부양할 능력이나 관심이 있다면, 더욱 적극적으로 그와 성교한다. 나이든 여자는 남자의 부양 능력에 별 관심을 두지 않지만, 그래도 경제력을 섹스 여부의 주된 기준으로 여기기는 마찬가지였다.

얼마나 오래 알고 지냈는가도 여자의 섹스 결정에 영향을 미친다. 대부분의 여성은 5년 간 알고 지낸 매력남과는 섹스를 고려하지만, 반 년 정도였다면 그러지 않을 거라고 응답했다. 그러나 남자에게 시간은 별 문제가 되지 않는다. 상대 여자를 5년 알았든 5분 알았든 상관 없다.

### 캐주얼 섹스를 하는 이유

캐주얼 섹스가 남자에게 안겨주는 부작용은 많다. 바람둥이라는 오명, 지저분한 성병, 다른 남자의 공격, 지루한 이혼 소송과 엄청난 위자료로 상당한 재산을 잃을 수 있으며, 자신의 씨가 아닌 아이를 키우게 될 수도 있다. 여자라면 창녀, 노는 여자, 헤픈 여자 같은 오명을 얻는다. 남자의 단기 파트너로는 인기 있을지 모르지만 장기 파트너 후보에서는 배제된다. 캐주얼 섹스를 즐기는 여자는 미혼모나 싱글맘이 될 위험이 높고, 자신의 시장 가치를 떨어트리며, 어려움을 자초하고, 남자 파트너로부터 버림받을 가능성이 크다.

진화론적으로 캐주얼 섹스가 남자에게 주는 혜택은 매우 분명하다. 남자는 번식이라는 목적 달성을 위해 가능한 많은 여자와 성교하길 원한다. 물론 남자가 반드시 그런다는 말은 아니다. 그런 충동을 느끼게끔 설계되어 있다는 뜻이다. 남자에게 **50**명의 파트너가 있다면 해마다 자녀를 **50**명 정도 가질 수 있다. 종족 보존의 관점에서 보면 아주 훌륭한 구조인 것이다. 그러나 여자에게 **50**명의 파트너가 있어도 진화론적으로는 무의미하다. 남자 파트너가 **50**명이든 **1**명이든, 그녀는 여전히 매년 한 명만 낳을 수 있기 때문이다. 따라서 원시 여성이 캐주얼 섹스를 했다면, 거기에는 다른 이유가 있다고 추론할 수 있다. 오늘날 일부 여성도 남성과 똑같은 이유로 캐주얼 섹스를 추구하는 것처럼 행동한다. 술을 많이 마시고, 적극적·공격적으로 행동하며, 전혀 모르는 남자를 유혹해 하룻밤 정사를 벌인다. 이런 행동은 남자와 똑같지만 실상 그 동기는 매우 다르다.

동서고금을 막론하고 여성이 캐주얼 섹스를 즐기는 데는 **4**가지 주된 이유가 있다.

**1.** 자존심

**2.** 장기 파트너인지 평가하기 위해

**3.** 혜택

**4.** 더 좋은 유전자를 발견하기 위해

### 1. 자존심

캐주얼 섹스는 여자에게 자신의 '시장 가치'를 가늠하게 해준다. 현재의 짝짓기 시장에서 자기 가치가 어느 정도인지 판단할 수 있다. 원시의 짝짓기 시장이었다면 이 정보는 매우 중요했을 것이다. 여성이 자신을 너무 낮게 평가하다 실제 얻을 수 있는 것보다 훨씬 적은 자원을 가진 남자와 맺어질 수 있기 때문이다.

만약 원시 여성이 자신을 과대평가했다고 치자. 실제로는 10점 만점에 7점 정도지만 자신을 9점이라 생각해서 9점짜리 남자를 얻었다 해도, 결국 남자는 그녀가 7점짜리임을 간파할 테고(상대적으로 남자는 여자보다 이런 계산이 느리다) 그러면 그는 9점짜리 다른 여자를 찾아 나설 것이다. 배우자를 자주 속이는 여자는 자신의 자존심을 높이고 시장 가치를 재정립하기 위해 캐주얼 섹스를 추구한다(이 문제는 7장에서 더 자세히 살펴보자). 즉 두 번째 의견을 구하는 것이다. 때로 여자는 복수를 목적으로 캐주얼 섹스를 하기도 한다.

### 2. 장기 파트너인지 평가하기 위해

여자는 캐주얼 섹스로 인해 남자가 좋은 남편감인지 평가할 수 있다.

오늘날 여성의 캐주얼 섹스는 예전만큼 사회적 지탄을 받지는 않는다. 가벼운 만남으로 인해 여자는 남자의 매력, 자원, 관용, 책임감, 잠재력을 최대한 상세히 살펴볼 수 있는 기회를 얻는다. 마치 남자의 입안에 온도계를 집어넣고 체온을 재보는 것처럼 말이다. 그러나 남자와는 다르게, 여자는 캐주얼 관계를 시작하기 전에 남자의 기존 관계들과 다른 여자 문제를 점검한다. 장기적인 남편으로서의 잠재력을 알아보는 것이다.

반면 남자는 여자의 프리섹스를 적극적인 특성이라고 파악한다. 접근하기 쉬운 여자이며, 유부녀라면 장기적 책임도 요구하지 않을 테니 더욱 매력적이다. 그래서 창녀라고 비난받는 여자일수록 캐주얼 섹스 시장에서는 오히려 가치가 높다.

### 3. 혜택

아마존, 보르네오, 아프리카에 여전히 존재하는 수렵 사회를 살펴보면 이 문제의 답을 얻을 수 있다. 그곳의 여자들은 남자에게 캐주얼 섹스 대신 식량, 보석, 장신구, 조개껍질, 담배 같은 선물을 요구한다. 이 선물들은 그녀들에게 있어 즉각적인 자원이다. 데이비드 버스는 다음과 같은 사실을 발견했다. 원시 부족 여성들은 가벼운 관계 초기에는 많은 선물과 돈, 화려한 스타일을 좋아하지만 장기적 관계로 접어들면 이런 조건을 상당히 낮게 평가했다. 남편에게는 자상과 배려, 공감, 이해심을 더 높이 평가했다.

> 밍크코트를 만들기 위해 얼마나 많은 동물(밍크)을 죽여야 하는지는 중요하지 않다. 그 코트를 얻기 위해 여자가 얼마나 많은 동물(남자)과 자야 하는지가 중요하다.
>
> _ 안젤라 라그레카

    원시 및 현대 부족사회에서, 어디에도 속하지 않은 여자가 캐주얼 섹스를 제공한다는 것은, 다른 남자의 공격으로부터 보호해달라는 뜻도 있다. 음식을 다함께 나눠먹는 부족사회의 여성은 그렇지 않은 여성보다 가벼운 성적 관계를 추구할 가능성이 두 배나 높다는 연구 결과도 있다. 왜냐하면 집단 그룹이 자원을 제공하기 때문이다. 복지제도가 잘 발달되어 정부가 여자에게 자원을 제공하는 스웨덴 같은 문명국에서는, 많은 부부가 결혼 상태를 유지하기보다는 이혼을 감행한다. 또한 복지제도가 미비한 다른 국가들에 비해 캐주얼 섹스 관계도 적극적으로 발생한다.

### 4. 더 좋은 유전자를 발견하기 위해

    캐주얼 섹스의 네 번째 이유는 더 좋은 유전자를 얻기 위해서다. 자산을 관대하게 나눠주는 남자와 맺어지는 게 짝짓기 게임의 순리겠지만, 좋은 유전자를 가진 남자의 아이를 낳는 것도 번식 게임에서는 합리적이다. 아이의 유전자가 좋을수록, 더 건강하고 부유한 생활을 누릴 가능성이 높다. 더 좋은 짝을 만나 더 행복한 삶을 누릴 가능성도 더 커진다. 여자는 남자에게 식량과 보호, 자원 제공을 원하는 동시에 우수

한 유전자도 바란다. 더 좋은 유전자에 대한 여자의 욕망은 월경주기 **13~15**일차에 발현한다. 배란기인 이때 여성의 몸은 종족 보존 가능성이 높은 유전자를 요구한다. 예를 들자면, 자상한 휴 그랜트 같은 남자가 한 달 내내 곁에 있기를 바라지만 한 달에 한 번은 야수 같은 휴 잭맨의 유전자를 원하는 셈이다.

### 캐주얼 섹스 그 이후

대부분의 남자는 하룻밤의 정사를 금세 잊어버린다. 번식 충동을 느끼면 테스토스테론이 다량 분비되는 남자의 두뇌는 사랑과 섹스를 간단히 분리한다. 수많은 남자들에게 캐주얼 섹스는 그저 섹스에 불과하지만, 여자들은 이 개념을 잘 이해하지 못한다.

수많은 연구 조사 결과, 남자는 캐주얼 섹스 후 만족감은 높고 죄의식은 거의 없다. 그러나 하룻밤 불장난을 벌인 여자의 '다음날 아침'은 사정이 완전히 다르다. 대부분의 여자들은 만족은커녕 죄책감과 죄의식을 느끼며, 자신의 가치가 떨어졌다고 생각한다. 2008년 다럼대학 교수인 앤 캠벨은 1,743명에게 하룻밤 정사 다음날 아침 기분이 어땠는지 조사했다. 남자들의 80퍼센트는 만족스러웠다고 답했지만 여자는 54퍼센트에 그쳤다. 특히 남자들은 성적 만족 외에도 자신감과 행복을 느꼈다고 답했으며, 여자와는 달리 그 일을 친구들에게 떠벌리기를 즐겼다.

죄책감은 특히 40세 이상의 여자들에게서 높은 수치를 보였다. 빅토리아 가치관을 가진 부모와 종교 영향을 가장 많이 받은 그녀들은, 캐주얼 섹스를 더럽고 역겨우며 수치스러운 행위라고 생각하기 때문이다. 연구에 의하면 젊은 여자들은 나이든 여자처럼 심한 죄책감에 사로잡히진 않았지만 성적 만족도가 낮았고, 어느 정도 자기 혐오감을 느끼기도 했다.

### 아버지의 영향

1991년 패트리샤 드레이퍼와 제이 벨스키는, 아버지의 유무가 자녀의 성적 취향과 행동에 큰 영향을 미친다는 연구 결과를 발표했다. 그들은 아버지 없이 자란 아들은 부랑자가 되는 반면 정상적인 아버지 밑에서 자란 아들은 문제없는 아버지가 된다고 보고했다. 아버지 없이 자란 딸의 경우 생리가 빨리 시작되고 성적으로 문란해지는 경향도 있다고 했다. 그녀들은 남자를 믿을 만한 자원 제공자로 여기지 않는 경향이 있으며, 캐주얼 섹스 관계를 가능한 많이 만들어 자원을 얻으려 한다는 내용의 연구 결과였다.

### 당신은 몇 명을 원하는가?

남녀가 원하는 파트너 수는 환경과 규범에 따라 매우 달라진다. 방문객에 대한 환영 혹은 보상으로 캐주얼 섹스를 권유하는 사회도 있다. 영화 〈바운티 호의 반란 The Bounty〉의 플레처 크리스천과 반역을 일으킨 선원들은 타히티 섬에 도착하여 어여쁜 여인들과의 캐주얼 섹스를 권유 받았다.

반면 중동 사회의 여자들은 머리에서 발끝까지 검은 차도르로 몸을 가려 남자의 접근을 사전 차단한다. 남편이 아닌 남자들의 시선을 차단하기 위해서다. 인도 같은 나라에서 캐주얼 섹스를 벌인 여자는 집안의 명예를 더럽혔다는 이유로 가족이나 친척들에게 '명예살인'을 당하기도 한다. 그러나 서구 및 유럽 여성들은 평생 몇 명의 파트너를 둘지 자유롭게 결정할 수 있다.

> "두 사람이 벌이는 섹스는 아름답다고 생각한다.
> 다섯이 벌이는 섹스? 환상 그 자체지!"
>
> _우디 앨런

《사회 심리학과 인간 성욕》의 저자 로이 바우마이스터는 **18~30**세 사이의 미혼 미국 남녀를 대상으로, 평생 동안 몇 명의 파트너를 원하는지 물었다. 남자는 일 년에 **6**명을 원했지만 여자는 한 명을 원했다. **3**년간이라면 남자는 **10**명, 여자는 **2**명이었고 평생 동안이라면 남자는 **18**명, 여자는 **4**명이 적당하다고 생각했다.

### 성적 환상과 캐주얼 섹스

남자는 섹스 도중에 여자보다 두 배나 더 공상을 한다는 연구 결과가 많다고 한다. 공상의 내용은 남녀의 뇌 구조 차이를 잘 보여준다. 엘리스와 사이먼스는 **88**퍼센트의 남자와 **57**퍼센트의 여자가 섹스 중 파트너를 바꾸는 상상, 혹은 여러 명과 상대하는 상상을 한다고 보고했다. **81**퍼센트의 남자는 감정 대신 시각적 이미지에 집중하는 반면 여자는 겨우 **43**퍼센트에 불과했다. 섹스 중 남자의 공상은 여자의 특정 신체 부위, 부드러운 피부, 낯선 사람이나 유명 연예인과의 섹스 혹은 여러 명의 파트너와의 섹스 등이었다. 남자의 공상에는 두 가지 핵심 요소가 있다. 하나는 적극적으로 섹스에 달려드는 여자를 생각한다는 것이고 다른 하나는 정서, 책임, 전희 등이 철저히 배제된 시나리오를 공상한다는 것이다. 이는 남성이 원하는 캐주얼 섹스의 핵심이기도 하다.

> 사랑 없는 섹스는 무의미하다.
> 하지만 무의미한 것치고는 정말 괜찮은 경험이다.
> _우디 앨런

반면 여성은 섹스 중에 다정다감하고 성격 좋은 파트너를 상상한다(**57**퍼센트가 그러하다). 공상 속 등장인물은 그녀가 지인, 아는 연예인이나 배우, 관련 있는 남자 등이다. 아는 남자, 혹은 들어서 아는 남자 혹은 관련이 있는 남자 등이다. 여성은 전혀 모르는 남자와의 섹스를 공상하지 않는다. 여자들의 공통적인 공상이 제임스 본드 같은 남자들과의 그룹 섹스라 해도 말이다. 이러한 공상은 권력의 문제와 연관되어 있다. 여자는 자신의 여성성으로 남자를 통제하기를 꿈꾼다. 남자의 경우 앞서 언급했듯 섹스와 사랑은 별개며, 가끔은 둘이 합쳐지기도 한다.

꿈속에서 벌어지는 환상은 남녀 모두 비슷한 성적 평등을 보여준다. 몬트리올에 있는 '꿈과 악몽 연구소'의 안토니오 자드라는 남녀의 꿈 **3,500**건을 분석했는데 그 중 섹스를 포함한 꿈은 둘 다 **8**퍼센트에 불과했다. 그 내용을 상세히 분석해보면 성교가 가장 많았고 그 다음이 페팅, 키스, 성적 공상 등이었다. 꿈에서 오르가슴을 느낀 비율은 남녀 모두 **4**퍼센트였다. 여성의 경우 **20**퍼센트만 성적인 꿈에 현재 혹은 과거 파트너가 등장했다. 반면 공인과 영화배우들, 즉 자산을 가진 남자들은 그보다 두 배나 많이 등장했다. 반면 남자의 경우 **14**퍼센트만 유명한 여자가 등장했고, 여러 명이 등장한 섹스 관련 꿈은 두 배나 더 많이 꿨다. 대부분의 여성들에게 있어서 섹스와 사랑은 함께 가는 것이고, 공상이나 꿈에서도 마찬가지였다.

> 남자가 모델을 쫓아다닌다면 여자는 의사를 찾아간다.
> 여자는 신체에 대한 지식을 원하는 반면,
> 남자는 단지 신체를 원한다.
> _ 자인펠트

### 동성애

도널드 사이먼스는 동성애자 연구를 통해 이성애자의 기호에 관한 흥미로운 통찰을 제공했다. 동성애 남자의 성욕은 이성애 남자가 이성애 여지에게시 받는 세약(장기적 약속, 깊은 유대감, 로맨스 등)으로부터 자유로웠다. 달리 말해 미혼인 게이는 그런 제약을 받지 않기 때문에 가능한 많은 새로운 파트너와 신속하고 적극적인 관계를 맺을 수 있다. 이성애 남자도 이런 기회를 원하지만 이성애 여자가 그것을 허용하지 않는다. 그러나 사실상 '결혼한' 게이 커플인 경우에는 이성 커플과 똑같은 '신의와 성실의 원칙'이 적용되었다.

반면 레즈비언 커플은 이성 커플과 마찬가지로 책임과 신의성실 원칙을 중요시한다. 성행동에 대한 획기적 연구에서, 알프레드 킨제이는 게이의 **94**퍼센트가 **15**명 이상의 파트너를 갖고 있으며 **50**퍼센트는 평생 **500**명의 섹스 파트너를 둔다는 결과를 얻었다. 대부분 술집이나 화장실, 게이 클럽, 증기탕 등에서 만난 낯선 사람들이었다. 반면 레즈비언이 그렇게 많은 파트너를 두는 경우는 **15**퍼센트 정도에 불과했다. 레즈비언도 이성애 여자와 마찬가지로 친밀하고 지속적이며 장기적인 관계를 선호한다. 게이들이 장기적인 관계를 맺지 못한다고 말하려는 것이 아니다. 많은 게이들이 그런 관계를 맺는다. 단지 이성애 남자들과 똑같은 제약을 받진 않는다는 뜻이다.

### 요약

남자가 캐주얼 섹스를 하는 주된 이유는 성적 다양성을 성취하기 위해서고, 위험 수위가 낮을 때 주로 찾는다. 남자는 기회주의자이기 때문에 캐주얼 섹스를 미리 계획하지는 않는다. 모든 연구 보고서는 모든 문화권을 통틀어서 남자가 여자보다 두 배는 더 많이 캐주얼 섹스를 추구한다고 주장한다. 여자가 캐주얼 섹스를 하게 되는 주된 이유는 사랑의 결핍(자존심의 문제), 남자의 장래 잠재력에 대한 점검, 혜택을 얻기 위해서다.

인간의 성적 동기를 냉정하게 검토하면 로맨스 도서나 여성지, 미디어에 등장하는 따뜻하고 포근한 이미지와는 엄청나게 모순된다. 전 세계 전 문화권의 여성들은, 잘 알지도 못하고 심지어 좋아하지도 않는 여자와도 섹스하려는 남자들을 보며 혼란과 당황을 느낀다. 남자는 여자가 혜택을 바라고 섹스를 제공한다는 것, 늘 더 좋은 건수와 사람을 찾고 있다는 것을 알아야 한다. 특히 남자가 자신의 매력 선호도를 의도적으로 떨어트리면 여자는 더욱 캐주얼 섹스 쪽으로 눈을 돌리게 된다.

캐주얼 섹스는 두뇌의 원시적 부위에서 주로 통제하며 호르몬의 지배를 받는다. 만약 캐주얼 섹스가 욕정에서 로맨틱 사랑의 단계로 넘어가면 불륜이나 어페어(**affair**: 일정 기간 지속되는 혼외정사)로 분류된다. 이에 대해서는 다음 장에서 알아보자.

- 캐주얼 섹스에 대한 남녀의 견해는 완전히 다르다.
- 번식 욕구를 충실하게 따르는 남자들에게 섹스는 그저 섹스일 뿐이다. 그래서 남자는 여자보다 더 많은 하룻밤 불장난을 벌인다.
- 대부분의 여자는 사랑과 섹스를 분리해서 생각하지 않는다.

## 끝나지 않는 전쟁, 불륜

(정원사와 부인의 불륜 관계를 암시)

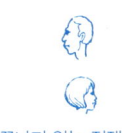

### 끝나지 않는 전쟁, 불륜

콜린과 질은 결혼 5년차 부부다. 신혼여행 때부터 그들의 섹스는 가히 환상적이었고 밤낮을 가리지 않고 틈만 나면 "붙어 있었다." 그러나 질이 첫아이를 임신한 지 6개월 정도 지나자 부부 사이는 틈이 벌어지기 시작했다. 질은 자신이 뚱뚱하고 아름답지 못하며 매력적이지 않다고 생각했다. 그래서 툭하면 몸이 좋지 않다, 머리가 아프다, 내일 하자 등의 핑계를 대며 남편의 요구를 거절했다. 남편에게 자신의 기분과 감정을 이야기하고 싶었지만, 콜린은 아내가 혼자 있고 싶어 한다고 생각했다. 그의 두뇌는 여자들이 말하고 듣는 행위를 중요하게 여긴다는 사실을 이해하지 못했다. 그녀는 남편이 자신에게 배려하지 않으며, 그저 성적 대상으로만 여긴다고 오해했다. 콜린은 점점 자신이 거부당하는 느낌이 들었고, 섹스하지 못한 욕구 불만과 좌절은 분노로 바뀌었다. 아내가 자신을 더는 남자로 여기지 않는 건지 혼란스러웠다. 그는 아내의 감정 폭발이 자신에게 향한 개인적 공격이라 생각했고, 그녀는 남편이 분노하는 이유가 뚱뚱하고 추해진 자신의 외모 때문이라고 생각했다.

아이가 태어났지만 부부관계는 더욱 악화되었다. 시간이 갈수록 질은 아기와 더 많은 시간을 보냈고, 콜린은 아내가 자신을 밀어내고 아이를 최우선으로 여긴다고 생각했다. 2등으로 전락한 자신의 처지가 한심했다. 심지어 어떨 땐 아기가 1등, 애완견이 2등 그리고 자신은 꼴찌인 것 같았다. 콜린은 사무실 동료인 앨리슨과 바람이 났고 질은 남편을 떠났다. 그녀는 현재 어린 아들과 함께 살고 있다. 콜린은 질과 아들 그리고 앨리슨, 이 세 사람을 재정적으로 책임지느라 항상 허덕이고 있다.

배우자의 불륜은 결혼한 부부들이 갖고 있는 가장 큰 고민이지만, 그 이유를 명확하게 아는 사람은 많지 않다. 콜린과 질의 결별은 많은 커플이 겪고 있는 악순환을 잘 보여준다. 콜린은 분위기가 조성되어야 섹스할 수 있는 여자의 특성을 이해하지 못했다. 질은 남편이 자신의 감정과 기분에 대해 다정히 대화하길 원했다. 깊이 공감하며 그녀의 말을 들어주고, 그녀를 부드럽게 만져주길 원했다. 하지만 남자의 두뇌회로에는 이런 행동이 입력되어 있지 않다. 더욱이 임신으로 인한 호르몬 변화 때문에 질의 문제는 더욱 악화되었다. 뚱뚱해지고 보기 싫어졌다는 우울한 기분은 자존감에 큰 타격을 입혔다. 남자는 섹스를 통해 자신의 정서를 표현하고, 사랑과 섹스를 얼마든지 구분할 수 있다는 것을 질은 이해하지 못했다. 남자 입장에서 사랑은 사랑, 섹스는 섹스이며 그 둘이 합쳐지는 경우는 가끔 일어날 뿐이다.

오해가 거듭되자 질은 콜린을 무감각하고 무신경하다고 생각했다. 아내에게 냉담하고 오직 섹스만 밝히면서 그것으로 자신을 조종하려 한다며 남편을 비난했다. 이런 비난은 곧 버릇이 되어 수시로 행해졌다. 콜린은 자신이 성적으로 접근하면 아내가 화를 내며 거부한다고, 질은 남편이 늘 무심하고 냉정하다고 생각했다. 그 결과 남편은 거부당하고 소외된 기분을, 아내는 자신이 못나고 추한 여자라는 자괴감을 갖게 되었다. 그녀는 섹스를 공포증 수준으로 거부하며 콜린을 피했다. 그도 거부당하는 것이 두려워 더는 질에게 섹스를 요구하지 않게 되었다. 상대의 관점을 이해하지 못한 그들은, 충분히 회복할 수 있었던 관계를 끝장내버리고 말았다.

## 불륜이란 무엇인가

이 장에서 우리는 두 사람이 서로에게 충실하기로 동의한 관계에 '결혼'이라는 용어를 적용하려 한다. 기술적으로는 욕정 단계에서 로맨틱 러브 혹은 장기적 애정 단계로 넘어간 상태인데, 이 단계에서는 두뇌의 화학물질 상태도 바뀐다.

캐주얼 섹스는 욕정과 관련 있다. 1장에서 언급했듯, 욕정 단계에서는 시상하부(원초적 충동)와 편도(흥분)라는 뇌의 두 부위가 활성화된다. 도파민이 다량 분비되어 테스토스테론의 생산을 독려함으로써 성적 자극을 만들어내는 단계다. 캐주얼 섹스(욕정)가 다음 단계인 로맨틱 러브로 나아가면 '불륜'이 시작된다. 여자의 경우, 두뇌 미상핵이 활성화되어 테스토스테론의 수치가 높아지면서 성욕도 커진다.

로맨틱 러브 단계에 도달하면 남자의 다른 두뇌 부위, 즉 시각 피질이 작동한다. 옥시토신 수치가 높아져 남자는 훨씬 부드럽고 자상해진다. 이런 일시적인 화학반응 때문에 남녀는 자신들이 완벽한 커플이라는 환상을 갖게 된다. 이때 주된 차이점은, 남자는 욕정 단계에 좀더 오래 머무르면서 섹스를 밝히는 반면, 여자는 다음 단계로 나아간다는 것이다.

남자들에게 불륜을 정의해보라고 하면, 정서적 유대감과 상관없이 섹스가 지속되는 상태라고 말한다. 그들에게 불륜은 캐주얼 섹스와 별로 다르지 않다. 신체적이고 성적인 관계이며 정서적 유대감이 반드시 있어야 한다고 생각하지 않는다.

그러나 여성은 불륜을 정서적 관계로 여기며 신체적 교섭의 유무를 따지지 않는다. 그래서 여자들은 '정신적 바람'이라는 말을 자주 사용한다. 다정한 통화와 문자, 정기적으로 점심을 함께 먹거나 차를 마시는 행위 등이 모두 '바람'의 범위에 속한다. 정신적 바람이란 배우자도 애인도 아닌 사이의 내밀한 관계다. 결혼한 부부의 친밀도, 정서적 거리, 전반적 상황에 직접적인 영향을 미치는 관계다. 바람난 배우자는 불륜 상대와 상당히 오랜 시간을 함께 보낸다. 당연히 신의를 지키는 배우자가 누려야 할 소중한 시간, 정서적 에너지, 다정한 배려를 빼앗는 행위다. 불륜을 저지르는 남자 혹은 여자는 배우자보다 새로 만난 이 '친구'에게 더 많은 비밀을 털어놓고, 더 친밀한 감정과 정서를 공유한다. 이러한 관계 초창기에는 육체적 관계가 있을 수도, 없을 수도 있다. 그러나 궁극적으로는 그런 관계에 이르게 마련이다. 설령 육체관계가 없었다 해도 여자들은 이를 바람 혹은 불륜으로 받아들인다. 섹스까지 했다면 더더욱 그러하다. 섹스는 불륜의 정서적 깊이를 보여주는 큰 증거가 되기 때문이다.

> 대부분의 남자들은 다른 여자를 만나서 사귀되 섹스만 하지 않으면,
> 어떤 잘못도 저지르지 않았다고 생각한다.

### 속이기만 하는 당신

**2006**년 한 연구 조사에 따르면, **150**개 문화권에서 가장 흔한 이혼 사유는 바로 '배우자의 부정'이라고 한다. 얼마나 많은 사람들이 배우자를 속이고 있는지는 알 수 없다. 파트너에게 거짓말을 하는 사람이 과연 설문조사에는 정직하게 대답했을지 의심스럽기 때문이다. 일례로 **2007**년 콜로라도대학과 텍사스대학 연구자들은 조사연구자들은 대면(對面) 인터뷰와 익명 컴퓨터 설문으로 기혼여성 **4,884**명을 조사했다. 대면 인터뷰에서는 **1**퍼센트만이 작년 남편 몰래 부정을 저질렀다고 고

백했다. 그러나 컴퓨터 익명 설문에서는 6퍼센트로 그 수치가 크게 증가했다.

배우자의 부정에 대한 가장 믿을 만한 데이터로는 시카고대학과 전국과학재단이 수행한 일반 사회 조사가 있다. 1972년 이래 미국인의 생각과 생활상을 추적해온 이 조사 자료에 따르면, 기혼자의 약 10퍼센트(남자 12퍼센트, 여자 7퍼센트)가 혼외정사를 한 적이 있다고 고백했다. 대부분의 서구권 국가 남자들의 50~60퍼센트가 적어도 한 번 이상 배우자 몰래 부정을 저지른 것으로 추정되고, 프랑스나 스웨덴 같은 선진국에서는 그 비율이 70~80퍼센트로 올라간다. 이 중 약 40퍼센트는 발각되지만 나머지는 들키지 않는다. 기혼여성의 경우 약 40퍼센트가 혼외정사를 즐기지만 이들 중 약 15퍼센트만 발각된다. 불륜 비율에서 여성이 남성을 앞지르는 유일한 나라는 프랑스다. 프랑스 여자 87퍼센트가 현재 혹은 과거에 양다리를 걸친 적이 있다고 고백했다.

불륜은 모든 연령대에서 증가 추세를 보이고 있다. 미국에서는 1998~2008년 사이에 60대 이상의 불륜남은 20퍼센트, 60대 이상의 불륜녀는 15퍼센트로 증가했다. 왜 옛날과는 달리 노인들이 바람을 피우는 걸까? 두 가지 이유가 있다. 첫째, 이 그룹의 대다수인 베이비부머들은 빅토리아 시대의 금욕적 가치를 거부하고 늙는 것도 거부한다. 오늘날의 60세는 이전의 45세에 해당한다고들 한다. 둘째, 현대 노인들은 예전 세대가 갖지 못한 성 보조제를 갖고 있다. 비아그라, 호르몬 대체 요법, 발기부전 치료제 등을 손쉽게 구할 수 있다. 마지막 베이비

부머 세대인 40~60대들은(특히 여성) 과거의 성적 구속과 금욕을 과감히 내던지고 있다.

40대 이하 그룹에서도 불륜은 증가하고 있다. 특히 널리 퍼진 인터넷 포르노가 이런 현상을 부추긴다. 포르노는 일반인이 갖고 있는 '정상적인 성행위'의 개념 자체를 바꿔 놓았다. 과거 세대는 인터넷 여기저기에서 떠도는 음탕하고 변태적인 단어들을 들어본 적도 없었다. 2002년 심리학자 레이먼드 버그너와 안나 브리지스는 인터넷 포르노가 장기적 관계에 매우 부정적인 영향을 미친다고 최초로 보고했다. 그들은 인터넷 포르노와 온라인 성적 관계가 불러일으키는 정서적 거리감은 현실의 불륜 못지않게 파괴적인 영향을 미친다고 주장했다.

> "정말 우울하다. 주치의는 내게 비아그라를 처방해주지 않았다. 완전히 무너진 건물에 새로운 깃발을 꽂는 일과 다를 바 없다며 말이다."
> _ 조지 번스

데이비드 슈미트는 전 세계 48개국 사람들을 대상으로 성적 습관에 관한 자료들을 수집했다. 남자가 가장 많이 성관계를 행하고 집착한 시기는 20대 후반이었다. 테스토스테론이 절정에 도달하여 떨어지는 시기인 것이다. 반면 여자의 성생활은 30대에 가장 활발히 이루어졌다. 30대에 들어서면 수태능력이 떨어져 여자들의 생물 시계가 바쁘게 돌아가기 때문이다. 여성은 테스토스테론 수치가 오르는 30대 중후반에 성적으로 절정에 달한다. 대자연이 여자들에게 '시간이 다 가기 전에 어서 빨리 번식을 서두르라!'고 재촉하기 때문이다.

> 여섯 자녀를 둔 남자는 그 사실이 너무도 자랑스러워 자신의 아내를 '여섯의 어머니'라고 부르기 시작했다. 아내가 그 호칭을 싫어해도 막무가내였다. 어느 날 밤 레스토랑에서 남자는 커다란 목소리로 말했다. "이제 집에 갈까요, 여섯의 어머니?" 남편의 무례함에 화가 치민 그녀는 되받아 소리쳤다. "그러죠, 넷의 아버지!"

대부분의 불륜 연구사례를 분석하면 남자는 약 **50**퍼센트, 여자는 약 **30**퍼센트가 배우자가 한눈을 팔 때 일을 친다고 한다. 상당히 높은 불륜 수치다. 그러나 뒤집어서 생각하면, 대부분의 사람들은 여전히 배우자에게 신의를 지키고 있다는 증거이기도 하다.

### 바람을 피우는 이유

**2008**년 영국 이혼 담당 변호사들의 고객을 조사한 결과, 남자들이 바람을 피우는 **10**가지 주요 이유는 다음과 같았다.

1. 욕정
2. 아내/파트너에 대한 흥미 상실
3. 성적인 문제. 더 많이 더 다양한 섹스를 원하는 섹스 중독자.
4. 가사와 육아에만 몰두하는 아내
5. 다른 여자의 육탄 공세
6. 파트너의 성적 매력 부족
7. 쫓고 쫓기는 스릴
8. 아내의 바가지
9. 문제가 있을 경우, 아내와의 의사소통 불가
10. 남성적인 자기 이미지. 섹스어필(성적 호소력), 나이 들기에 대한 저항, 손쉬운 자존심 회복 수단

이와는 대조적으로 대부분의 여성은 불륜에서 신체와 상관없는 경험을 추구한다. 누구의 아내, 어머니, 딸, 직원이 아닌 신분을 원한다. "내 양복을 세탁소에 맡겨", "내 도시락 싸 놨어?" "회의에 입고 갈 깨끗한 셔츠 준비했어?" 같은 지겨운 요구를 하지 않는 사람을 원한다. 집에만 있지 않고 나름 성공적인 커리어를 갖고 있는 여자들도 자신이 과소평가 받고 있으며, 가정에서 제대로 평가받지 못한다고 생각한다.

남편에게 경각심을 일으켜 자신을 주목하게끔, 로맨틱한 예전 관계로 돌아가게끔, 바람난 남편에게 하는 복수로, 그저 평범한 아줌마가 아님을 알려주기 위해 불륜을 저지르는 여성들도 있다. 여자들 또한 자존심을 회복하거나 고양시킬 필요가 있다. 자신이 사랑스럽고 꼭 필요한 존재라는 느낌을 갖길 원한다. 또 남자는 그녀를 위해 힘든 모험도 마다하지 않는 존재라는 확인을 얻길 바란다. 남자가 그녀에게 충분한 전희의 시간을 배려해주길 바란다. 불륜을 저지르는 여자들에게 섹스는 주된 목적이 아니다. 그들이 진짜 원하는 것은 정서적 자양분이다.

> "남자는 바람과 불륜으로 자신의 결혼을 보충한다. 반면 여자는 별도의 정서적 자양분으로 자신의 결혼을 보강한다. 정서적 자양분에는 섹스도 포함된다."
> _데비 덴, 《자꾸 빗나가는 남자와 여전히 함께 사는 여자》

여자들이 바람을 피우는 **10**가지 주요 이유는 이렇다.

1. 외로움(전업주부들의 가장 공통된 문제점)
2. 파트너와 문제에 대해서 의사소통 부족
3. 자신이 매력적인 여자라는 자신감 상실
4. 남편의 인정 부족
5. 자기 자신에만 몰두하고 콤플렉스가 너무 많은 남편
6. 침실에서의 로맨스와 성적 흥분 부족
7. 단조로운 일상으로부터 도망치고 싶은 마음
8. 직장뿐만 아니라 사생활에서도 멋진 여자라고 느끼고 싶은 마음
9. 판에 박힌 생활에 대한 권태
10. 적기에 불륜 기회가 생김

## 언제 어디서나 일어날 수 있는 일

우리는 세상을 다 가진 듯한 유명인이나 권력자가 무의미한 한 순간의 섹스를 위해 모든 것을 걸고 도박하는 모습을 자주 봤다. 인기 배우 휴 그랜트를 보라. 그는 세상 어떤 여자보다 아름다운 엘리자베스 헐리와 함께 살았다. 그런 그가 지저분한 뒷골목에 주차된 차 안에서 창녀와 오럴 섹스를 하기 위해 자신의 모든 것을 걸었다. 한 유명 테니스 스타는 런던의 일식집 청소벽장 속에서 여종업원에게 초밥을 은밀히 건네주다 들켜 망신을 샀다. 세계를 손가락으로 호령하던 미국 대통령 빌 클린턴은 그 손가락을 평범한 외모의 모니카 르윈스키에게 사용했다가

들켜서 온 세상을 놀라게 했다. 모든 것을 가진 사람이 그런 무모한 방식으로 전 국민의 분노를 사다니, 어쩜 그렇게 어리석을 수 있을까?

이와는 대조적으로 바람피우는 유명 여류 인사들은 외로운 영혼이었다. 그래서 그들은 인간관계에서 발견하지 못한 그 무엇을 열심히 찾아 나섰다. 마릴린 먼로, 재니스 조플린, 안나 니콜 스미스 등이 그 좋은 예다. 앞에서 언급한 '바람을 피우는 10가지 사유'를 참조하지 않는다면 이런 사람들의 행동은 전혀 이해할 수 없다.

평범한 여자가 불륜에 빠져드는 사례는 메릴 스트립 주연 영화 〈매디슨 카운티의 다리〉에 잘 묘사되어 있다. 그녀는 외롭고 따분했고 단조로운 일상으로 인해 권태와 소외감을 느꼈다. 이때 자유로운 영혼의 소유자인 클린트 이스트우드가 화끈한 대안을 제시한다. 그녀는 그것을 받아들였고 성공적으로 숨겨왔다. 하지만 빌 클린턴은 사정이 다르다. 클린턴은 "나는 그녀와 성적 관계를 맺지 않았습니다"라고 말하며 카메라에 손가락질을 했는데, 사람들은 그런 클린턴을 보고 거짓말을 한다고 생각했다. 세상 사람들은 그가 유죄라고 의심했다. 그의 정치적 아내 힐러리가 남편의 외도 사실을 몰랐다고 순진한 모습으로 남편을 지원했지만 말이다.

> "클린턴은 거짓말을 했다. 남자는 자동차를 주차한 곳이나 자기 집이 어딘지는 잊어버릴 수 있어도, 오럴 섹스는 결코 잊지 못한다. 그게 아무리 신통치 않았다 해도."
> _ 바바라 부시(전 미국 영부인)

### 남자가 바람을 더 많이 피우는 이유

"남자는 일단 바지 지퍼를 내린 다음에 생각한다"는 농담은 거의 진실에 가깝다. 대부분의 여자는 불륜에 관련된 한, 미리 계획하는 능력이 있어서 자신의 범죄를 감쪽같이 숨긴다. 남자의 주된 문제점은 섹스가 지배하는 상황에서는 합리적으로 생각하지 못한다는 것이다. 대부분의 남자들은 불륜을 계획하지 않고 일단 일을 벌린다. 반면 여자는 오랫동안 생각하고 계획하다가 마침내 실천에 옮기는 편이다. 전반적으로 보아 바람은 여자보다 남자가 많이 피운다.

그러나 젊은 여자가 나이든 여자에 비해 불륜을 저지르는 비율이 높다는 증거는 점점 더 입수되고 있다. 《여성의 불륜》이라는 책의 저자 미셸 랭글리가 10년 단위로 실시한 조사연구에 따르면, 여자도 남자 못지않게 배우자를 속이며 특히 젊은 여자일수록 그런 경향이 강하다. 그러나 여자는 남자보다 사랑하고 보살피는 마음이 더 강하고, 성충동 호르몬인 테스토스테론 수치는 더 낮으며, '포옹 호르몬'인 옥시토신 수치는 더 높기 때문에 육체적 섹스에 내몰리는 충동이 그리 강하지 않다. 게다가 대부분의 여성은 자신이 파트너에게 가장 중요한 사람이라고 믿으며 한평생을 산다. 남편 자신에게 최고로 중요한 사람이라고 여기기에 당연히 남편도 그러리라고 생각한다.

많은 여성들이 남편을 보필하고, 아이를 키우며, 가사를 돌보고, 무슨 일이 있든지 남편에게 신의를 지키기 위해 자신을 희생한다. 대부분의 여자에게 있어, 이는 섹스에도 그대로 적용된다. 남편 아닌 다른 사람과 신체 접촉을 한다거나 섹스를 하다니, 상상할 수도 없는 일이다. 순진한 여성은 남편도 이렇게 생각할 거라고 믿는다. 남녀의 차이를 가르치는 훈련 과정이 있다면 모든 새 신부의 눈을 뜨게 해주고, 수많은 결혼을 이혼의 위협으로부터 구할 수 있을 텐데…. 현재 결혼한 부부들의 절반 이상이 이혼으로 관계를 끝낸다. 남자는 호르몬이 처음 작동하는 사춘기부터 삶이 끝날 때까지 성적 충동의 지배를 받는다. 그러나 나이가 들면 자신의 육체가 욕구를 함부로 수행하지 못하도록 도덕적 계약을 맺게 된다. 성적 충동을 느낄 때마다 행동에 나서려는 욕구는 시간이 가면서 줄어들지만, 남자의 두뇌는 성충동이라는 주제로부터 죽을 때까지 떠나지 못한다.

> 결혼의 장점은 무엇인가? 당신에게 신의, 인내, 관용, 자기억제,
> 그리고 독신으로 남았더라면 필요하지 않았을
> 가치 있는 품성을 가져다준다.

## 불륜에 관한 6가지 속설

### 속설 1: 불륜은 주로 남자가 저지른다

**1962**년 이전에 태어난 베이비부머 세대 남성은 여성에 비해 **2**배나 많이 배우자를 속이고 바람을 피운다. 그러나 새로운 연구 조사에 따르면, 현재 **20~30**대 여성은 동일 연령대 남성과 비슷한 비율로 바람을

피운다고 한다. 그들 대부분은 직장과 경제력을 갖고 있기에 불륜이라는 모험을 감수한다. 모든 불륜 사례의 **50퍼센트** 이상이 직장동료와 벌어진다.

### 속설 2: 바람피우는 사람은 따로 있다

적당한 상황만 생기면 누구나 배우자를 속일 수 있다. 처음에는 한눈 팔 생각조차 없다가 결국에는 불륜으로 빠지는 경우가 일반적이다. 자신의 가치관과 맞지 않다 해도, 상황과 시간이 적절하고 기회가 생긴다면 누구든 유혹에 굴복할 수 있다. 집에서 배우자와 싸우고 난 직후 친한 직장동료(이성)가 출장지에서 접근해올 수도 있다. 심한 스트레스를 받은 끝에 바람을 피울 수도 있고, 자주 집에 와서 일하는 멋진 정원사가 성적으로 다가올 수도 있다. 그런데도 많은 사람들이 '바람피우는 혹은 바람 피울 사람'은 따로 있다고 생각하며 엉뚱한 안심을 한다. 물론 끊임없이 바람을 피우는 사람도 있지만, 불륜은 누구에게나 일어날 수 있는 것이다. 남자에게 바람은 좋은 '기회'지만 여자에게는 신중한 '계획'일 수 있다. '나는 절대 그럴 일 없어!'라고 착각하지 말라. 그 대신 불륜에 빠질 수 있는 상황을 미리 파악해 사전에 피해야 한다.

### 속설 3: 지리멸렬한 일상은 불륜을 불러온다

대부분의 사람은 결혼하고 **2년** 동안 혼외정사를 벌인다. 이 시기에 여자들은 자신이 배우자를 제대로 선택했는지, 다른 사람과 결혼했더라면 더 좋지 않았을지 하는 생각을 하게 된다. 적어도 **2년**은 같이 살아봐야 그 사람에 대해서 잘 알게 된다. 만약 남자가 결혼 전 못 말리는 바람둥이였다면 **2**년 안에 본색을 드러낼 것이다. 병적인 카사노바의 바람기는 높은 테스토스테론 수치와 어릴 적의 트라우마의 결합이다. 어릴 때 경험은 어른이 되어서도 남녀관계를 바라보는 시각에 영향을 미친다.

### 속설 4: 행복한 가정을 꾸리지 못한 남자는 바람을 피운다

불륜 조사연구자인 셜리 글래스는 **2007**년 이런 보고를 발표했다. 결코 바람피울 의사가 없던 사람들이 자기도 모르는 사이에 플라토닉 러브와 로맨틱 러브의 경계를 넘어 뜨거운 불륜에 빠져버린 자신을 발견한다는 것이다. 남자 바람둥이는 적절한 기회에 높은 테스토스테론 수치가 결합되어 무작정 앞으로 내달린 것이다. 글래스는 이런 주장도 했다. 여자의 경우, 불륜에 빠지기 약 일 년 전부터 정서적 소외감을 느끼고 있다가 그만 바람을 피우게 된다는 것이다. 여자들은 바람을 피우기 전에 오랫동안 머릿속으로 생각한다는 것도 털어놓았다.

그렇기에 정서적으로 점점 더 멀어지고 단절되는 부부일수록, 불륜에 빠질 가능성은 그만큼 커진다. 배우자와 터놓고 의사소통하는 것이 불륜을 방지하는 가장 좋은 방법이다.

### 속설 5: "두 번째 관계는 제대로 잘될 거야"

불륜 상대와 장기적 관계에 돌입하기로 결정한 사람들은 '이번에는 제대로 해봐야지' 하며 마음의 결정을 내린다. 두뇌에서 벌어진 화학물질의 변화 때문에 많은 바람둥이들은 매번 '이번에는 영원히 행복하게 잘 살 거야'라는 동화의 결말을 꿈꾸고 믿는다. 그러나 통계수치를 보면 이 마음의 결정을 실현시키는 사람은 25퍼센트에 불과하다. 나머지 75퍼센트는 또 다시 이혼한다. 그러나 재혼하는 사람들은 대부분 자신이 그 25퍼센트에 속하리라는 망상에 사로잡힌다. 바람을 피우는 사람은 마약에 취한 듯한 환상 속에서 산다. 각종 납부금 고지서도 날아오지 않고, 화장실 청소도 할 필요 없으며, 막 뽑은 새 차처럼 흥분과 행복의 시간일 것 같다. 그러나 명심하라. 멋진 차를 사고 나면 매주 세차해야 하고 정기적으로 차량을 점검해야 한다. 일 년만 지나도 새 차는 이전의 차와 다름없게 되어버린다.

### 속설 6: 배우자가 바람을 피우면 눈치로 알 수 있다

대부분의 사람들은 한 동안 배우자의 부정을 신경 쓰지 않는다. 파트너가 신의를 지키리라는 믿음 속에서 부부관계를 유지하며 살기 때문에, 일부러 나서서 불륜의 단서를 찾으려 들지 않는 것이다. 바람피우는 증거가 분명하게 드러나면, 어떤 사람은 그 사실을 밝혀내려 하기보다는 모르는 척 덮으려 한다. 남자보다 여자가 불륜의 신호를 잘 포착하기 때문에 남녀관계의 80퍼센트는 여자의 주도로 해지된다. 우리 부부는 다른 책에서 남자가 여자보다 눈치가 없는 이유를 설명했다. 남자의 뇌는 언행 사이의 모순적 신호를 찾아내는 능력이 여자보다 훨씬 부족하다. 그렇기 때문에 많은 남자들이 배우자의 부정을 알게 되면 커다란 충격에 휩싸인다.

## 불륜의 9가지 유형

지금 결혼(혹은 연애) 생활에 문제가 있는데, 해결법을 모르겠는가? 그렇다면 당신은 불륜에 빠질 가능성이 있다. 한동안 불륜으로 그런 문제를 잊고 지낼 수 있으니 말이다. 다음은 사람들이 겪는 불륜의 9가지 유형이다.

### 1. "아직 나 안 죽었어!"

배우자가 당신에게 관심을 보이지 않고, 당신과 많은 시간을 보내지 않는다고 느끼는가? 너무 일찍 결혼해 다른 이성 경험도 별로 없다면, 현재 자신의 시장 가치가 어느 정도인지 궁금해진다. 생활의 어느 한 부분이 채워지지 않은 듯 공허함을 느끼며 파트너의 무신경함에 화가 나는가? 여전히 나는 매력적인 존재인지도 궁금하고, 날 위해 더 좋은 무엇 혹은 누군가가 있는데 그걸 놓치고 있다는 느낌이 드는가? 사람들은 이런 회의감을 불식시키기 위해 바람을 피운다. 그렇게 해서 자신의 시장 가치를 확인하고 나면 문제를 극복할 수 있다. 불륜의 여파를 잘 다스릴 수 있다면 집안도 관계도 한결 나아진다.

### 2. 중년의 위기

어느덧 중년이 된 당신, 인생이란 무엇인가 새삼 의문을 품게 된다. 뭔가 좋은 것을 놓치고 있는 게 아닐까, 이제껏 삶을 낭비하진 않았나 의심스럽다. 친구들은 하나 둘씩 앓아눕거나 세상을 떠나고, 당신도 주름살이 깊어지는 등 노색을 보인다. 인생의 종말이 다가오는 것 같고, 죽기 전에 가치 있고 기념될 만한 일을 해야 되겠다는 긴박감마저 생긴다. 엄습하는 공황감에 당신의 존재를 정당화하기 위해 "뭔가 화끈한" 것을 하고 싶다. 이런 당신에게 불륜은 절실한 필요악도, 명쾌한 해결책도 아니다. 불륜보다는 노후 대비 카운슬링을 받는 것이 좋다. 새롭고 신나는 인생 목표를 설정해야 한다.

### 3. 남과의 비교

결혼 초기나 새로운 장기 관계에서 흔하게 나타나는 불륜 유형이다. 자신의 선택이 과연 옳은지 심하게 고민하는 사람들이 이런 이유로 바람을 피운다. '다른 사람을 만났더라면 더 행복하지 않았을까?' '이 사람이 아니었다면 이런 문제로 고민하지 않았을 텐데' 등의 심리 때문에 불륜에 빠졌다면, 구체적으로 당신과 배우자의 관계에 어떤 문제가 있는지 찾아내 대책을 세워야 한다. 그걸 찾아냈다면 빨리 불륜을 멈추고 활기찬 인생을 살아가도록 하라.

### 4. 시한폭탄

당신이 배우자에게 "이제 우리 관계는 끝났어"라고 선언하지 않기 때문에 발생하는 불륜이다. 당신은 결혼생활에 무엇이 빠져 있는지, 무엇이 필요한지 확실히 알지 못한다. 단지 '이 결혼을 한 번 크게 흔들어 놓으면 더 나아지지 않을까'라고 막연히 생각할 뿐이다. 그런 당신은 불륜 단서를 적당히 흘려놓아 배우자가 발견하게끔 만든다. 대면해야 하는 문제를 배우자에게 전가시키는 것이다. 그러나 불륜을 이런 식으로 이용해선 안 된다. 힘들고 고통스럽더라도 배우자와 정면으로 마주하며 문제를 꺼내놓고 논의해야 한다. 이 방법이 불륜보다 훨씬 덜 고통스럽고 비용도 적게 든다. 시한폭탄 불륜은 쉬운 해결 방안인 것처럼 보이지만 실상은 그렇지 않다.

### 5. 복수

배우자가 당신 몰래 부정을 저질렀다는 것을 알게 된 당신은 맞바람을 피움으로써 그에게 똑같은 고통과 기분을 안겨준다. 정서적·성적 체험 때문이 아니라 순전히 복수심 때문에 벌이는 불륜이다. 이런 관계는 당신에게 죄책감과 혐오감을 안겨준다. 자신과 상대에게 일종의 학대를 가하는 것이다(그러나 불륜 상대가 남자라면 그는 그저 섹스 기회를 기쁘게 여길 뿐이다). 만약 당신이 이런 상황에 있다면 진짜 목표가 복수라는 사실을 기억하고, 이 일이 가져올 파급 효과의 정서적 측면에는 휩싸이지 말라. 좋은 카운슬러를 만나 당신의 분노를 다스리는 방법을 알아내도록 하라.

### 6. 위로

위로가 되는 불륜에 빠진 사람은 상대와의 섹스보다는 진솔한 고백과 대화에 더 많은 시간을 보낸다. 이 관계에서는 아무리 섹스가 좋다 해도 부수적 효과일 뿐이다. 위로와 대화로 인한 마음의 치료가 주된 목적이기 때문이다. 불륜 상대지만 배우자보다 나를 더 잘 이해하고,

격려하고, 지지한다고 느낀다. 그러나 궁극적으로 보면 이 역시 큰 도움이 되지 않는 불륜 관계일 뿐이다. 전문 심리치료를 받으라. 그게 더 싸게 먹히고 효과도 좋다.

### 7. 업그레이드

당신이 더 좋은 직장을 얻었을 때, 더 날씬해지고 더 예뻐졌을 때, 새로운 학위를 얻었을 때, 그런 반면 배우자는 무기력하고 게을러져 한심해 보일 때 이런 불륜이 발생할 수 있다. 배우자는 당신이 결혼하던 시기에, 당신이 얻을 수 있는 최상의 파트너였을 것이다. 하지만 지금은 연륜과 경제력을 갖추었고, 경험도 많으며, 남녀관계에 관한 통찰력도 생겼기에 더욱 잘할 수 있다고 생각한다. 이럴 때 불륜에 빠지려 하지 말고, 배우자에게 당신의 불만을 털어놓고 공유하여 공동목표를 설정하고 상호간에 동일한 가치를 유지하도록 노력하라. 살면서 뭔가를 업그레이드하려고 하면, 신 모델은 돈이 많이 들고 구 모델은 상당한 손해를 보게 된다. 그러니 현재의 관계를 대청소하고 개선하여 잘 꾸려나가는 것이 불륜보다 훨씬 낫다.

### 8. 욕구 불만

당신이 요구하고 원하는 것을 파트너가 거부할 때 발생할 수 있는 불륜이다. 가령 정서적 유대감, 솔직한 대화, 구강 혹은 항문 성교, 후배위 등을 파트너에게 거부당한 사람은 이런 욕구를 다른 데서 얻기 위해 모험을 시도한다. 훌륭한 성상담 치료사가 이런 문제에 대응할 수 있는 전략을 알려줄 것이다. 아무리 해도 욕구 불만이 가시지 않는다면 그 관계를 청산하는 편이 낫다.

### 9. 우연

앞에서 말했듯 적당한 시간, 장소, 상황만 생기면 누구나 불륜의 유혹에 빠질 수 있다. 언제 어떻게 시작했는지 잘 모르겠지만 불륜은 정말 짜릿한 체험이라고 생각하게 된다. 하지만 번민과 죄책감에 시달리면서도 어떻게 끝내야 할지 모르겠는가? '나는 지금 왜 이러고 있나?' 이 질문에 대한 답을 얻지 못했는가? 생각지도 않은 바람은 당신의 관계에서 뭔가 빠져 있음을 반증한다. 하지만 당신이나 배우자는 그런 결핍을 알지도, 인정하지도 않는다. 당신이 진정 원하는 것이 무엇인지 알아내어 바람을 빨리 멈추도록 하라.

## 완벽한 불륜이란 없다

이 세상에 '이상적인 불륜', '완벽한 바람' 같은 건 없다. 불륜관계를 유지하려면 계속 거짓말을 둘러대야 하고, 쓸데없는 핑계를 늘어놔야 하고, 분노와 죄책감을 감당해야 한다. 종종 죄책감에 사로잡히는 '사랑의 배신자'는 아무 이유 없이 배우자에게 폭력을 가하기까지 한다. 현재 바람을 피우고 있다면 자신과 배우자를 존중하여 부부 카운슬링을 받으라. 그리고 가능한 한 빨리 잘못된 관계에서 벗어나라.

> 부부 카운슬러는 싸우는 부부를 뒤뜰로 보내어 거기서 그들의 문제를 진지하게 논의하라고 지시했다. 뜰로 나간 부부는 소원을 비는 우물을 발견했다. 아내는 우물을 내려다보며 소원을 빈 후에 동전을 던졌다. 남편도 소원을 빌기로 했다. 그런데 너무 깊숙이 우물을 들여다보다가 그만 우물에 빠져 익사하고 말았다. 아내는 잠시 놀랐지만 곧 미소를 지으며 감탄했다. "세상에, 정말 소원을 들어주네!"

### "소문으로 들었어"

배우자의 부정을 의심하며 사는 것은 진실을 직접 마주하는 것보다 견디기 힘든 법이다. 많은 여자들은 모르는 척하며 진실을 부인하려 들지만, 남자들은 증거를 찾으면서 진위여부를 알고 싶어 한다.

텔레비전 드라마에서는 배신당한 배우자가 상대의 불륜 현장을 직접 목격하는 장면이 많이 나오지만 실제로 그런 일은 좀처럼 벌어지지 않는다. 물론 많은 남자들이 자기 집 침실을 불륜 장소로 많이 활용하기는 하지만 말이다. 제3자를 통해 배우자의 부정을 전해 듣기도 한다. "얘! 어쩌니? 네 남편이랑 어떤 여자가 호텔로 들어가는 걸 봤어!"

친구의 배우자가 바람 난 사실을 말해줘야 하나 말아야 하나 고민하는 경우도 심심찮게 있다. 알려줬다가 괜히 양쪽의 미움을 받을까 두렵기도 하고, 어떻게 나올까 무섭기도 하기 때문이다. 선의가 아닌 다른 의도로 밀고하는 경우도 있다. 대부분 여자들은 친구에게 그 사실을 알려준다. 자신도 언젠가 그런 일을 당할 때 제일 늦게 알아채는 바보가 되고 싶진 않아서다. 일종의 품앗이처럼, 친구에게 말해주면 훗날 그도 내게 알려주리라 기대하는 것이다.

대부분의 사람들이 배우자의 불륜을 눈치 채는 가장 흔한 계기는 문서로 된 증거이다. 호텔 영수증은 배신자가 가면 안 될 곳을 갔다는 사실을 말해준다. 설명되지 않는 선물이나 꽃다발 영수증, 휴대전화 통화내역, 신용카드 영수증, 이메일, 종이쪽지 위에 적힌 전화번호 등도 의심스러운 증거들이다.

### 배신자의 8가지 변화

객관적 증거, 남의 일에 관심 많은 오지랖 넓은 친구, 흥신소 의뢰비용이 없다면, 의심스러운 보편적 표시들을 살펴보는 것도 좋은 방법이다. 만약 당신이 제기한 의심을 배우자가 정당하게 반격한다면, 그의 분노를 감당해야 한다. 그러나 배우자의 반응이 당신이 피하고 싶은 최악의 상황이라면, 그 결과를 냉정하게 받아들일 준비를 하라.

> 퇴근한 래리는 그의 가장 친한 친구와 아내가 함께 침대에서 뒹굴고 있는 것을 목격했다. 그는 아내를 총으로 쏘아 죽이고 개자식만도 못한 친구는 집행유예 처리했다.

새로운 사랑의 대상을 만난 남녀의 두뇌에서는 호르몬 활동이 증가하여 행동의 변화를 일으킨다. 그것은 일상적 습관의 미묘한 변화일 수도 있고, 정상궤도에서의 일탈을 감추기 위한 새로운 습관일 수도 있다.

**일상의 변화** 부부 생활에서 거의 일상적인 절차가 된 행동에 변화가 온다는 것은 집밖에서 무슨 힘이 작용하고 있다는 뜻이다. 한 번도 그러지 않던 남편이 자기 속옷을 직접 빤다거나, 텔레비전만 끼고 살던 사람이 열심히 헬스장을 다닌다거나, 갑자기 결혼반지를 끼지 않는다거나, 서랍을 잠가 놓는 등의 행동 변화가 그런 사례다.

**섹스의 변화** 이제껏 해왔던 섹스의 주기나 스타일이 미묘하게 바뀌었다면 절대 무심코 넘기지 말라. 이전에는 하지 않던 행위를 요구한다면 새로운 열정, 감수성, 체험을 코치하는 누군가가 있는 게 아닐까 의심할 만하다. 갑자기 섹스를 전혀 하지 않으려는 거부도 하나의 징후가 된다.

**욕모 변화** 다이어트, 새로운 의상, 집에 들어오는 순간 샤워하기, 하루에 두 번 면도하기(남자), 머리 모양 수시로 바꾸기(여자).

**빈번한 출장** 당일이 아닌 며칠 걸리는 출장, 회사 행사에 당신을 초청하지 않는 행동, 스케줄을 숨기거나 모호하게 둘러대는 것, 비행기 편이나 호텔 숨기기, 간다고 했던 곳에 가지 않기, 갑자기 늘어난 야근, 당신을 갑자기 불편하게 여기는 배우자의 직장동료들.

**신경질적 반응** 전화벨이 울릴 때, 당신이 회사의 특정인을 언급할 때, 의심스러운 잠꼬대, 변덕스러운 심리 상태, 부쩍 늘어난 당신에 대한 비판 등도 눈여겨 점검하라.

**대화의 변화** 직장동료와 바람난 사람은 퇴근 후 집에 와 그날 벌어진 일을 배우자에게 말할 때 불륜 상대의 이야기를 자주 들먹인다. 가령 "캐시와 점심을 먹었어", "오늘 캐시와 잔업했어." 그러다가 갑자기 그 사람 얘기가 사라진다. 남자는 같은 말을 되풀이하는 경향이 있다. 자기가 누구에게 무슨 말을 했는지 잘 잊기 때문이다.

**테크놀로지의 변화** 갑자기 배우자가 당신에게 전화보다 이메일을 보내기 시작한다. 전화를 하더라도 통화시간이 급격히 짧아진다. 가끔은 통화중에 갑자기 끊기거나 갑자기 속삭이며 목소리를 죽인다. 이는 주위에 누군가 있다는 뜻이다. 집에서 통화할 때는 더 가관이다. 갑자기 안 들린다면서 전화기를 들고 베란다로 나가거나 화장실에 들어가 오랫동안 나오지 않는다. 아예 당신과 함께 있을 때 걸려오는 전화를 받지 않기도 한다. 컴퓨터를 사용하다가도 당신이 가까이 다가가면 화면이 갑자기 꺼져버린다. 당신이 볼 때 이메일 창을 열어놓는 법이 없다. 컴퓨터와 휴대전화에 갑자기 비밀번호를 설정한다. **100**퍼센트다.

**새로운 친구들** 당신이 본 적 없는 새로운 친구들이 등장한다. 가끔 그들이 전화해 배우자의 소재지를 알려주는데 언제나 짧게 끝난다. 남편(혹은 아내)과 연락이 되지 않아 그들에게 전화해 물어보면 대부분 자신도 모른다며 알아봐 주겠다고 끊기 일쑤다. 만약 당신의 배우자가 불륜을 저질렀다면 친구들 역시 배신자들의 지원 그룹일 가능성이 많다. 끼리끼리 어울리는 법이다.

위와 같은 단서는 여자보다 남자에게서 더 많이 발견된다. 여자들은 훨씬 더 교묘하고 은밀히 감추기 때문에 쉽게 찾아내기 힘들다. 게다가 남자들은 단서를 찾아내는 일에 상대적으로 서툴다. 종종 눈먼 사람들도 찾아낼 수 있는 단서를 많은 남자들은 못 보고 지나친다. 정서적인 거리감, 아내의 파우치에 들어 있는 콘돔, "당신, 일주일 동안 혼자 여행이라도 다녀오지 그래요?" 등의 권유, 남편을 제외한 모든 것에 대한 관심 등이 그것이다. 바람난 여자는 배우자와의 섹스나 친밀함을 거부하는 경향이 강하다. 여성에게 있어 이중적 태도는 매우 어렵기 때문이다. 대부분의 여성은 가슴 속에 한 남자만을 품고 있다.

책의 앞부분에서 설명했듯이, 남자는 바람을 피우면서도 배우자와의 섹스에 전혀 문제를 느끼지 않고 오히려 더 큰 활력을 얻는다. 남자의 뇌는 사랑과 섹스를 구분하기 때문에 동시에 두세 명의 여자를 마음에 품는 것을 전혀 어려워하지 않는다.

> 왜 남자의 두뇌는 개의 두뇌보다 클까?
> 그렇지 않으면 다리 사이에 두 개가 달려 있어야 하는 꼴이 되니까.

### 배신자를 다루는 방법

찰스 황태자가 텔레비전 인터뷰에 등장해 결혼 후에도 카밀라 파커 볼스와 지속적으로 교제해왔다고 인정하던 날 밤, 다이애나 황태자비는 매우 고혹적인 검은 드레스를 입고 초호화 행사에 참석해 아름다운 자태를 뽐냈다. 물론 그렇게 행동하기가 쉬웠을 리 없다. 그러나 집에 앉아서 티슈로 연신 눈물을 훔쳐내는 것보다는 훨씬 더 그녀의 영혼에 도움이 되었으리라. 여자보다 남자가 배우자의 부정을 덜 고통스럽게 여긴다. 그럴 때 대부분의 남자들이 느끼는 최초의 감정이자 지속적인 감정은 분노와 상한 자존심이기 때문이다. 이런 감정은 공격적이다. 남자들은 정서적으로 자신의 마음을 털어놓고, 친구들에게 이야기하고, 자신의 상한 마음과 공포를 나누는 일을 어려워한다. 그들은 이런 행위를 능숙하게 하지 못한다.

반면 여자는 분노와 슬픔으로 시작해 여러 단계를 거친다. 가장 먼저 자신감의 위기와 자존심의 소멸이라는 문제를 겪는다. 자녀를 더 잘 보호해야겠다고 생각하며, 가정을 유지해야 한다는 부담을 느끼는 동시에 선택사항이 별로 없다고 불안해한다. 배우자가 다른 여자에 한눈판 사실에 자신도 일말의 책임이 있다는 죄책감도 느낀다. 배신당한 여자가 겪는 가장 흔한 부작용은 우울증과 질병이다. 높은 스트레스 수치는 면역체계를 약화시켜 신체를 감염과 질병에 무력하게 만든다. 여자는 자신을 밤낮없이 괴롭히는 긴장감 때문에 감기, 관절염, 허리 통증 등을 느끼게 된다.

많은 여자들이 불륜의 주범을 남편이 아닌 상대 여성으로 지목하는데, 이는 부정 증후군의 특징이기도 하다. 자신이 사랑하고 인생의 주인공으로 여긴 남자가 이처럼 자신을 괴롭게 만들고 궁지에 몰아넣은 사실을 믿고 싶지 않은 것이다. 그래서 남자가 수시로 하룻밤 불장난을 벌이고 외박해도 묵과하고 가정에 남는 여성이 많다. 오랫동안 지속했던 불륜 관계도 곧 청산하겠다고 약속하면 그 말만 믿고 역시 가정에 남는다. 최악의 경우, 정신머리 없는 남편이 하룻밤 정사는 물론 오랜 불륜까지 다 섭렵하고 있어도 참고 수년 동안 가정에 머무는 여자도 있다.

> 울타리 저쪽보다 이쪽의 잔디가 더 푸르고 아름답다.
> 그렇다. 하지만 이쪽은 하수도 배관이 지나는 곳이기도 하다.

여자들이 이러는 이유는 여러 가지다. 그들은 남편과 자녀를 사랑한다. 가정과 자녀를 둔 '부부'라는 사회적 지위를 중요시한다. 궁극적으로는 집과 수입이라는 자원을 잃고 싶어 하지 않는다. 이미 배신당해서 땅에 떨어진 자존심은 남편 아닌 다른 남자가 자신을 사랑해주리라 상상조차 하지 못하게 한다. 그래서 어떤 여자들은 남편의 불륜을 참는 내가로 좋은 집과 수입, 가정을 얻는, 물물교환 같은 거라고 여기며 참아낸다. 달리 말하면 자원 때문에 가정에 머무르는 것이다. 하지만 이는 정서적이나 신체적으로 엄청난 희생이다. 그녀가 굴욕을 참고 집에 머무른다고 해서 남편이 집을 떠나지 않으리라는 보장도 없다. 반면 남자는 부부관계가 불행하다고 해서 그 관계를 청산하는 법이 별로 없다. 그저 더 나은 제안이 없기 때문에 그 관계에 머물러 있는 것이다. 만약 새로 만난 여자가 부부관계 청산이라는 귀찮은 일과 고민거리를 덮어버릴 만큼 매력적이라면, 하룻밤 정사나 불륜은 로맨틱 러브나 장기적 애정으로 발전할 수 있다.

아내의 불륜을 발견한 이후에도 남편이 가정에 머문다면, 그 불륜관계가 비밀에 붙여져 아무도 모르는 경우다. 여자의 배신은 남자의 자존심에 커다란 상처를 입힌다. 공개적으로 폭로되면 그에게 가해지는 상처는 더욱 크다. 그의 원초적 자아는 이제 자신의 부성을 보장받을 수 없다고 생각한다. 앞서 언급했듯, 남자는 더 좋은 제안을 갖고 있지 않다면 집에 머물면서 문제를 조용히 해결하려 할 것이다. 단 여자가 남자를 쫓아내지 않는다면.

불륜 이후 가정에 남기로 한 결정은 아예 집을 떠나 새롭게 시작하는 것보다 훨씬 힘들 수 있다. 배우자의 배신으로 인해 속에 쌓인 분노와 슬픔을 적절히 배출할 수 있는 사람은 그리 많지 않다. 분노와 슬픔을 털어내는 가장 좋은 배출구는 불륜을 벌인 배우자이지, 그 상대는 아니다.

> 당신은 인생에서 두 가지 선택을 할 수 있다.
> 하나는 독신으로 남아 비참하게 사는 것,
> 다른 하나는 결혼하여 어서 죽었으면 하고 바라는 것.
> _ 보브 호프

배우자의 부정을 발견한 사람은 자신이 버림받은 애인의 지위로 추락한 것에 심한 자기혐오를 느낀다. 온오프라인에서 볼 수 있는 수많은, 버림받은 애인들 말이다. 부끄러운지도 모르고 거리에서 비명을 지르고, 싸우고, 자동차를 부수고, 유리창에 벽돌을 던지고, 미니홈피와

페이스북, 트위터에서 악플을 달면서 배신에 저항하는 불쌍하고 버림받은 애인.

바람에는 맞바람이 유일한 탈출구라고 생각하는 사람들도 있지만, 이는 심각한 부작용을 가져올 수 있다. 처음에는 자존심이 살아나고 기분 좋을지 몰라도, 불륜 후 버림받으면 두 번 이용당한 느낌을 받을 수 있다. 게다가 복수가 목적인 불륜은 당신을 배신자 수준으로 격하시킬 뿐이다.

### 올바른 문제 해결

배신을 거듭하는 파트너는 당연히 좋은 반려자가 될 수 없다. 이런 사람과 가치 있는 지속적 관계를 유지하려면 철저한 개인 상담 및 인생 재평가를 실시해야 한다. 상습적으로 배신을 반복하는 배우자라면 아예 버리고 다른 사람과 인생을 새롭게 시작하는 편이 낫다. 누가 범죄자나 사기꾼을 인생의 동반자로 맞고 싶겠는가? 마찬가지다. 무슨 미련이 있어서 상습적 배신자와의 관계를 유지하려 하는가?

장기적인 불륜을 벌이는 배우자에게는 선택을 강요해야 한다. 파트너가 연속적으로 배신을 때리는데도 가정에 그대로 남겠다는 사람에게 질병과 우울증 외 다른 미래는 없다. 문제를 해결하지 않은 채 질질 끌기만 한다면 비참한 결과만 있을 뿐이며 양측이 치러야 할 정신적 대가도 만만치 않다. 문제를 해결하고 관계를 재건하고 싶은가? 그렇다면 엉망이 된 가정을 잘 수습하고, 불륜 이전보다 더욱 훌륭하고 새로운 관계로 회복해야 한다.


### 불륜 이후의 회복 도모 방법

#### 1. 의사소통하라

어떤 일이 왜 어떻게 일어났는지 얘기하고 공유하지 않으면 앞으로 나아갈 길을 결코 찾지 못한다. 솔직하게 말하고, 원치 않은 답변이 예상

되더라도 질문하길 두려워 말라. 그래야만 미래로 가는 문을 열 수 있다.

### 2. 터놓고 말하라

만약 당신이 바람을 피웠다면 실수임을 인정하고 진정으로 부부관계를 회복하고 싶다고 말하라. 고백한 후의 결과를 두려워할 수 있다. 하지만 배우자가 다른 경로로 그 사실을 알게 되는 것보다는 당신이 먼저 고백하는 것이 문제 해결에 도움이 된다. 침몰하는 부부관계를 회복시킬 수 있는 유일한 길은 불륜을 솔직하게 고백하고 용서를 구하는 것이다. 그러니 용기를 내라. 일종의 충격 요법처럼 상대방으로 하여금 동작을 멈추고, 재평가하고, 그리하여 향상하도록 만들라.

### 3. 서로 비방하지 말라

당신이 한(혹은 하지 않은) 행동에 대해 비난하지 말라. 부정적인 비난은 불륜을 야기한 원인 발견이나 해결에 도움이 되지 않는다.

### 4. 성급한 결정을 삼가라

충격이 사라지도록 시간적 여유를 가지라. 그러면 더 논리적으로 상황을 평가할 수 있다. 일주일 정도 지나면 좀 안정을 찾을 수 있을 테고, 관계의 미래를 위한 중대 결정을 신중하게 내릴 수 있을 것이다.

### 5. 애도 기간을 가지라

당신이 알고 있던 과거의 관계는 사라졌고 다시는 돌아올 수 없다.

세상을 향해 "나 아무 일도 없었어"라고 선언한대도 모든 게 예전으로 돌아가는 것은 아니다. 당신 자신도 이 사실을 잘 알고 있다.

### 6. 말로 할 수 없다면 글로 적으라

자신의 느낌과 공포를 말로 잘 전달하지 못하는 남자들에게 아주 유익한 방법이다. 대화는 남자의 강점이 아니다. 대신 불륜에 대해 미주알고주알 적지 말고 요점만 적으라.

### 7. 목록을 작성하라

배우자와 함께 부부관계를 회복하기 위해 바꿔야 할 것, 주의사항 등을 목록으로 작성하라. 이렇게 목록을 만들어 보면 그 내용이 매우 간단하고 쉽다는 사실에 새삼 놀라게 될 것이다. 왜 불륜 전에 미리 이런 것을 깨닫지 못했을까 아쉬울 것이다. 이처럼 문제는 일상의 외피 아래 살짝 감추어져 있을 때가 많다.

### 8. 자신에게 친절하라

집에서 해야 할 여러 가지 일이 둘만의 다정한 시간을 방해한다면, 그 일에서 잠시 벗어나 있으라.

### 9. 함께 자존심 회복을 위해 노력하라

한바탕 바람이 휩쓸고 간 결혼생활을 구제하고 싶다면 둘 다 건전한 수준의 죄책감과 후회를 느껴야 한다. 진심으로 반성하되 그런 감정이 당신을 잡아먹도록 내버려둬선 안 된다. 그것을 긍정적인 결론으로 전환시키라. 죄책감을 벗어던지는 최선의 방법은 그 혼란에 당신도 일정 부분 책임이 있다는 사실을 인정하고 사후처리를 확실히 함으로써 그 죄책감을 영구 추방하는 것이다.


### 사랑의 배신자가 되지 않으려면

#### 1. 언제나 배우자를 최우선순위에 두라

부부 중 어느 한쪽이나 양쪽이 서로가 아닌 자신의 경력이나 직업, 자녀를 최우선으로 여긴다면, 불륜 위험도가 상당히 높은 커플이라고 할 수 있다. 물론 그 모든 것이 다 중요하지만 배우자보다 우선이 되어서는 안 된다.

#### 2. 언제나 진실하다는 자신감을 가지라

배우자와는 의논하지 않는 개인사나 친밀한 사항을 제3자와 의논하지 말라. 언제나 배우자를 의논 상대로 삼으라.

#### 3. 날마다 생각을 의논하라

매일 조금이라도 시간을 투자해 배우자와 생각을 나누고 대화하는 부부가 부정을 저지를 확률은 극히 낮다. 그들의 안정감은 더욱 높아진다.

### 4. 의심스러운 상황은 사전에 피하라

일시적으로 다른 이성에게 매혹될지도 모르는 상황을 피하라. 그렇다고 당신의 부부관계가 중요하지 않다거나, 문제를 해결해지 않아도 된다는 뜻은 아니다. 단지 유혹의 상황을 사전 차단하라는 말이다.

### 요약

배우자의 부정은 부부관계에서 일어날 수 있는 가장 두려운 사건 사고일 것이다. 그러나 배우자가 불행하거나 궤도를 이탈할지 모른다는 경고 신호는 언제나 존재할 수 있다. 자신의 느낌과 공포를 배우자에게 솔직하게 털어놓고 부부관계의 핵심을 잘 유지하면, 부정과 불륜으로부터 벗어날 수 있다.

불륜은 문제를 해결해주지 못한다. 오히려 새로운 문제를 만들어낼 뿐이다.

> 정부와 결혼한 남자는
> 그 자리를 비워둔다.
> _오스카 와일드

새로운 사람은 새로운 요구를 해오기 마련이고, 나이 차이가 많으면 많을수록 문제는 더 복잡해진다. 대부분의 배신자들은 욕정을 사랑이라고 착각한다. 불륜은 실생활—화장실 청소는 누가 하지? 아이들 피아노 학원은 누가 데려다주지? 쓰레기는 누가 버리지?—과는 별로 상관없는 누군가와의 이기적인 1대 1 만남이다. 혹여 불륜 상대와 결혼하더라도 그들 중 90퍼센트의 경우, 욕정으로 몰아가던 호르몬은 1~2년 사이에 사라져버린다. 그리하여 발견의 매력은 증발하고 다시금 따분한 일상이 찾아든다.

바람을 피운 사람들은 이혼과 함께 평소 알고 지내던 사람들을 절반이나 그 이상 잃게 된다. 그뿐 아니라 50퍼센트가 넘는 자원까지 잃게 된다. 자신의 새로운 사랑, 기존에 있던 아이들, 형제자매, 부모님들, 예전 배우자, 직장 동료들에 이르기까지 수많은 사람들과 힘겹게 관계를 유지해야 한다. 그들 중 일부는 오히려 그를 거부할 수도 있다.

영국의 유수한 인간관계 전문 조직 '릴레이트Relate'는 장기적 관계를 끝낸 커플의 절반이 훗날 그 결정을 후회했다고 보고했다. 불륜이 곧 부부관계의 종말이 될 필요는 없지 않은가. 부부 사이에 문제가 있는데 어느 한쪽이 그것을 부인하고 있는 현실을 고발하는 경종이 될 수도 있다. 남자 혹은 여자가 배신을 했다면, 부부관계가 어떤 식으로든 변화해야 한다는 의미이다. 정기적으로 부부관계 상담을 받으면 바람을 피우는 많은 문제들을 사전에 물리칠 수 있다.

- 불륜은 어떤 관계, 어떤 사람에게도 벌어질 수 있다.
- 불륜은 문제를 해결하지 못하며, 오히려 새로운 문제를 만들어낼 뿐이다.
- 부부관계 상담을 받으면서 문제를 정면 돌파하라.

# 올바른 파트너를 발견하는 법

필스타인씨, 당신의 개인 데이터 파일을 바탕으로 뽑아본 결과, 당신과 가장 잘 맞는 완벽한 파트너는 바로 이거네요.

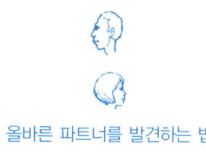

### 올바른 파트너를 발견하는 법

나는 그녀와 결혼하기로 결심했다. 구애는 형식적 절차에 지나지 않는다. 프러포즈할 때 제일 처음에 뭐라고 말해야 할까? "껌 씹으실래요?" 이것은 너무 저급해 보여. "헤이, 베이비." 이건 미래의 신부에게 하는 인사치고는 너무 경박하잖아. "당신을 사랑하오! 나는 열정으로 온몸이 불타고 있소!" 이건 너무 적극적인 것 같아. "내 아이를 낳아줘요." 이건 너무 앞서나간 것 같고……. 

그래서 나는 아무 말도 하지 않았다. 정말 한 마디도 안 했다. 나는 그냥 거기 앉아서 입을 다물고 있었다. 잠시 뒤 버스는 정류장에 정차했고 그녀는 내렸다. 이후 다시는 그녀를 만나지 못했다.

### 남녀관계의 시작

대부분의 남녀관계는 우연히 시작된다. 결혼 중개소와 인터넷을 통해 짝을 만나는 사람들이 점점 더 늘어나지만, 우리 중 약 절반은 직장에서 파트너를 만난다. 나머지는 술집이나 클럽, 소개팅 등으로 우연히 만난다. 이처럼 아무 목적이나 계획 없이 우연히 파트너를 만나면서도, 이혼율이 왜 그리 높은지는 의아하게 생각한다.

당신이 회사의 인사 담당 임원이고 중역급을 뽑아야 하는 입장이라면 어떻겠는가? 후보자들에게 이력서와 건강보고서, 재정 신고서, 파산 및 부채 점검표 등을 제출하라고 할 것이고 이전 직장 사장의 의견서도 요구할 것이다. 전과나 범죄 이력은 없는지도 확인하려 할 것이다. 그런데 왜 클럽이나 술집에서 방금 만난 사람과 데이트하려 하면서도 정작 그 사람에 대해서 잘 알아보려 하지 않는가? 이렇듯 대부분의 사람은 이런 식으로 만남을 시작한다. 즉 우연히 데이트를 시작하는 것이다. 만난 지 일 년 정도 될 때까지도 사람들은 자신의 단점을 감추고 장점만 적극적으로 부각한다. 당연히 상대방이 정말 어떤 사람인지 파악하지 못한다.

당신에게 완벽하게 알맞은 파트너는 당신이 평생 동안 함께 지내기를 간절히, 적극적으로, 또 열정적으로 바라는 사람, 그 사실에 대해 한 점 의혹도 없는 사람이어야 한다. 그러니 서둘러서 될 문제가 아니다. 나이는 더 이상 중요한 문제가 아니다. 당신에게 알맞은 사람은 얼마든지 있다.

> 당신이 맺는 모든 남녀관계는 학습 훈련이며
> 이상적인 파트너를 만나러 가기 위한 징검다리다.

장기 파트너를 선택하는 문제에 관한 한, 훌륭한 판단이 감정이나 느낌보다 훨씬 유익하다. 앞서 언급했듯 초창기 사랑은 두뇌 속 화학물질들의 결합에 바탕한 것이다. 이 화학물질들은 상대방이 적합한 인물인지에 대한 배려 없이 오로지 번식 충동에 봉사하는 쪽으로 움직인다. 파트너 결정은 당신의 인생을 바꾸어 놓을 수 있는 중요한 결정이므로 매우 신중해야 한다. 그래야 당신이나 상대방이 서로에게 좋은 짝이 될 수 있다. 짝을 잘못 만나면 심각한 후유증이 발생하고 당신의 인생은 비참해진다. 평생 파트너를 발견하는 가장 지적인 방법은 대기업에 취직하기 위해 면접을 준비하는 방법과 비슷하다. 당신의 두뇌에서 호르몬이 과다 분비된다는 이유 하나만으로 생판 모르는 사람이 당신 인생을 바꾸어 놓아서야 되겠는가?

### 올바른 파트너와 짝짓기

올바른 파트너를 발견하는 방법은 다음 두 가지에 달려 있다.

1. 당신이 상대방으로부터 무엇을 원하는지 정확하게 알고 있어야 한다.
2. 그 보답으로 상대방이 바라는 것을 제공할 수 있어야 한다.

이 책에서 계속 말했듯 원시 여성은 남성에게서 자원을 구했다. 따라서 남자는 자원을 축적하고 권력을 획득하며 필요 시에는 둘 다 갖추는 쪽으로 진화했다. 원시 남자는 생식력이 강한 파트너를 원했기에, 여자는 젊고 건강하며 아이 잘 낳을 것처럼 보이기 위해 필요한 조치를 모두 취했다. 의식적이든 무의식적이든 남녀는 상대가 무엇을 원하는지 잘 알았다. 어부가 물고기를 낚기 위해 갈고리에 미끼를 달듯이, 남녀는 잠재적인 짝을 유혹하기 위해 필요한 조치를 취한다.

> 여자는 남자에게 섹스라는 미끼를 던지고
> 남자는 자원으로 여자를 유혹한다.

바로 이 점에서 오늘날 젊은 세대를 혼동을 일으킨다. 젊은 여자들은 남녀가 똑같다, 즉 동등하다고 배웠기 때문에 남자들이 오랜 구애, 전희, 감정에 대한 대화 등으로 로맨스의 기간을 한없이 연장하리라 기대한다. 하지만 진실을 말하자면, 21세기 남자들은 원시 남자들과 똑같은 것을 원하는 두뇌회로를 갖고 있다. 가능하면 빨리 다양한 대상과 많은 섹스를 벌이고 싶어 하는 것이다.

경험 많은 남자들은 원하는 것을 얻기 위해 로맨스와 구애를 바라는 여자들의 기본적 필요를 맞춰주려 하겠지만, 지위가 높은 남자일수록 그런 러브 게임에 시간을 투자하지 않는다. 브래드 피트는 매력적인 여성을 침대로 데려가는 데 30분도 걸리지 않겠지만, 시골 은행 수납원 조는 여자를 침대에 데려가기 위해 6개월의 구애 기간이 필요하다.

### 핵심 가치와 믿음

남자의 자원과 여자의 건강 및 젊음은 남녀관계를 발생시키는 기본 동기이지만, 지속적인 남녀관계에 대한 모든 연구는 그 원인에 대한 동일한 결론에 도달했다. 즉 오래 가는 남녀관계는 핵심 가치와 믿음을 갖고 있기 때문에 그런 지속성을 자랑한다.

핵심 가치:
1. 자녀 양육과 규율에 대한 엄중한 태도
2. 가정의 일과 책임에 대한 철저한 분담
3. 재정—돈을 어디에다 어떻게 무엇에 사용했나
4. 청결과 일정한 생활수준
5. 사교와 가정 내 단합—참여, 활동, 빈도
6. 섹스와 친밀도—누가 무엇을 원하고 그것을 어떻게 줄 것인가

핵심 믿음:
1. 정신적·종교적 믿음
2. 윤리적·도덕적 믿음
3. 정치적·문화적 믿음

처음부터 완전히 일치하는 부부는 없다. 대부분의 커플은 돈, 섹스, 자녀, 시간 분배에 항상 의견차를 보인다. 좋은 화학작용을 일으키고,

유사한 핵심 가치와 믿음을 유지하고, 의견 차이를 잘 다스리는 것이 성공적인 관계의 비결이다. 당신 스스로 적합성을 만들어내야 한다. **1~2년**이 지나가면 사랑의 호르몬은 사라진다. 그 다음부터는 유사한 핵심 가치와 믿음이 부부를 단단하게 묶어준다는 사실을 기억하라. 당신이 누군가를 새로 만나면 그는 한 일 년 정도는 좋은 모습만 보여줄 것이다. 따라서 상대의 핵심 가치와 믿음을 파악하는 데는 시간이 걸린다.

다음은 새로운 남녀관계 초기 단계에서 상대의 잠재력을 알아보는 기본 질문 **3**가지다.

1. 기본 가치는 무엇인가? 상대방은 친구, 친척, 직장동료들을 어떻게 대하는가? 세심하게 배려하며 사랑과 관심을 베푸는가? 그(그녀)가 강아지를 대하는 태도, 식당 종업원을 대하는 태도가 결국 나중에 당신을 대하는 태도가 된다.
2. 행동은 무엇을 말하는가? 상대의 말을 너무 믿지 말라. 말보다는 오히려 그의 행동이 진짜 사람 됨됨이를 드러낸다. 당신을 유일한 친구라고 하면서 정작 다른 사람들과 많은 시간을 보낸다면 그는 언행일치가 되지 않는 사람이다.
3. 당신의 친구들 생각은 어떤가? 당신의 의견이 가장 중요하지만, 그래도 가까운 친구들은 호르몬에 취한 애인이 보지 못하는 어떤 것을 발견한다. 친구들은 당신이 현실을 객관적으로 보도록 도와준다.

## 새로운 관계에서 발견되는 판단 오류

대부분의 사람들은 아래에 적혀 있는 내용이 낯설지 않을 것이다. 누구나 살면서 어떤 순간에는 파트너에 대한 이런 판단 오류를 저지르기 마련이다.

### 판단 오류 1: 호르몬에 취한 선택

'미친 듯한 사랑'에 빠진 사람은 상대방의 장기적 호감도가 아니라 그 순간의 감정을 바탕으로 판단을 내린다. 1장에서 이미 말했듯, 욕정/로맨틱 러브 단계에서 두뇌는 호르몬 분비로 인해 마약에 취한 상태가 된다. 누군가에게 '마력적인 매혹, 말로 표현할 수 없는 마법 같은 느낌'을 품었다고 해서 그와 장기적 약속을 하려 한다면, 차가운 물로 샤워하고서 이 책 1장을 다시 읽으라. 그것은 당신의 냉철한 이성이 아닌 호르몬의 지시에 불과하다. 새로운 사랑의 짜릿한 흥분을 잠시 느껴보라. 하지만 상대가 아무리 매력적이라도 잠시 시간을 보낸 다음에 신중하게 당신의 미래를 위해 결정하라.

### 판단 오류 2: 문제를 부정하기

당신은 상대방의 결점을 알면서도 그것을 인정하기를 거부하거나, 상대방의 결점에 대한 남들의 지적을 경청하지 않는다. 상대의 좋은 점만 찾아서 보며 당신이 보고 싶은 것만 본다. 상대방에 대한 정보를 객관적으로 받아들여 총명하면서도 사려 깊은 선택을 하라.

### 판단 오류 3: 곤궁한 사람을 선택하기

상대방이 "당신이 필요하다"고 호소하자 당신도 마음이 끌려 그를 위해 "시간을 많이 내주고" 또 그의 노이로제를 지속적으로 고쳐주려 애쓴다. 그러나 결국 지겨워져서 다른 사람을 찾게 된다. 반대로 방금 버림받았거나 이혼, 별거를 하는 바람에 당신이 곤궁한 지경에 처할 수도 있다. 이럴 때는 감정의 불안으로 인해 충동적으로 행동하기 쉽다. 당신 자신을 위한 시간을 가지라. 예전 관계에 투자했던 시간의 **10**퍼센트 정도면 충분하다. 그 시간을 상실 극복의 시간으로 삼으라. 그런 다음 당신과 함께 있고 싶어 하는 사람을 찾으라. 곤궁한 나머지 당신과 함께 있고 싶어 하는 사람은 피하는 것이 좋다.

### 판단 오류 4: 무조건 순응하기

당신은 새로운 사랑과 의견이 달라 논쟁하는 일을 최대한 피하려고 한다. 상대방을 행복하게 만들려고 애쓰고, 그를 당황하게 만들 수 있는 언행은 삼가려 한다. 당신은 무조건 "그래"라고 말하는 사람이 된다. 그러나 무조건적인 예스맨을 존경하는 사람은 아무도 없다. 수동적이고 순응적으로 되어가는 당신의 내부에는 분노와 적개심이 쌓여가고, 파트너는 당신이 아무 감정이 없는 사람, 혹은 감정이 있어도 무시해도 되는 사람 정도로 치부해버린다. 자신을 정신적 학대에 방치하는 꼴이 된다. 새로운 사랑과 적어도 두세 번은 언쟁을 벌이거나 싸워보라. 그래야 그가 어떤 사람인지 현실적으로 파악할 수 있다.

#### 판단 오류 5: 상대방을 충분히 바꿀 수 있다고 생각하고 선택하기

'그는 소문난 바람둥이라지만, 나와 함께하면 달라질 거야. 내가 그를 변화시킬 거야. 그럴 수 있어.' 아니, 그럴 수 없다. 그는 변하지 않을 것이다. 상대방을 바꿀 수 있다고 생각하는 사람, 상대방이 자신과 함께 있으면 바뀌리라고 생각하는 사람은 스스로 고생문을 활짝 여는 사람이다. 많은 여자들이 마법 같은 사랑의 힘이 상대방을 새로운 남자로 완벽히 변신시켜 놓을 수 있다고 생각하지만 실제로는 그렇지 않다. 상대방은 새로운 남녀관계에 들어서면서 자신의 나쁜 과거 습관을 일시 유보하고 있을 뿐이다. 관계가 상당히 진행되기 전에는 나쁜 버릇이 나오지 않는다. 로맨틱 러브의 초창기 단계에서 대부분의 사람들은 자신의 좋은 면만 내보이고 나쁜 버릇은 감추기 때문이다.

> 2007년, 결혼의 평균 지속 연수는 12년이다.

### 짝짓기 평점

모든 사람은 짝짓기 점수라는 평가 점수를 갖고 있다. 보통 0에서 10점까지다. 우리가 짝짓기 시장에서 얼마나 가치 있는지 보여주는 지표다. 우리는 이 측정 수치를 이용해 상대방의 점수를 의식적 혹은 무의식적으로 평가한다. 우리는 만나는 모든 사람을 상대로 이 평가의 잣대를 들이댄다. 이 평가는 남녀가 상대방에게 바라는 특징을 바탕으로 작성된 것이다.

사람들은 카페에 앉아 있는 커플이나 거리에서 옆을 지나가는 커플을 바라볼 때, 10점 만점 기준으로 그들을 평가하며 서로 비슷한지 결정한다. 서로 도움이 되는 관계인지, 상대방에게서 원하는 것을 얻을 수 있는 관계인지 평가하는 것이다. 달리 말해 어울리는 커플인지 살펴본다. 그들의 외모, 매력, 몸매, 균형, 자원, 미모 등을 살핀다.

일례로 초호화 부부인 브래드 피트와 안젤리나 졸리는 많은 사람이 볼 때 둘 다 10점 만점이다. 돈, 명성, 권력, 매력 같은 모든 것을 갖추었기 때문이다. 그들은 똑같은 짝짓기 평점을 갖고 있다. 그러나 어떤 커플을 보면서는 고개를 설레설레 흔들면서 상대방에게서 도대체 무엇을 보았기에 사귀는 걸까 하고 의아해한다. 그러면서 과연 저 관계가 지속될까 의문을 갖는다. '저 남자는 훨씬 더 나은 여자랑 사귈 수 있었을 텐데', '저 여자는 아주 급했나 보구먼' 하고 말이다.

당신이 그 커플을 좀 더 자세히 알게 되면 짝짓기 평점은 올라갈 수도 있고 내려갈 수도 있다. 그들이 부유하고, 재미있고, 친절하고, 지적이라면 당신의 평점은 올라갈 테지만 야비하고, 계산적이고, 따분하고, 돈이 없다면 내려갈 것이다.

> "펭귄은 한번 짝짓기를 하면 평생 간다. 나는 그게 별로 놀랍지 않다.
> 펭귄은 다 똑같이 생겼기 때문이다. 언젠가 더 잘 생긴
> 펭귄을 만날 가능성이 없으므로 짝을 바꿀 생각을 하지 않는 것이다."
> _ 엘렌 디제네레스

인간 짝짓기에 대한 연구들은 다음 사항에 의견 일치를 보인다. 남녀는 동일한 짝짓기 평점을 갖고 있는 상대방을 만났을 때 성공적인 장기관계를 누릴 가능성이 높아진다는 것이다. 가령 짝짓기 평점이 7인 사람은 역시 7점인 상대방을 만났을 때 장기적 관계를 유지한다. 속으로는 다들 브래드 피트나 앤 해서웨이 같은 짝을 만나기를 꿈꾸겠지만, 결국에는 자신과 비슷한 사람과 만난다. 상대방의 핵심 가치와 믿음이 당신과 일치하고, 상호 화학작용이 잘 일어난다면 당신은 완벽한 짝을 만난 것이다.

파트너의 짝짓기 평점이 크게 달라질 때, 남녀관계에는 문제가 발생한다. 가령 남자가 고소득 직위로 승진하거나 로또에 당첨되어 평점이 7에서 9로 올랐거나, 여자가 미용관리에 실패해 체중이 증가하고 미모가 떨어져 7점에서 5점으로 낮아졌다면 어떻게 될까? 남자는 여자를 비판하게 될 것이고, 여자는 그 점수 차이를 극복하기 위해 과잉 행동에 나서게 될 것이다.

### 짝짓기 평가 테스트

이 테스트는 당신의 짝짓기 평점을 평가하기 위한 것이다. 당신과는 다른 두뇌회로를 가진 이성인 상대방이 호감도에서 어느 정도 점수를 주는지 살펴보자. 자신의 짝짓기 평점을 개선하여 다음 단계로 넘어가려는 사람들에게 좋은 테스트이다. 당신이 취약한 분야, 당신이 아직

제대로 성취하지 못한 분야를 파악하게 해줄 것이다. 당신이 여기서 몇 점을 받았든, 그 점수 카테고리 안에 머물겠다면 그것도 나쁘지 않다. 하지만 그러고 싶지 않다면, 이 테스트는 당신이 개선해야 할 분야를 알려주는 가이드가 될 것이다.

우리는 사람들이 자신에게 다소 엄격하다는 사실을 발견했다. 그러니 당신을 잘 아는 사람에게 요청하여 함께 문제를 풀어보는 것도 좋은 방법이다. 그 친구는 당신의 가장 정확한 반응이 무엇인지 옆에서 도움을 줄 수 있을 것이다. 이렇게 하여 당신 자신이 바라보는 방법뿐만 아니라 남이 당신을 보는 방법도 발견할 수 있다. 많은 사람들이 자신의 평가 방법과 타인의 평가 방법이 다른 것에 놀라곤 한다.

모든 질문에 대답한 후에 채점 방식을 살펴보라. 그러면 아주 정직하게 대답할 수 있을 것이다.

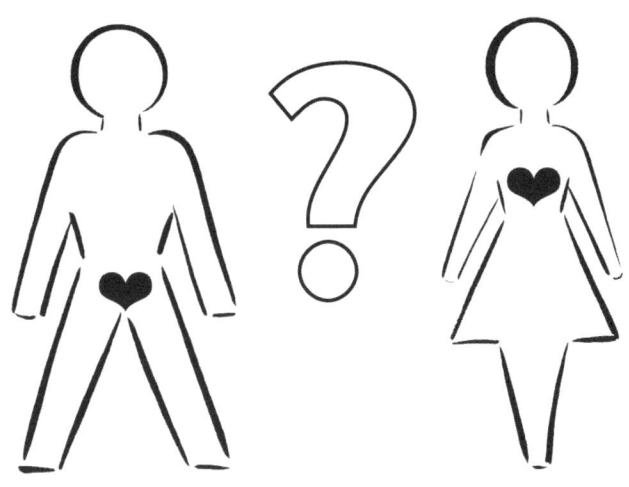

## 짝짓기 평가 테스트
### 남성용 테스트
#### 섹션 1

|  | 아니다 | 중간이다 | 그렇다 |
|---|---|---|---|
| 1. 나는 이상적인 몸매를 유지하고 있다. | | | |
| 2. 나는 이력서에 진실만 적는다. | | | |
| 3. 술집에서 여자가 던지는 추파를 금세 알아챈다. | | | |
| 4. 나는 사람들이 하는 말의 속뜻을 파악할 줄 안다. | | | |
| 5. 나는 정기적으로 운동한다. | | | |
| 6. 나는 내가 한 일로만 평가 받는다. 하지 않은 일로 평가받길 거부한다. | | | |
| 7. 특별하거나 독특한 물건을 보면 구입해서 남에게 선물한다. | | | |
| 8. 내 상체는 역삼각형이다. | | | |
| 9. 연애를 시작하면 쪽지나 문자, 이메일 등으로 그녀가 특별한 사람이라고 말한다. | | | |
| 10. 사람들은 내가 유머 감각이 풍부하다고 생각한다. | | | |
| 11. 나는 아이들과 동물을 사랑한다. | | | |
| 12. 나는 G스폿(여자의 성감대)이 무엇인지 알며 그것을 찾아낼 줄 안다. | | | |
| 13. 나는 남의 말을 잘 듣고 상대방에게 잘 공감한다. | | | |
| 14. 내 지인들은 나의 매너가 좋다고 말한다. | | | |
| 15. 나는 피부가 깨끗하고 안색이 좋다. | | | |
| 16. 남자의 평균 키와 비교할 때 당신의 키는? | 작다 | 평균이다 | 크다 |

**해당 칸에 V자를 표기하라**

#### 섹션 2

| | | | |
|---|---|---|---|
| 17. 나는 새로운 친구를 사귀기 좋아하고 붙임성이 좋다. | | | |
| 18. 나는 자신에 대해 웃음을 터트릴 수 있다. | | | |
| 19. 나는 상대방의 고통, 상심, 슬픔을 알아본다. | | | |
| 20. 나는 의상을 주기적으로 업데이트한다. 특히 속옷. | | | |

21. 나는 내 파트너가 사랑받고 있다는 느낌이 들도록 만드는 방법을 자주 생각한다.
22. 나는 자주 웃으며 잘 웃는 편이다.
23. 지인들은 내가 상식이 풍부하다고 말한다.
24. 나는 내 인생에서 중요한 사람들의 필요를 잘 감안한다.
25. 나는 몸단장을 잘 한다. 머리카락, 손톱, 피부 등.
26. 나는 농담을 좋아하고 농담을 들으면 잘 웃는다.
27. 내가 사귀고 싶거나 내게 관심 보이는 사람을 만나면 구애에 최선을 다한다.
28. 나는 파트너에게 정기적으로 "당신을 사랑합니다"라고 말한다.
29. 나는 종종 음식을 만들고 설거지를 하면서 파트너에게 하룻밤 휴식을 준다.
30. 대부분의 사람들은 내가 정직하고 도덕적이라고 생각한다.
31. 나의 외모와 신체적 능력에 자신감을 갖고 있다.
32. 인생살이가 어려울 때도 긍정적인 어떤 것을 찾아낸다.
33. 뭔가 하겠다고 마음먹으면 끝장을 본다.
34. 누군가가 20파운드 지폐를 떨어트리면 그것을 주워 주인에게 돌려준다.
35. 지인들은 내가 세상을 살아나가는 방법을 안다고 말한다.
36. 내 몸은 균형이 잡혀 있다(좌우 대칭을 이룬다).　　　아니다　중간이다　그렇다

**해당 칸에 V자를 표기하라**

**섹션 3**

37. 나는 긍정적인 자세와 명확한 목표를 갖고 있고 야심이 많다.
38. 나는 파트너와 나의 자원을 공유할 의사가 있다.

39. 남녀관계에서는 첫인상이 중요하다는 것을 안다.
40. 나는 나의 자원을 늘리려고 노력한다.
41. 나의 몸단장과 옷맵시는 남들에 대한 나의 위상에 영향을 준다.
42. 나는 파트너에게 비밀이 없으며 정직이 최선의 방법이라고 생각한다.
43. 내 인생에 장애가 나타나면 그것을 시정하는 창조적 해결안을 찾는다.
44. 내 기량을 개선시키기 위해 노력한다.
45. 오른손 약지를 살펴보라. 검지보다 긴가, 짧은가?
46. 보통 사람에 비해 당신의 수입과 재산은?

| | 길다 낮다 | 같다 평균이다 | 짧다 높다 |
|---|---|---|---|
| 해당 칸에 V자를 표기하라 | | | |
| 총 점수 | | | |
| 섹션 1 | 아니다 | 중간이다 | 그렇다 |
| 칼럼의 V자 개수 다음 수를 곱하라 | 1 | 2 | 3 |
| 섹션 1 소계 | | | |
| 섹션 2 | 아니다 | 중간이다 | 그렇다 |
| 각 칼럼의 V자 개수 다음 수를 곱하라 | 1 | 4 | 6 |
| 섹션 2 소계 | | | |
| 섹션 3 | 아니다 | 중간이다 | 그렇다 |
| 각 칼럼의 V자 개수 다음 수를 곱하라 | 1 | 6 | 9 |
| 섹션 3 소계 | | | |

각 섹션의 소계를 합하여 총계를 구하라
각 점수의 종합=총점=당신의 짝짓기 평점

## 짝짓기 평가 테스트

### 여성용 테스트

**섹션 1**

| | 아니다 | 중간이다 | 그렇다 |
|---|---|---|---|
| 1. 인생에 장애가 나타나면 그것을 시정하는 창조적 해결안을 찾는다. | | | |
| 2. 나는 자신에 대해 웃음을 터트릴 수 있다. | | | |
| 3. 나는 이상적인 몸매를 유지하고 있다. | | | |
| 4. 나는 생활하면서 자주 웃고 잘 웃는 편이다. | | | |
| 5. 나는 남의 말을 잘 듣는다. | | | |
| 6. 인생살이가 어려울 때에도 웃을 수 있는 어떤 것을 찾아낸다. | | | |
| 7. 나는 남자들이 하는 농담을 즐기고 잘 웃는다. | | | |
| 8. 나는 정기적으로 운동한다. | | | |
| 9. 나는 주의를 기울여 남의 말을 듣되 성급히 결론 내리지 않는다. | | | |
| 10. 지인들은 내가 세상을 살아나가는 방법을 안다고 말한다. | | | |
| 11. 나는 어떤 일을 맡으면 집중하여 끝을 본다. | | | |
| 12. 성공한 사람들과 함께 대화하는 것이 편안하다. | | | |
| 13. 사람들은 내가 유머 감각이 풍부하다고 생각한다. | | | |
| 14. 지인들은 내가 상식이 풍부하다고 말한다. | | | |
| 15. 여자의 평균 키와 비교할 때 당신의 키는? | 작다 | 평균이다 | 크다 |

**해당 칸에 V자를 표기하라**

**섹션 2**

16. 나는 새로운 친구를 사귀기 좋아한다.
17. 나는 피부가 깨끗하고 안색이 맑다.
18. 나는 주위에 남자들이 많을 때 나의 파트너를 최고의 남자로 대우한다.
19. 나는 붙임성이 좋고 다른 사람들에게 자유롭게 말을 건다.

| | 아니다 | 중간이다 | 그렇다 |
|---|---|---|---|
| 20. 나는 위생과 몸단장이 훌륭하다. | | | |
| 21. 나는 과거 애인들의 세부 사항을 기억하고 그 관계를 비밀로 유지한다. | | | |
| 22. 나는 남자들이 포르노를 좋아하는 것을 별로 신경 쓰지 않는다. | | | |
| 23. 나는 인생에 대하여 긍정적 자세를 갖고 있다. | | | |
| 24. 나는 외모에 자부심을 갖고 있으며 마음에 안 드는 점이 있으면 즉시 시정한다. | | | |
| 25. 나는 충분한 시간을 가진 뒤에 새로운 파트너와의 섹스 여부를 결정한다. | | | |
| 26. 나는 남자를 우쭐하고 기분 좋게 만드는 방법을 알고 있다. | | | |
| 27. 내 얼굴은 균형이 잡혀 있다(좌우 대칭을 이룬다). | | | |

**해당 칸에 V자를 표기하라**

**섹션 3**

| | 길다<br>노안이다 | 같다<br>제 나이로 보인다 | 짧다<br>동안이다 |
|---|---|---|---|
| 28. 파트너에게 정절을 지키는 일은 중요하다. | | | |
| 29. 나는 오르가슴을 느낀다. | | | |
| 30. 나는 적어도 한 벌 이상의 섹시한 란제리를 갖고 있다. | | | |
| 31. 나는 섹스에 대하여 창조적이며 주도적이다. | | | |
| 32. 내 엉덩이와 허리 비율은 약 70퍼센트다. | | | |
| 33. 오른손 약지를 살펴보라. 검지보다 긴가, 짧은가? | | | |
| 34. 당신은 실제 나이보다 노안인가, 동안인가? | | | |

**해당 칸에 V자를 표기하라**

**총 점수**

섹션 1
각 칼럼의 V자 개수
다음 수를 곱하라
섹션 1 소계

| 아니다 | 중간이다 | 그렇다 |
|---|---|---|
| 1 | 2 | 3 |

섹션 2
각 칼럼의 V자 개수
다음 수를 곱하라
섹션 2 소계

| 아니다 | 중간이다 | 그렇다 |
|---|---|---|
| 1 | 4 | 6 |

섹션 3
각 칼럼의 V자 개수
다음 수를 곱하라
섹션 3 소계

| 아니다 | 중간이다 | 그렇다 |
|---|---|---|
| 1 | 6 | 9 |

각 섹션의 소계를 합하여 총계를 구하라
각 점수의 종합=총점=당신의 짝짓기 평점

**채점과 결과**

> 남자 총점 **46~109** | 여자 총점 **34~77**

호감도가 가장 낮은 그룹이다. 그러나 짝짓기 평점에서 개선될 가능성이 가장 큰 그룹이기도 하다. 내려갈 데는 없고 올라갈 데만 있으니까 말이다. 이 그룹에서도 점수가 제일 낮은 사람들은 그들의 용모, 지위, 자원을 벌어들이는 능력, 건강, 전반적인 복지 등에 별로 신경을 쓰지 않는다.

이 그룹에 속하는 사람들은 역시 같은 그룹에 속하는 사람과 짝을 맺을 것이고 그들의 그런 생활에 행복감을 느낄 것이다. 그들의 파트너는 변화해야 할 필요를 못 느낄 것이고 어쩌면 이 책을 읽지도 않을 것이다. 이 그룹에 속하는 사람들은 낮은 점수를 받은 분야를 집중적으로 개선해 평점을 높여야 한다. 강좌를 수강하거나 책을 읽거나 체육관에 다니거나 세미나에 참석하는 등 다양하게 보완책을 강구하라. 이들은 자기 자신을 개선하기 위하여 더 많은 믿음과 격려를 필요로 한다. 한 번에 한 분야를 공략함으로써 집중도를 높이고 개선 효과를 크게 할 수 있다.

> 남자 총점 **110~215** | 여자 총점 **78~150**

이 그룹은 전진할 수도 있고 후퇴할 수도 있다. 자칫하면 사다리

밑으로 처질 수도 있으나 열심히 노력하면 재빨리 위쪽으로 올라갈 수도 있다. 가장 많은 사람들이 이 그룹에 속한다.

대부분의 사람들은 이 그룹에 속하는 것을 행복하게 여기는데, 대부분의 가망 파트너 또한 이 카테고리에 들어 있기 때문이다. 다음 단계로 올라가려면 열심히 노력해야 한다. 하지만 마음만 먹는다면 못할 것도 없다. 더 바람직한 파트너는 더 높은 수준에 올라 있기 때문이다.

이 그룹에 속하는 사람이 자신의 점수를 불만스럽게 여긴다면 개인 트레이너를 고용하고, 세미나에 참석하고, 책을 읽고, 스타일리스트를 찾아가고, 건강 상태를 개선하고, 토스트마스터 같은 공동체 클럽이나 협회에 가입할 수 있다. 또는 공동체 내에서 벌어지는 프로젝트에 가담하고, 트레이닝 강좌를 수강하고, 멘토를 고용하거나 인생의 코치를 알아볼 수도 있다. 이러한 것들은 개인 생활뿐 아니라 직장 생활에도 영향을 미쳐서 소득을 증가시키고 성공 가능성을 높여준다.

### 남자 총점 216~58 | 여자 총점 151~80

이 그룹에 속하는 사람들은 자신감에 넘치고 자기 능력을 확신하는 수완가들이다. 이들은 자신이 인생에서 무엇을 원하는지 알고 그것을 향해 정기적으로 힘차게 손을 뻗는다. 그들을 아래로 잡아당기는 심각한 위기가 발생하지 않는 한, 이들은 좀처럼 아래로 떨어지지 않는다. 설사 떨어진다 하더라도 곧 원위치를 회복한다. 설령 문제가 발생해도 이들은 남의 조언을 필요로 하지 않는다. 이미 조치를 취하고 있을 테니 말이다. 매우 재주 많고 유능한 사람들이다. 영화배우, 백만장자, 세계적 지도자, **CEO**, 재계 지도자, 대부분의 바람직한 파트너들이 이 그룹에 포함된다.

### 요약

짝짓기 평점 호감도에서 당신의 위치가 어디든 간에, 그 위치는 고정되어 있지 않다. 당신의 호감도를 개선하고 적극적인 행동을 취하겠다는 목표를 세움으로써 얼마든지 평점을 높일 수 있다. 남들에게 호감을 주려면 당신의 자세를 돌아다볼 필요가 있다. 어떤 배경을 타고났는지보다는 자신에 대해 어떻게 생각하는지, 자신의 인생을 어떻게 운영할 것인지가 더 중요하다.

당신이 굳게 마음을 먹는다면 호감도 수준을 얼마든지 상향 조정할 수 있다. 또 당신이 만날 수 있는 수준 높은 파트너의 숫자도 얼마든지 늘일 수 있다. 많은 사람들이 호감도의 현재 수준에 만족하고 거기에 머무르려 한다. 그 경우 만날 수 있는 장기 파트너는 같은 그룹에 속하는 사람뿐이라는 사실을 기억하라. 만약 훌륭한 파트너를 만나고자 한다면 이 테스트의 질문 항목들을 다시 읽어보라. 그러면 어떤 조치를 취해야 할지 답을 얻을 수 있을 것이다.

### 멋진 파트너를 발견하는 법

2009년 세계 인구는 67억 4,400만 명인데 50.5퍼센트가 남자, 여자는 49.5퍼센트다. 이중 38억 명이 18~60세 사이의 사람들이다. 이들 중 약 80퍼센트가 최악의 제3세계, 감옥, 정신병원 같은 곳에 있다고 보면 3억 8,000만 명의 정상적인 사람이 당신의 이성 파트너 후보가 된다. 그런데 이성들 중 평균 50대 1의 꼴로 당신과 알맞은 화학작용을 가진 사람이 있다고 추정된다. 그러면 처음 보는 순간 당신의 심장을 뛰게 만드는 사람은 760만 명 정도다. 이들 중 약 5대 1 꼴로 당신과 동일한 핵심 가치와 믿음을 가진 사람들이 있다고 보면, 적어도 1억 5,200만 명 정도가 이 세상 어디에선가 당신을 기다리고 있다.

완벽한 파트너를 만나는 일은 제품 판매와 비슷하다. 일종의 숫자 게임으로 볼 수 있다. 가망 고객이 많을수록 물건을 팔 수 있는 기회는 높아진다. 세일즈 분야에서는 1,000달러 제품이 팔리는 전형적인 비율을 5:4:3:1로 본다. 이 공식을 설명하면 이렇다.

5는 당신이 갖고 있는 가망 고객이다.
4는 당신이 실제로 만나본 가망 고객이다.
3은 당신의 제품 소개를 들어본 사람이다.
1은 "사겠다"고 대답한 사람이다.

세계 최고 세일즈맨은 물건을 살 딱 한 사람을 찾으면서 평생을 보내지는 않는다. 그들은 전화를 걸 수 있는 **5**명의 가망 고객을 열심히 찾아다닌다. 이런 '평균 수치'를 열심히 추적하면 구매자는 저절로 나타난다. 따라서 세일즈맨의 성공은 다섯 명의 새로운 가망 고객에게 얼마나 많이 전화하느냐에 따라 결정되지, 얼마나 많은 사람들이 그의 물건을 사느냐에 따라 결정되지 않는다.

사랑에서 성공을 거두는 사람들도 마찬가지다. 그들은 집에 가만히 앉아서 누군가에게 선택되기만을 기다리지 않는다. 적극적으로 활동하면서 많은 후보들을 만나고 다닌다. 간단히 말해서 왕성한 사교 활동을 벌이는 것이다. 위에서 말한 것처럼 **1억 5,200**만 명 정도가 이 세상 어디에선가 당신을 만나기를 기다리고 있다. 하지만 지금 당장은 당신이라는 사람이 존재하는지조차 그들은 알지 못한다. 그래서 당신이 먼저 그들을 찾아나서야 한다.

> 완벽한 파트너를 술집이나 나이트클럽에서 만날 확률은 거의 없다.
> 사람늘은 쉬운 파트너를 얻기 위해 그곳에 갈 뿐,
> 거기서 장기 파트너를 만날 생각은 하지 않는다.

당신이 늘 배우고 싶어 했던 일을 하나 선택하라. 가령 스쿠버다이빙 동호회에 가입해 주말여행을 떠나도록 하라. 그러면 새로운 기술도 배우고 많은 사람들도 새롭게 만날 것이다. 오랫동안 관심을 가져왔지만 미처 시작하진 못했던 강좌를 수강하라. 그림, 스포츠댄스, 사진, 그 외에 관심이 많았던 다른 일들도 얼마든지 배울 수 있다. 당신은 금방 친해질 수 있는 사람들과 만나게 된다. 그들이 당신과 비슷한 취미를 갖고 있기 때문이다. 이런 식으로 하다보면 당신과 그들은 유사한 핵심 가치와 신념을 갖게 될 가능성이 높아진다. 새롭게 사귄 동성 친구들이 당신을 다른 이성 친구와 연결시켜 주기도 한다.

> 물건 판매와 마찬가지로, 파트너 찾아내기는 결국 숫자 게임이다.

파트너를 찾기 위해 클럽을 찾지는 말라. 하지만 가망 후보 숫자를 제한하지도 말라. 스스로 계획을 세워 줄기차게 밀고 나가는 게 중요하다. 당신이 열심히 노력할수록 이상적인 파트너를 찾아낼 가능성은 높아진다.

### 연애 생활을 바꾸는 법

우리는 당신이 연애 생활을 완벽하게 통제하여 우연한 남녀관계에 돌입하지 않길 바란다. 이제 읽을 내용은 당신의 인생을 영원히 바꾸어 놓을 수 있다. 당신은 성취하기를 바라는 목표 리스트를 작성한 적이 있는가? 아마 업무적으로는 있을 것이다. 직장이나 사업은 서면으로 된 목표나 타깃 없이 존속할 수 없기 때문이다. 만약 문서로 적어 놓은 목표가 있으면, 그 목표로 가는 길이 갑자기 눈앞에 나타나는 현상을 발견할 것이다. 만약 당신이 은색 벤츠를 사야겠다고 결심하는 그 순간, 당신은 도처에서 벤츠 승용차를 보게 된다. 그렇지 않은가? 왜 그럴까? 이유는 다음과 같다. 당신의 두뇌는 주변에서 벌어지는 일들의 **5퍼센트**만 겨우 받아들일 뿐이다. 그렇게 하지 않으면 머리는 너무 많은 정보 때문에 제대로 작동하지 못한다. 따라서 두뇌는 당신이 마음속에 품고 있는 관련사항만 적극적으로 받아들이고 그 나머지 것은 무시해 버린다. 당신이 무엇을 해야겠다고 결심하는 순간, 신문과 텔레비전, 잡지에서 그것을 보게 되고 심지어 타인들의 대화에서도 듣게 된다. 당신은 신문에서 **A**에 관련된 기사 내용을 읽었다고 하자. 그러나 한참 후 누군가 "**A**에 관한 이야기 읽어봤어?" 하고 물으면 그 기사에 대한 기억이 없다. 당신은 다시 신문을 들추고 이전 면에 그 기사가 실린 것을 봐야만 기억할 수 있다. 그 이야기는 당신의 우선사항 리스트에 들어 있지 않았기 때문에 당신의 두뇌가 무시해 버린 것이다.

자, 이제 당신이 바라는 완벽한, 평생을 함께할 반려자의 특징과 속성을 목록으로 작성하라. 절대 타협하시 말라. 이 세상에 당신을 기다리는 가망 파트너가 백만 명이 넘는데 왜 타협을 해야 하는가? 하지만 현실적이어야 한다. 브래드 피트나 조지 클루니, 기네스 펠트로를 원한다고 적어봤자 무의미하다. 이런 유명배우들이 파트너에게 바라는 그 수준까지 당신이 올라갈 수 있는지 여부를 먼저 따져야 한다. 사랑이 피어나는 이유 중 하나는 매력, 지능, 지위, 전반적 짝짓기 평점이 비슷한 사람을 만나게 하려는 것이다. 그래야 입수 불가능한 사람을 무작정 쫓아다니는 헛수고를 피할 수 있기 때문이다. 한 가지는 약속하겠다.

당신이 리스트에 어떤 내용을 적든지, 바로 그 사람이 곧 나타나서 당신에게 매혹될 것이다. 분명 그렇게 될 것이다.

### 로버트의 접근법

구체적 사례를 보자. 우리 책의 남성 독자인 로버트는 우리의 세미나에 참석해 이런 리스트를 작성했다.

> 큰 키에 푸른 눈, 금발
> 날렵하고 날씬하며 뛰어난 운동 감각
> 훌륭한 유머 감각
> 모험적이어서 경계를 자주 넘나들 것
> 물질만능주의자가 아닐 것
> 자상한 부모가 되어줄 것
> 언제나 날 최우선순위로 대해줄 것
> 침실에서는 창녀처럼

로버트에게 이런 여성이 완벽한 짝이었다. 리스트를 작성하면서 약간 불안감을 느꼈지만 그래도 시도하기로 했다. 업무를 위해 상세한 목표 리스트를 작성한 적은 있지만, 평생의 반려자를 위해 리스트를 만든 적은 없었다. 그랬기 때문에 만나는 여자마다 실패했던 것이다. 그는 훗날 우리에게 이렇게 말해주었다. '완벽한 파트너' 리스트를 작성하고 난 다음에는, 언제 어디서나 그 기준에 부합하는 여자들을 보기 시작했다. 은색 벤츠 승용차를 사기로 결심했을 때처럼, 이상적인 여자를 구체화시켜 놓으니 어디에서나 그런 여자가 보였다. 로버트는 2년 동안 그 리스트를 갖고 다니면서 거기에 부합하는 여자들과만 데이트했다. 그날 그 리스트를 작성하지 않았다면, 로버트는 현재 행복한 결혼생활을 6년 동안 함께한 푸른 눈의 금발인 아내 피오나를 발견하지 못했을 것이다.

로버트는 이렇게 말했다. "피오나가 걸어들어 왔을 때, 나는 커피 라운지의 한쪽 구석에 서 있었지요. 그녀를 보는 순간 가슴이 뛰기 시작했습니다. 그녀가 말을 하자 온몸이 마비되는 것 같았죠. 나는 주머니에 손을 집어넣어 리스트를 꺼내 읽었죠. 그녀는 거기 적힌 바로 그 여자였어요! 그녀는 커피를 들고 탁자에 앉았고, 나는 뛰는 가슴을 간신히 진정하면서 그녀에게 다가가 말했다. '잠시 합석해도 괜찮을까요? 당신과 잠시 이야기하고 싶습니다.' '그러세요.' 그녀는 흔쾌히 승낙했어요. 그렇게 데이트가 시작되었죠. 하지만 전엔 이런 식으로 여자에게 다가간 적이 없어서 무슨 말을 해야 할지 막막했습니다. 나는 곧 정신을 차리고 세미나에 참석하여 바람직한 파트너 리스트를 작성한 얘기를 했죠. 다행히 마지막 조건인 '침실에서는 창녀처럼'을 '침실에서는 호랑이처럼'으로 바꾸어 놓았어요. 내 짝을 만나 그 리스트를 보여줄 경우를 대비해서죠. 피오나는 놀라면서도 우쭐해했어요. 그 리스트를 작성하지 않았다면, 또 그걸 갖고 다니지 않았다면 나는 그처럼 그녀에게 불쑥 다가갈 용기를 내지 못했을 겁니다. 그런 대비를 하지 않았더라면 피오나는 내 인생 속으로 갑자기 걸어들어 온 것처럼 갑자기 걸어 나갔을 거예요."

> "어머니는 남자 다루는 법은 간단하다고 하셨다.
> 여자는 거실에서는 하녀, 주방에서는 요리사,
> 침실에서는 창녀가 되면 된다고……."
> _ 제리 홀

당신이 만약 리스트에 '긴 생머리에 **165**센티미터, 날씬한 여자'를 리스트에 적었다면, 온 사방에서 그런 여자를 보게 될 것이다. 이 리스트 아이디어는 훌륭하게 작동한다. 지금 당장 리스트를 작성하여 '우연한 만난 관계' 클럽을 탈퇴하라. 만약 당신이 멋진 파트너를 우연히 만났다면 그건 인생의 보너스다. 하지만 우연을 계획의 지표로 삼지 말라.

### 수잔이 원하는 것

또 다른 사례인 수잔은 이상적 파트너 목록을 이렇게 작성했다.

큰 키
날씬한 체형

검은 머리

아몬드 같은 눈

운동선수 같은 몸

야외생활을 즐길 것

회사 중역

아이들을 사랑할 것

애완동물을 좋아할 것

담배를 피우지 않을 것

로맨틱한

야심만만한

수전은 이 리스트를 냉장고에 붙여 놓았고 또 한 장을 더 준비해 가방에 넣고 다니며 틈만 나면 들여다본다. 대부분의 목표 설정이 그러하듯, 리스트를 작성하면 그것을 수시로 참고할 뿐 아니라 친구들에게도 알려준다. 그러면 친구들도 그런 사람이 주위에 나타나는 것을 주의 깊게 목격한다. 리스트 작성 아이디어는 당신의 시간을 절약해주고 상심과 실망을 미연에 방지한다. 자신이 어떤 사람을 찾고 있는지 정확하게 알기 때문에, 당신의 인생 속으로 들어온 누군가가 기준에 맞지 않는다면 그로 인해 시간을 낭비하거나 그를 변화시키겠다는 희망을 품지 않을 테니까. 만약 누군가 당신이 설정한 기준의 **70**퍼센트를 충족시키고 당신도 그의 부족분 **30**퍼센트를 용납할 수 있다면, 그를 더 알아가는 데 시간을 들여도 좋다. 하지만 당신의 기준을 겨우 **20**퍼센트만 충족시키는 정도라면 그냥 잊어버리라. 수잔은 이런 기준을 작성한 이후 그런 남자가 갑자기 튀어나오는 듯한 느낌을 받았다고 말했다. 마트, 체육관, 텔레비전, 횡단보도 등 어디에서나 만난다며 말이다. 수잔의 두뇌는 그녀가 중요하다고 여기는 파트너의 특징들을 살펴보도록 프로그램(자료 입력)되었다. 바로 그렇기 때문에 리스트 아이디어는 성공하는 것이다.

리스트에는 장기 파트너로서 필요한 자격을 최소한으로 적어야 한다. 만약 가망 파트너가 이런 문서화한 조건들을 대부분 충족시키지 못한다면 빨리 다른 사람을 알아보는 편이 좋다.

### 리스트로 숫자 게임을 펼치는 법

《제일 좋은 사람은 여전히 남아 있다》의 저자 그레이엄 스틸은 경영 및 판매에서 비율과 숫자 게임을 펼치는 전문가이기도 하다. 나이 쉰에 다시 혼자가 된 그는 이상적인 파트너를 찾기 위해 수천 개에 달하는 인터넷 데이팅 사이트에 숫자 게임을 펼치기로 결심했다.

그 결과는 너무나도 드라마틱했기에 그는 자신의 경험을 책으로 펴냈다. 그는 평생의 연인을 만났다. 2009년 우리는 그레이엄을 인터뷰하면서 그가 짝짓기 시장에서 어떻게 숫자 게임을 펼쳤는지 물어보았다. 그는 이렇게 대답했다.

"먼저 내가 찾고 있는 사람을 정확하게 묘사했습니다. 나는 전에 결혼한 적이 있고, 실패로 끝난 관계도 몇 번 있기 때문에 이번에는 완벽한 파트너를 찾아야겠다고 결심했습니다. 최선이 아닌 차선으로는 결코 만족하지 않겠다고 다짐했지요."

다음은 스틸이 제시한 완벽한 파트너 목록이다.

나이는 **25~45**
훌륭한 외모
날씬하고 건강
세심하고 주의력 깊고 사랑을 베푸는 사람
비흡연자
대학 졸업장 소지
음악과 음악가를 사랑하는 사람
의사 표현이 분명하고 교양 있는 사람

"리스트를 작성한 후 나 자신을 소개했습니다. 가능한 정직하게, 아무것도 과장하지 않았습니다. 그런 다음 잘 나온 사진을 골라 전 세계 결혼중개 사이트에 올렸지요. 곧이어 하루 종일 컴퓨터 앞에 앉아 여성들의 반응을 점검하고 관리해야 했지만, 원하는 결과를 얻기 위해서는 어쩔 수 없었습니다. 거의 **3**년 동안 일주일에 **60**시간을 온라인에 매달려 살았습니다. 인터넷에 나의 신상 정보를 자세히 올리고, 여자들의 질문에 응답하면서 채팅도 했습니다. 약간 모자란 사람, 이상한 괴짜, 살짝 머리가 이상한 사람도 만났지만 상당히 재미있었습니다."

다음은 스틸이 3년 동안 한 일을 요약한 내용이다.

1. 데이팅 웹사이트에서 약 2만 건의 얼굴 사진과 신상 정보를 읽었다.
2. 그 중에서 약 1,000건의 여자 사진을 추렸다. 그가 선별한 전체 여성의 약 5퍼센트에 해당하는 것이었다.
3. 자신의 사진과 신상 정보를 그 1,000명에게 보냈다. 그 중 30퍼센트가 응답했다(약 300명).
4. 답장 이메일을 받았을 때 그는 아이를 원하느냐고 물었다. 대부분 "그렇다"고 대답했다(약 285명).
5. 그는 이 285명에게 '마이너스 요인'을 분명히 설명했다. 이미 자녀가 셋이나 있으므로 더는 아이를 원하지 않는다고 말했다. 여기서 약 60퍼센트가 떨어져 나갔다.
6. 이제 그가 본격적으로 고려할 수 있는 여성은 100명 정도 남았다. 그가 적절한 후보라고 생각한 여성 1,000명의 10퍼센트였다.
7. 그는 이 100명의 여성과 인터넷 채팅, 전화, 이메일을 주고받았다. 그 중 38명이 그를 만나러 왔다. 이들과의 데이트는 더러는 오래 가기도 하고 더러는 곧 끝나버렸다.
8. 그는 100명 중에서 외국인인 24명을 호주 브리즈번으로 초청하여 함께 휴가를 보내자고 제안했다. 여성이 왕복 항공권을 부담하고 그가 브리즈번 체류 비용을 부담하는 조건이었다. 16명이 수락했다.
9. 초청을 수락한 여자들은 혼전 섹스도 수락했다. 만약 둘 사이에 적당한 화학작용이 벌어진다면 서로 상대방의 파트너 잠재력을 충분히 평

가할 수 있다.

10. 전국 각지에서(그리고 외국 16개국에서) 온 여성들은 대부분 그와 즐거운 시간을 보냈다. 처녀인 상태로 와서 동일한 상태로 떠난 여성들도 있었다. 그것은 그녀들의 선택이었다. 둘 사이에 화학작용이 벌어지지 않는다면 섹스는 시간 낭비라고 생각했다.

"내가 만난 여성 중에서 엠마는 만나기 전부터도 이미 가장 뛰어난 여성이었습니다. 그녀가 내게 접촉해온 날을 분명하게 기억합니다. 부활절 월요일이었는데 나는 '매치닷컴'에서 여자들을 검토하며 8시간을 보냈고 그날만도 100명 가까운 여자들에게 답신을 보냈습니다. 마침내 그 그룹 중 세 명이 날 만나기 위해 브리즈번으로 왔습니다. 그 중 한 명은 나의 이상형에 아주 가까웠지만 심술궂은 편이어서 상대하기 까다롭겠다는 생각이 들었습니다. 하지만 엠마는 아주 완벽했습니다. 그녀가 호주에 왔을 때 우리는 첫 순간부터 화학작용을 느꼈습니다. 우리는 곧 약혼했고 이듬해 결혼했지요. 벌써 9년 전 일이네요." 엠마를 만났을 때 쉰이었던 스틸은 부동산 개발업자였고, 기타 연주자 겸 가수였다. 스물아홉이었던 엠마는 대학에서 회계학을 전공하는 중국인이었다. 그녀는 스틸의 리스트에 딱 들어맞는 여자였다. 기타를 연주할 줄 알았고 스틸을 만난 이후 클래식 피아노 연주를 배우고 있었다. 우리는 그레이엄과 엠마를 인터뷰했다. 결혼 9년차인 그들은 매우 행복하게 지내고 있었다. 완벽한 반려자를 만난 부부였다.

우리는 엠마에게 일종의 결혼 로또에 당첨된 결과가 어떤지 물었다.

그녀는 이렇게 말했다. "그레이엄은 **20,000**명이 넘는 여자들 중에서 절 선택했어요. 얼마나 많은 여자가 이런 행운을 누릴 수 있겠어요? 저는 그레이엄의 인생에서 최우선순위라고 확신하고 있어요."

스틸도 말했다. "엠마는 내가 늘 원했던 여자입니다. 대부분의 사람들은 선택할 수 있는 파트너의 범위가 그리 넓지 않습니다. 그러니 나처럼 까다롭게 고르지 못합니다. 당신이 원하는 내용의 리스트를 작성하고 그 다음에는 숫자 게임을 펼치면 됩니다."

> "준비된 리스트를 가지고 숫자 게임을 펼치면 결과를 얻는다. 곤경에 빠진 공주나 백마 탄 기사는 동화 속에서나 존재할 뿐이다."
> _그레이엄 스틸

어떤 사람들은 그레이엄 스틸의 접근 방법을 극단적이라고 생각할지 모르지만, 그는 다음과 같은 사실을 몸소 입증했다. 파트너에게 바라는 사항을 자세히 적은 리스트를 준비하고, 당신이 제공할 수 있는 것을 미리 알려주라. 그런 다음 숫자 게임을 펼치면 사업에서와 마찬가지로 사랑에서도 효과를 거둘 수 있다.

### 피해야 하는 사람

당신이 멀리해야 하는 사람은 절망적으로 파트너를 찾는 사람 혹은 빨리 결혼하라고 압박을 받는 사람이다. 과거 세대에서는 이것이 통했다. 그들은 기대 수명이 지금보다 훨씬 짧았고, **6~12**명의 자녀를 두었으며, 기본적인 생존에만 신경 썼을 뿐 상대방의 정서적 필요를 충족시켜 준다는 건 생각조차 하지 못했기 때문이다. 외부압력 즉 가족들의 빨리 결혼하라는 성화 때문에 당신을 파트너로 원하는 사람은 오늘날에도 분명 존재한다. "이제 결혼할 나이가 되었잖아." "내 친구들은 모두 결혼했어." "이제는 가정을 꾸려서 정착할 나이지." "결국 그 사람이 그 사람이야. 다 똑같애." "내가 결혼을 안 한다고 하면 저 사람은 나를 떠날지 몰라." "이것은 내가 찾던 인생의 변화일지 몰라." "너무 늦기 전에 아이를 낳아야 해" 같은 이야기들은 당신도 많이 들었을 것이다.

당신은 딱 달라붙어 귀찮게 하는 사람도 원하지 않을 것이다. 하루에도 **20**번씩 전화해 어디냐고 물어보는 사람, 이메일과 선물 공세를 퍼붓는 사람, 당신 없이는 살 수 없다고 말하는 사람, 엉뚱한 파트너와 관계를 맺어서 탈출구를 찾고 있는 사람들은 피해야 한다. 달리 말해서 "내 행복을 네가 좀 책임져달라고!"리며 요구하는 사람을 멀리해야 한다. 나 자신의 행복을 책임지는 일만으로도 벅찬데, 어떻게 남의 행복까지 책임질 수 있겠는가.

그들은 당신이 그들과 함께 있으면 최고의 이익을 누릴 수 있다고, 온갖 감언이설로 설득하려 들 것이다. 그들은 텔레비전 홈쇼핑에서 선전하는 '복근 단련 운동기구'를 사들이는 사람과 비슷하다. 마음속 깊은 곳에서 그것이 돈과 시간의 낭비라는 걸 알면서도 산다. 그리고 며칠 지나지 않아 그 운동기구를 침대 밑바닥에 밀어 넣어 버린다.

남녀관계는 영원할 수 없다는 것을 기억하라. 대부분의 남녀관계는 그저 재미로 벌어지는 일이고, 더 좋고 더 나은 관계로 가기 위한 관문이자 징검다리다. 이런 관점에서 남녀관계에 접근하라. 모든 관계에서 완벽을 찾으려 하지 말라. 당신이 만나는 사람을 재미있는 상대 혹은 단기적 관계라고 생각하라. 그것은 장기적인 관계로 발전할 수도 있고 그렇지 않을 수도 있다.

### 엉뚱한 남녀를 알아내는 단서

대체로 남자는 각종 형태와 크기의 여자 신체를 사랑하는 반면, 여자는 남자의 몸매를 장기 파트너의 우선사항으로 여기지 않는다. 상대방의 몸매가 〈글래머 매거진〉이나 〈맨즈헬스〉 표지 모델 같기를 바라는 사람이라도 장기적인 파트너를 고를 때는 그런 몸매를 별로 선호하지 않는다. 불안이나 자신감 결핍을 은폐하기 위해서, 일부러 사람들 앞에 나설 때 명품 백을 팔에 걸쳐야 하는 불안정한 사람들이 있다. 문제는 이런 사람들에게 있는 것이지 당신에게 있는 게 아니다. 짝짓기 평점에서 오직 소수의 사람만이 10점 만점에 10점을 얻을 수 있다. 그들은 비슷한 평점을 가진 사람들에게만 마음이 끌린다. 대부분의 사람들은 완벽하지 못하고 그런 만큼 그에게 적합한 파트너 역시 불완전한 점을 갖고 있다. 이 때문에 우리는 짝짓기 평점이 우리와 비슷한 사람에게 매혹되고 또 그런 사람과 장기적인 관계를 맺는다. 가령 어떤 사람의 평점이 **7**점이라면, 그 역시 **7**점을 받은 사람에게 끌리게 된다. 물론 **10**점 만점을 받은 사람들을 숭배하고 원할 수는 있겠지만, 결국에는 자기와 비슷한 평점을 가진 사람과 맺어지는 것이다. 상대방이 우리처럼 결점을 갖고 있다는 사실은 그를 더 현실적이고 인간적인 존재로 만든다. 최초의 애정 단계가 지나면, 그런 사람은 당신의 결점 때문에 당신을 더 사랑한다. 장기적인 사랑은 이런 방식으로 전개된다. 당신을 늘 비난하는 사람, 당신의 결점만 지적하는 사람, 이런 사람은 당신과 애정 단계로 들어가지 못하며 결국 당신의 파트너가 되지 못한다.

### 화학작용 없는 커플

벨라는 새로 테니스 클럽에 가입했다. 그녀가 만나는 사람들은 아주 흥미로웠다. 그 클럽의 커다란 매력 중 하나는 샘이라는 멋진 남자를 매일 볼 수 있다는 것이다. 그는 파디의 주인공이었고 벨라는 그를 더 잘 알기 위해 많은 시간을 투입했다. 그는 아주 현실적이고 건전한 남자 같았고, 자신과의 공통점도 많은 듯했다. 둘의 철학적, 정신적 신념은 비슷했고, 열정적으로 생활했으며, 의사소통도 잘 되었다. 각자 직장에서 잘나가고 있었고 많은 수입을 올렸으며 **30**세 전에 아이를 갖길 원했다. 게다가 그는 잘생겼다. 벨라는 특히 그의 미소를 좋아했다.

그녀는 샘이 그녀 못지않게 자신에게 빠져 있다는 것을 알았다. 하지만 그는 벨라에게 데이트를 신청하지 않고 늘 다른 사람들과 어울렸다.

그녀는 밸런타인데이를 맞아 그에게 먼저 데이트를 신청했다. 그는 열렬하게 수락했다. 벨라는 레스토랑을 예약했고 새 옷을 구입했다. 관계가 마침내 다음 단계로 넘어가는 것에 짜릿한 기쁨을 느꼈다.

그날은 매우 멋있었고 저녁식사도 로맨틱했다. 레스토랑은 자정에 문을 닫았지만 둘 다 이 밤이 끝나기를 원치 않았다. 샘은 자기 집에 가서 커피를 마시자고 제안했고 벨라도 동의했다. 샘의 집으로 간 두 사람은 소파에 앉았고, 그 순간 그는 그녀를 끌어안고 열정적인 키스를 퍼부었다. 하지만 벨라는 아무것도 느끼지 못했다. 화학작용이 전혀 일어나지 않은 것이다. 마치 오징어와 키스하는 것 같았다. 그 순간 그녀는 집에 가야겠다고 생각했다. 샘은 그녀가 파트너에게 바라는 조건을 모두 갖고 있었지만, 둘 사이에는 어떤 화학작용도 없었다. 그녀는 샘이 이상적인 남자라고 생각했기 때문에 이런 결과가 너무 슬펐다. 결국 그는 벨라에게 이상적인 남자가 되어줄 수 없었다. 그들은 친구로 남았고 이후 다시는 데이트하지 않았다.

만약 어떤 사람과의 사이에 화학작용이 일어나지 않는다면 그 관계는 언제나 논리적이고 질서정연한 것이 되어버린다. 파트너에게 화학작용을 일으킬 수 있는 능력이야말로 장기적인 열정과 욕망을 지속시키는 힘이다. 화학작용에는 천연적인 것과 창조적인 것, 두 가지가 있다. 천연적인 화학작용은 면역체계의 차이, 페로몬, 사랑의 지도 등 두 뇌회로의 측면이 작용할 때 발생한다. 창조적 화학작용은 남녀가 지속적으로 협력하여 열정을 지원하는 환경을 창조할 때 발생한다.

### 9퍼센트의 규칙

　진화심리학자 피터 토드와 제프리 밀러(《짝짓기 심리》의 저자)는 컴퓨터 시뮬레이션을 활용해, 어떤 사람이 100명의 가망 파트너가 있는 파티에서 누군가를 자신의 파트너로 골라내는 과정을 수학적으로 분석했다. 그 사람은 방안에 있는 100명 중 9명을 평가하고 나면, 그가 고를 사람이 누군지를 결정한다. 다시 말해 100명의 후보가 있는 장소에서 무작위로 만난 9명만 살펴보고 파트너를 결정한다는 뜻이다. 9퍼센트 이하로 검토하면 정보가 부족하기 때문에 좋은 선택을 할 수 없다. 반면 9퍼센트 이상을 검토하면 좋은 후보를 흘려보낼 우려가 있다. 이 흥미로운 실험의 메시지는 매우 분명하다. 시간이 제한되어 있다면 짝을 고르기 위해 무한정 찾아다니지 말라. 그렇게 하면 시간이 다 가버리거나 가망 파트너를 찾지 못하기 때문이다. 후보들 중 9퍼센트만 검토한 다음 결정을 내리도록 하라.

### 요약

　상대방이 어떤 사람인지 정확히 알려면 적어도 일 년은 걸리고, 몇 번은 언쟁을 해봐야 한다. 적합한 짝을 찾는 과정은 당신 회사를 대신 운영해줄 사람을 고용하는 과정과 비슷하다. 남녀관계 초창기 단계에서는 상대방에게 확정적인 약속을 하지 말라. '미친 듯한 사랑'에 빠진 것은 사실이지만 그건 배후에서 호르몬이 작용하고 있기 때문이다. 호르몬 분비는 곧 그친다. 그러면 과연 이 사람이 함께 있을 만한 사람인지 파악하기 위해 냉정하고 객관적인 사실들을 살펴볼 수 있다. 당신의 관계가 너무 많이 진전되기 전에 이런 평가를 하는 것이 더 합리적이다.

결국 당신 인생이니 당신이 책임져야 한다. "당신이 보고 있지 않을 때, 그때가 진정한 사랑을 찾는 때다"라는 말은 엄청난 망상이다. 이 낡은 상투어를 믿다 보면 당신의 사랑 생활에 커다란 낭패를 볼 수 있으니, 이 말은 잊어버리라. 파트너에게서 원하는 최소한을 리스트로 작성하고 그것을 고수하라. 초창기 단계에서 섣불리 상대방에게 확정적 약속을 하지 말고, 최선이 아닌 차선의 파트너로 만족하지 말라. 당신을 **2**번 타자로 여기는 사람과는 교제하지 말라. 어떤 사람에게서 당신의 인생을 즐겁고 유쾌하게 만들어 줄 것 같은 특징을 발견했다면 그와 데이트를 하라. 장기적 관계를 발전할 것 같지는 않지만 그래도 그 사람과 함께 있는 것이 즐겁다면 그 즐거움이 지속되는 동안 함께하고 그 다음에는 다른 파트너로 옮겨가라. 그러나 어떤 사람을 "적당한 사람이 나타날 때까지"라는 임시 대용물, 스페어타이어처럼 여겨서는 안 된다. 그것은 즐거움보다는 고통을 주는 일이다. 당신이 진정으로 원하는 것에 집중하지 못하게 하며 또 그 상대방을 학대하는 일이다.

이상적 파트너에게서 바라는 내용을 리스트로 작성하고 활발하게 사교 활동을 하면서 가능한 많은 사람들을 만나라. 숫자 게임을 펼치라. 전 세계적으로 당신의 이상적인 파트너가 될 수 있는 사람이 **152**만 명이나 있는데, 왜 차선으로 만족하려 드는가? 더 적극적으로 이상적인 파트너를 찾아 나서라. 남이 나를 알아봐주기를 바라며 하염없이 기다려서는 안 된다.

당신의 왕자 혹은 공주를 찾기 위해서는 많은 개구리들과 키스해야 한다. 당신의 꿈은 얼마든지 실현시킬 수 있고 그러자면 많은 노력을 들여야 한다. 지금 당장 시작하라. 자신만의 리스트를 작성하라.

> 많은 사람들이 어디에선가 자신을 기다리는 단 한 명의 완벽한 파트너가 있다고 생각한다. 하지만 현실은 더욱 풍요롭다. 이 지구상에는 우리를 기다리는 **152**만 명의 이상적 파트너가 있다.

- 당신의 짝짓기 평점을 알아보고 동일한 평점을 가진 파트너를 찾으라.
- 올바른 파트너를 찾겠다고 결심하라. 리스트를 작성하고 그것을 고수하라.
- 화학작용이 일어나지 않는다면 다른 파트너를 찾으라.
- 포기하지 말라! 이 세상에는 당신의 완벽한 파트너가 되어줄 사람이 많다

# 여자는 모르는 남성의 15가지 미스터리

### 여자는 모르는 남성의 15가지 미스터리

다음 두 장에서는 남자와 여자의 욕구, 욕망, 강박적 집착 등을 다룰 것이다. 당신이 여성 독자라면 남자들에 대한 정보 때문에 놀라거나 충격 받거나 화날 수도 있다. 우리는 그런 사항을 간단명료하게 말하려 한다. 독자들에게 듣기 좋은 소리만 하기 위해, 정치적으로 신중하게 발언하기 위해 그런 정보를 적당히 가감하지는 않으려 한다. 이런 사항에 대한 현실적 이해 감각이 있다면, 이성을 상대하고 또 함께 살아나가기도 한결 편안할 것이다.

남자들을 화나게 하고 번민하게 하고 짜증나게 하는 여자들의 태도 중 가장 첫 번째 순위를 차지한 것이 섹스다. 남자들은 언제 어디서라도 섹스를 원한다. **40**세의 남자는 **4**분에 한 번씩, **18**세의 청년은 **11**초마다 한 번씩 섹스를 생각한다는 수많은 통계 자료들이 있다. 인디애나 대학 킨제이 연구소는 남자들의 54퍼센트가 매일 섹스를 생각하며, 43퍼센트는 1주 혹은 1달에 서너 번 생각하며, 4퍼센트 정도는 한 달에 한 번 정도 생각한다고 보고했다. 반면 여자들은 섹스를 별로 생각하지 않는 것으로 널리 알려져 있다. 여자들은 할 일이 정말 없을 때 섹스 생각을 할까 말까 한다는 것이다.

섹스는 남녀관계에서 긴장을 유발시키는 가장 큰 문제다. 모든 연구 자료가 커플에게 문제를 안겨주는 가장 중요한 요소를 섹스라고 주장한다. 서로 다른 요구 수준과 타이밍의 욕망, 어느 한쪽이 다른 한쪽에 관심이 없어져서 등 사유도 다양하다. 섹스에 관한 불평불만의 개요를 말하면, 남자는 횟수가 충분하지 않다고 하고 여자는 횟수가 너무 많다고 한다. 섹스 결핍은 남녀관계를 악화시킬까? 나쁜 남녀관계가 섹스리스를 만드는 걸까? 대답은 둘다 "그렇다"이다.

남자의 성적 본능은 모든 세대에서 똑같다고 보면 합리적이다. 그렇기 때문에 그 본능의 표현이 남녀관계에 긴장을 유발시킨다. 이는 부정할 수 없는 사실이다. 풍선을 꼬집는다고 해서 그 속의 공기가 어디 가지 않는다. 단지 그것이 공기를 움직여 풍선의 겉모습을 바꾸어 놓을 뿐이다.

## 1. 남자는 왜 아침에 발기 상태일까

남자와 성적 관계가 있는 여자는 아침에 일어나기 위해 자명종을 설치할 필요가 없다는 것을 안다. 아침에 해가 뜨면 남자의 성기도 우뚝 솟아서 그녀를 쿡쿡 찌르기 때문이다. 아침 발기의 이유는 두 가지다. 첫째, 남자의 테스토스테론 수치는 사냥 나가기 직전인 아침에 가장 높고 해질녘에 가장 낮다. 대자연은 남자가 길을 떠나기 전에 유전자를 후세에 전할 마지막 기회를 준다. 혹시라도 그가 사냥을 나가서 돌아오지 못할지도 모르니까. 둘째, 발기를 관장하는 근육은 방광 바로 밑인 전립선 근처에 포진하고 있다. 오줌이 가득 찬 방광이 이 근육을 누르면 자동적으로 발기되는 것이다. 남자가 아침에 심리적 혹은 시각적으로 흥분하는 것은 아니지만, 여자는 남자가 해뜰 때 속성 모닝 섹스를 요구할 수 있다고 예상하는 것이 좋다.

> 아침 여섯 시, 보브는 아내가 빗자루 손잡이로 등을 쿡쿡 찌르는 통에 잠을 깼다. "왜 이래?" 그녀가 대답했다.
> "가끔씩 임무 교대를 해보는 것도 재밌잖아요."

## 2. 남자는 왜 섹스를 그저 섹스로 여길까

펜실베이니아대학교 의과대학 교수이자 **MRI**의 선구자인 루벤 거는,

좌뇌와 우뇌를 연결하는 접합선이 여자보다 남자가 12퍼센트나 적다는 사실을 발견했다. 좌뇌와 우뇌의 정보 교환을 담당하는 뇌량의 연결 기능도 남자가 여자보다 30퍼센트나 떨어졌다. 이러한 차이점은 왜 남자가 한 번에 한 가지 일밖에 못하는지를 알려준다. 대부분의 남자 두뇌는 자그마한 방들로 이루어진 벌집이라고 생각하라. 각 방은 다른 방들로부터 독립되어 독자적인 기능을 수행한다. 이 때문에 남자는 매사 "한 번에 하나씩" 접근 방식을 취하고 단일 과제에 집중하는 능력이 여자보다 뛰어나다. 이처럼 '단일 트랙' 두뇌회로를 갖고 있기 때문에 남자들은 섹스면 섹스, 사랑이면 사랑, 그 어느 하나에만 집중할 수 있다. 남자들이 볼 때 섹스는 섹스고, 사랑은 사랑이다. 이 둘의 결합은 매우 드물게 일어난다. 그래서 남자는 여자가 이해할 수 없는 짓을 벌이기도 한다. 좋아하지도 않는 여자와 섹스하는 짓.

> 남자가 된다는 것은 참 멋진 일이다. 별로 좋아하지도 않는 여자와 멋진 섹스를 즐길 수 있으니 말이다.

　남자는 어떤 여자와 뜨거운 밤을 보낸 후에도 금세 그녀를 잊을 수 있다. 친구에게 자랑하지 않는 한, 그 일을 생각하거나 화제에 올리는 법도 없다. 바람피운 남자에게 왜 연인인 자신을 놔두고 다른 여자와 잤냐고 따지면, 그들은 대부분 이렇게 말한다. "그건 정말 그냥 아무 의미 없는 섹스였을 뿐이야." 남자는 진실을 말한 것이다. 남자의 두뇌는 섹스를 면도 정도의 행위로 구획화(구분)한다. 면도하면 그 다음 면도 때까지는 그걸 생각하지 않듯 섹스 또한 그렇다. 하지만 여자가 볼 때는 말이 되지 않는 핑계에 불과하다. 여자의 두뇌 속에서 사랑과 섹스는 상호교환적이며 섹스는 사랑의 결과물이다. 여자는 그 둘을 같은 것으로 본다. 섹스를 그냥 섹스라고 보지 않으며 거기에 뭔가 의미가 부여되어 있다고 생각한다. 만약 그렇지 않다면, 그녀는 섹스를 자신의 자존심이나 정체성을 높이기 위한 수단으로 사용한다. 여자가 순전히 육체적 만족을 위해 섹스를 추구하는 경우에도, 그녀는 자신의 파트너 후보 리스트를 어느 정도 충족시키는 남자를 찾는다. 하지만 남자는 그렇지 않다. 성적 욕구를 느끼면 리스트에 있든 말든, 치마만 두르면 누구나 다 오케이다. 남자는 섹스와 사랑을 동일시하지 않는다.

> 남자들은 섹스하면서 동시에 여자의 질문에 대답할 수 없다.
> 그러니 여자들이여, 사랑할 때는 침묵을!

대부분의 여자들은 마음속 깊은 곳에서 이런 사실을 이해하는 듯하다. 하지만 남자의 "섹스는 섹스"라는 주장이 구체적 행동으로 드러나면 매우 당황한다. 다른 여자를 슬쩍 훔쳐본다든지, 여성용 속옷 광고를 열심히 본다든지, 포르노를 본다든지, "순전히 같이 자려고 만나는 것 같다"든지 "변태적인 행위를 요구"한다든지 할 때가 그런 경우에 속한다.

### 3. 아무것도 없는 방

앞서 말했듯 남자의 두뇌는 벌집 같은 방들로 구성되어 있고 각 방은 별도의 기능을 수행한다. 한 방은 공간 파악 능력, 다른 방은 언어 기능, 다른 방은 사랑 담당 이런 식으로 구획화되어 있다. 하지만 대부분의 남자는 여자의 두뇌에는 없는, 그래서 여자는 이해하지 못하는 특별한 방을 가지고 있다. '아무것도 없는 방'이다. 이 이름이 그 방의 기능을 잘 설명해준다. 비어 있을 뿐만 아니라 남자들이 좋아하는 방이기도 하다. 남자는 낚시할 때, 텔레비전을 볼 때, 멍한 표정으로 책상에 앉아 있을 때 이 방으로 들어간다. 아무것도 없는 방은 특별한 목적을 갖고 있다. 바로 정신의 에너지를 회복시키는 기능이다. 남자는 하루에 4~5회 이 방으로 들어가 재충전한다.

여자들에게는 이런 두뇌기능이 없다. 그래서 이 방으로 들어간 남자에게 여자가 "무슨 생각해?"라고 물으면 남자는 "아무 생각도 안 해"라고 대답한다. 이를 이해하지 못하는 여자는 거짓말이라고 생각한다. "내게 뭔가 숨기는 게 있는 거죠?"라며 남자를 비난한다. 그는 10분 동안 아무 생각 없이 휴식할 생각이었는데, 갑자기 아무 생각도 없는 것에 대해 아내와 언쟁을 벌이게 된다. 남자가 아무 생각도 하지 않는다고 말한다면 대체로 진실이다. 그는 때때로 귀가 멀기도 한다. 그러니 중요한 사항이 있으면 남자와 말로 의논하려 들지 말고 간단한 쪽지라도 써서 남기라.

### 4. 남자는 왜 여자의 가슴에 집착할까

세상 여자들은 가슴에 집착하는 남자들에게 놀라움을 금치 못한다. 유방 확대술은 이제 전 세계에서 가장 널리 시행되는 수술 중 하나다. 여자들이 남자의 관심을 끌기 위해 어느 정도 애를 쓰는지 여실히 보여주는 증거이기도 하다.

오로지 인간이라는 종의 여성만이 둔부와 유방을 갖고 있다. 다른 영장류 암컷은 가슴 내에 유선이 있고 기다란 젖꼭지를 통해 수유한다. 여성의 유방은 대부분 지방 덩어리라서 그 어떤 목적에도 소용되지 못한다. 대부분의 포유류처럼 처음에는 인간도 후배위를 했다. 그랬기에 여성의 살집 많은 엉덩이는 섹스의 심볼 역할을 담당했다. 하지만 이후 직립 보행을 하면서 남녀가 서로 마주보게 되자 남자의 성욕을 자극했던 엉덩이의 기능을 가슴이 담당하도록 진화된 것이다. 여성은 이를 잘 의식하지 못하겠지만, 푸시업 브라나 유방 확대술 등을 통해 가슴골을 깊게 만들려고 하는 이유가 바로 이것이다. 우리는 남자들에게 각각 엉덩이골과 가슴골을 찍은 사진을 보여주며 구분할 수 있는지 실험한 적이 있다. 남자들은 그 둘을 구분하지 못했지만, 그 골을 매우 자극적이라고 생각했다.

그렇다면 여성은 남성이 가슴골을 쳐다보도록 은근히 유도해야 하나? 아니, 전혀 그럴 필요 없다. 남자에게는 어떤 유도도 필요 없다. 유도하든 하지 않든 그럴 테니까.

## 5. 남자는 왜 섹스의 진실을 말하지 않을까

싸움을 피하기 위하여 대부분의 남자들은 여자에게 듣기 좋은 말만 한다. 나이가 있고 경험 많은 남자들은 여자들에게 사랑과 섹스에 대해 더욱 능숙하게 거짓말한다. 거짓말을 좋아해서가 아니라, 질문에 진실을 말하면 여자들이 종종 불쾌하게 여겼기 때문이다. 대부분의 남자는 부인하겠지만, 여자들에게 거짓말하는 일은 그들이 즐겨 펼치는 게임이 되었다. 하지만 여자들이 그 게임을 권장한 면도 부인할 수 없다. 남자의 관점에서 볼 때 선의의 거짓말, 절반만 진실, 그럴 듯한 대사("당신 아닌 다른 여자와는 섹스가 안 될 것 같아" 등)은 안전한 선택사항이고 침실에서 쫓겨나 소파에서 자는 신세를 면하는 확실한 방안이다. 그러나 어떤 여자가 큰 가슴을 흔들어대며 요염하게 옆을 지나가면, 남자는 정신없이 그 가슴을 쳐다보며 자신의 뇌 속에서 황홀감의 도파민이 분비되는 것을 느낀다. 그의 두뇌회로는 이런 반응을 보이도록 설치되어 있으며, 자신의 파트너에 대한 사랑과는 전혀 무관한 반응인 것이다. 불쾌해진 파트너가 남자를 비난하면 그의 첫 번째 반응은 거짓말과 부인이다. "여보, 난 쳐다보지 않았어." "저 여자보다 당신이 훨씬 더 매력적이야." "당신이라는 바다가 있는데 왜 물방울을 쳐다보겠어?" 아마 당신도 이런 대사를 들어보았을 것이다. 다른 여자를 쳐다보는 남자를 비난하는 것은, 남자에게 거짓말을 하라고 훈련시키는 것이나 마찬가지이다. 남자는 부정적인 결과를 모면하고 파트너의 감정을 상하지 않기 위해 거짓말할 수밖에 없다.

"여보, 난 저 여자의 가슴을 쳐다보지 않았어.
저 가슴이 내 시야를 가렸을 뿐이라고!"

《거짓말을 하는 남자, 눈물을 흘리는 여자》에서 우리는 거짓말과 기만에 대한 조사연구들을 논의했다. 흥미롭게도 여자 4명 중 3명은 특정 이득을 얻기 위해 남자에게 거짓말한 적이 있다고 시인했다. 여자들 중 **73**퍼센트가 어떤 혜택이나 이익을 얻기 위해 남자들과 시시덕거리거나 섹스의 가능성을 암시한 적이 있다고 말한 반면, 남자들은 겨우 절반 정도만 자신에게 여자들이 거짓말한 사실을 의식했을 뿐이었다. 이와는 대조적으로, 남자들 중 **71**퍼센트가 여자와 섹스하기 위해 거짓말을 했다고 시인했다. 가령 그 여자가 자신의 인생에서 가장 중요한 사람이며 "사랑한다"라고 말했다는 것이다. 속으로는 전혀 사랑하지 않으면서도 말이다. 그러나 여자의 **97**퍼센트는 그것이 거짓말이라는 사실을 인식했다.

여자가 남자의 사소한 거짓말을 그냥 내버려두면, 남자는 곧 자신감을 갖고서 중대한 사안에 대해서도 거짓말을 하게 된다. 여자들은 인정하려 들지 않겠지만, 여자는 남자가 섹스에 대해 거짓말을 할 때 오히려 편안과 안정을 느낀다. 남자들은 일찍이 깨달았다. 여자들의 가치관에 입각하여 얘기하면 여자를 더 오래 곁에 둘 수 있고, 자신의 은밀한 행각을 들키지 않을 수 있다는 사실을 말이다.

### 섹스와 사랑에 관한 남자의 10가지 거짓말

다음 거짓말은 전 세계 모든 남성이 사용하는 것이다. 진실을 말할 경우 그 결과를 감당할 수 없어 이런 거짓말을 한다. 이 거짓말에 대해 논평을 요청받은 여자들 중 **75**퍼센트는 자신의 남자는 결코 그런 거짓말을 하지 않는다고 응답했다. 그러나 남자들 중 **85**퍼센트는 과거 다른 여자들과 사귈 때 이런 거짓말을 한 적 있다고 시인했다.

1. **"난 당신을 결코 배신하지 않아."** 비욘세가 알몸으로 그의 발밑에 드러누울 때, 그는 자신의 선택에 대해 신중하게 고민할 것이다. 그가 확실히 배신을 저지른다는 말은 아니다. 깊이 고려해볼 거라는 뜻이다. 조사연구는 약 절반 정도의 남자가 그 제안을 받아들인다고 보고했다. 날이면 날마다 오는 기회가 아니기 때문에, 일단 거짓말을 해두는 것이 안전한 방책이라고 생각한다.

2. **"나는 스트립쇼 클럽 같은 데는 결코 가지 않아."** 요즘은 여자와 사회가 남자를 상당히 억누르고 있기 때문에 남자는 이 사실을 결코 시인하지 않을 것이다. 하지만 남자의 솔직한 갈망은 그 클럽의 스트립 걸들과 섹스하는 것이다.

3. **"나는 그런 짓 안 해."** 여자는 미디어에 나오는 변태적인 성행위를 보고 혐오감을 느끼며 남자 파트너에게 저런 행위를 원하는지 묻는다. 이때 남자들이 주로 써먹는 대사다. 하지만 사실은 그런 짓을 상당히 좋아한다.

4. **"당신 친구와? 대체 무슨 소리야! 상상도 안 해 봤어."** 특히 그 친구가 쭉쭉빵빵한 몸매에 미모의 여인이라면 더욱 강하게 부정할 것이다. 하지만 남자는 늘 여자의 가슴을 생각한다. 때로는 못생긴 여자의 젖가슴도 생각한다. 물론 남자가 그런 행위(파트너 친구와의 섹스)를 실제로 한다는 뜻은 아니다. 하지만 당신이 혐오하든 말든, 그는 언제나 그런 생각을 한다.

5. **"난 포르노나 야동에 관심 없어."** 인터넷 포르노 산업은 수천억 달러 규모로 매년 성장하는데, 오직 당신의 남자 파트너만 그것을 보지 않는

다고? 인터넷 방문 사이트들 중 약 **68**퍼센트가 포르노인데, 당신의 그이만 그것을 보지 않았다고? 그 말을 믿느니 산타클로스의 존재를 믿는 것이 훨씬 더 쉽겠다.

6. **"저 안내 데스크의 여자와 오럴 섹스한다는 상상은 안 해!"** 다음에 그녀를 만날 때까지만? 당신이 그 여자를 "아무하고나 자는 창녀'라고 부른다는 사실이 그녀를 더욱 매력적으로 만든다. 그렇다면 그녀는 당신 파트너와의 섹스에 응할 가능성이 클 테니까.

7. **"당신을 위해서라면 기꺼이 내 목숨도 내놓을 수 있어."** 물론 그는 그럴 생각이 없다. 하지만 정기적인 섹스, 육아, 요리, 청소, 골치 아픈 일 처리 등과 교환하는 조건이라면 생각해 볼 것이다. 그것도 다른 멋진 여자가 나타날 때까지만.

8. **"나는 만나는 여자마다 섹스를 생각하지는 않아."** 사실은 만나는 여자마다 속으로 옷을 벗길 뿐만 아니라 체위까지도 상상한다. 심지어 당신과 섹스하는 중에도 그런 생각을 할 수 있다. 그러니 이렇게 거짓말을 할 수밖에 없다.

9. **"난 당신에게 거짓말을 하지 않아."** 그는 당신의 눈물이나 싸움을 피하기 위해 필요한 건 뭐든 다 말할 것이다. 만약 당신이 거짓말하지 말라고 충고하면, 그는 당신이 진실을 감당하지 못하기 때문에 어쩔 수 없었다고 대답할 것이다.

10. **"난 저 여자의 가슴을 보고 있지 않아."** 물론 그는 보고 있었다. 하지만 당신과 다투고 싶지 않아 거짓말을 한다. 여자들은 진실을 감당하지 못하기 때문이다. 그렇지 않은가?

> 남자는 여자에게 섹스에 대하여 완벽한 진실을 말하길 원한다.
> 하지만 그럴 경우 뒷감당이 너무 어려워 그러지 않는 것이다.

　위의 거짓말들을 남자 파트너에게 읽어준 여성은 대부분 "아니야! 그건 내게는 해당되지 않아. 말도 안 되는 저자들의 억지 주장이야!" 같은 답변을 들을 것이다. 하지만 우리는 억지를 부리지 않았다. 우리 부부 중 한 사람은 남자다. 대부분의 남자들은 이런 거짓말을 인정하고 그들끼리 있을 때에는 낄낄거리며 농담을 할 것이다. 하지만 자신에게 혜택을 제공하는 여자에게는 자신이 이런 거짓말을 가끔 한다고 시인하지 못한다.

　대부분의 남자들은 여자를 행복하게 하고, 그들의 간섭을 배제하고, 더 많은 섹스를 즐기기 위해 필요하다면 언제든지 거짓말을 한다. 여자의 관심을 끌고 비위를 맞춰줄 수 있다면 매력, 성실, 칭찬의 말, 자상한 배려, 친절, 로맨틱한 행동 등 모든 수단을 동원한다. 이런 남자의 특징을 가리켜 여자들은 불성실하고 음흉하다며 비난한다. 하지만 남자들은 그것을 일종의 자기방어라고 생각한다. 이런 행동은 좋고 나쁨의 문제가 아니다. 그건 늘 그랬다. 그러니 그것을 받아들이고 이런 행동의 울타리 내에서 남자들을 관리할 줄 알아야 한다. 또 다시 결론은 상호 교환이다. 남녀관계란 남자가 재화를 내놓고 여자는 서비스를 제공하는 관계다.

## 6. 남자는 왜 S라인 여성을 사랑할까

'모래시계' 몸매는 지난 수 천 년 동안 예술의 초점이었다. 정말 중요한 것은 여자의 몸무게나 체지방이 아닌 곡선미이다.

사춘기가 된 여자는 에스트로겐 분비 증가로 인해 엉덩이와 허벅지에 지방이 축적된다. 어려운 때가 닥쳐와 모유를 수유할 때를 대비한 일종의 식량 비축이다. 심리학자 데벤드라 싱은 **12**번의 테스트를 수행하면서 이런 사실을 발견했다. 엉덩이와 허리의 비율이 **0.67**에서 **0.8**인 여성의 생식력이 가장 활발하기에 이는 남자들이 가장 좋아하는 황금비율이다. 이 비율을 통칭하여 '**70%** 비율'이라고 한다. **12**번의 테스트에서 싱은 엉덩이-허리 비율이 **0.7**일 때 가장 매력적이고, 이는 체지방의 유무와는 상관없다는 사실을 발견했다. 달리 말해서 여자가 다소 뚱뚱해도 **70**퍼센트 비율을 유지하면 여전히 매력적이라는 뜻이다.

싱은 **30**년 치의 〈플레이보이〉 잡지를 가져다 놓고 거기 등장하는 여성 모델들을 분석했다. 그 모델들은 시간이 경과하면서 점점 날씬해졌지만 '**70%** 비율'은 변하지 않는 상수였다. 비율이 **70**퍼센트가 안 된다거나 넘어가면 건강하지 못하여 출산 능력이 의심스럽다는 증거다. **70**퍼센트가 되지 않는 여성은 임신하여 남자의 유전자를 후대에 전할 가능성이 그만큼 떨어진다.

우리는 고대 대가들(**15**~**18**세기 유럽의 대화가들)의 그림들을 분석해보았다. 그림 속에 등장하는 여자들이 오늘날의 모델들보다는 훨씬 뚱뚱하지만 모두 '**70%** 비율'을 유지하고 있었다.

500명을 상대로 한 브리티시 세이프웨이 여론조사에서, 남자들의 87퍼센트는 곡선미가 훌륭하고 키에 걸맞은 체중의 여자가 좋다고 말했다. 압도적으로 많은 남자들이 마른 여자보다는 S라인 여자를 선호했다. 겨우 8퍼센트만 "아주 마른, 패션모델 같은" 여자를 선호했고 나머지 92퍼센트는 "육감적인" 여자를 좋아했다. 흥미롭게도 여성들 사이에서도 그 대답은 거의 같았다. 여성들 중 88퍼센트가 쭉쭉빵빵한 몸매의 여자가 마른 여자보다는 남자를 더 흥분시킨다고 응답했다. 따라서 남자들이 매력적이라고 생각하는 여성의 신체적 특징은 곡선미이다. 그러니까 체중보다는 몸매가 더 중요하다.

## 7. G스폿은 UFO와 같다?

UFO는 많은 사람들이 알고는 있지만 실제로는 본 적 없는 신비의 물체이다. G스폿은 주로 질 앞쪽 윗부분 3평방 센티미터의 부위에 집결되어 있는 신경다발이자 여자의 최대 성감대를 가리킨다. 이 부위가 잘 발달된 여자가 있는 반면, 발달되어 있지 않거나 아예 반응이 없는 여자도 있다. 이 부위는 1950년 닥터 에른스트 그라펜베르크가 발견했다고 하나 어떻게 알게 되었는지 경위는 밝혀진 바 없다. 앞부분 위쪽에 위치해 있기 때문에, 페니스가 이 부위를 자극하려면 후배위가 가장 이상적인 체위다.

> 결혼한 부부들이 섹스 시 가장 흔하게 사용하는 체위는
> 후배위다. 남편은 누웠다가 일어나 앉아 애원한다.
> 그러면 아내는 돌아누우면서 죽은 체한다.

대부분의 남자는 **G**스폿이 뭔지 잘 모르기 때문에 그 위치를 남자에게 말해주고 또 어떻게 해주어야 좋은지를 가르쳐주는 것은 여자의 몫이다.

## 8. 남자는 왜 여성이 섹스를 주도하는 걸 좋아할까

남자가 여성에게 접근하는 것은 엄청난 모험이다. 대부분의 남자들은 여자의 거절을 인생의 실패로 여길 만큼 자존심이 취약하다. 여자의 거절에 남자의 자존심은 산산조각이 난다. 동물의 왕국에서 대부분의 수컷은 암컷에게 자신의 성기를 보여주며 섹스를 유도한다. 동물의 암컷은 수컷의 성기를 보고 비웃음을 터뜨리거나, 고개를 돌리거나, "어휴, 머리 아파"라며 손사래 치지 않는다. 그러나 인간 남자는 이런 종류의 거절을 감수해야 한다. 경험이 많다고 해서 이런 거절을 손쉽게 넘길 수 있는 것도 아니다. 이 때문에 대부분의 남자들은 여자가 먼저 사랑의 행위를 주도하는 행동을 아주 좋아한다. 섹스를 주도해야 한다는 의무감을 면제해주고, 자신이 매력적이고 중요한 존재라는 느낌이 들기 때문이다. 남자는 사랑하는 여자에게 주의를 기울이고 배려함으로

써 여자의 이런 태도를 유도할 수 있다. 그런 배려와 관심을 받은 여자는 심리적으로 안정을 느껴 섹스를 주도하고픈 마음이 드는 것이다. 남자가 은근하게 이런 전략을 구사한다면, 노골적으로 요구하는 것보다 훨씬 더 많은 효과를 거둘 수 있다.

> 남자는 고급 와인과 비슷하다. 처음에는 날것의 포도에 불과하다.
> 여자의 임무는 그를 짓밟아 으깨면서 어둠 속에 잘 보관하는 것이다.
> 그러다 보면 그는 성숙을 거듭하여 결국
> 함께 저녁식사를 하고 싶은 존재로 발전하게 된다.

대부분의 여자들은 남자가 힌트를 눈치 채길 바랄 뿐, 직접적으로 알려주진 않는다. 여자들은 남자가 그 은밀한 암시를 알아채리라고 기대하는 듯하다. 하지만 그것은 남자를 오히려 더 헷갈리게 만들 뿐이다.

## 9. 남자는 왜 나이트클럽에서 엉뚱한 생각을 할까

나이트클럽에서 도발적으로 춤을 추는 여자는 '적당한 파트너가 나타나면 교제에 응하겠다'는 의사를 알리는 중이다. 그러나 남자들은 엉뚱하게도 그녀가 다가오는 모든 남자를 받아줄 태세가 되어 있다고 오해한다. 그러다 심각한 갈등이 벌어지기도 한다. 이는 남녀가 여성의 태도를 다르게 인식하기 때문이다. 문제는 남자들이 자신의 추측에 입각하여 행동하면서 여자의 다정함을 성적 방종으로 해석한다는 것이다. **1982**년 디트로이트 웨인주립대학 지역의료학과 교수 안토니아 애비의 연구, 캔자스주립대학 심리학자인 존슨과 웨버의 연구 등이 이런 사실을 입증한다.

이들은 젊은 여배우를 고용해 나이든 남자의 사무실을 방문하여 업무 시한을 의논하는 장면을 비디오로 찍었다. 배우들은 다정하게 대하되 성적인 추파를 던지지 말라는 지시를 받았다. 이어 남녀 피조사자들은 비디오로 그 회의 장면을 보면서 여배우들의 의도를 평가하라는 요청을 받았다. 비디오를 본 여자들은 배우가 다정하게 대했을 뿐(**92%**), 섹시하거나 유혹적이지는 않았다고 응답했다(**27%**). 반면 남자들은 여자가 다정하다고 생각하면서도(**87%**), 동시에 섹시하거나 유혹적이라고 말했다(**55%**). 달리 말해 남자는 여자에 비해 두 배나 높게, 있지도 않은 성적 의도를 추정하고 그에 따라 행동했다. 진화론적으로 보면, 이처럼 진화된 전략은 충분히 말이 된다. 설사 남자가 제대로 판단했을 가능성이 몇 퍼센트 되지 않는대도, 그 희박한 가능성에 매달려 자신의 유전자를 후대에 전할 수 있는 것이다.

또 다른 연구 조사로는 이런 것도 있다. 여자의 가방 안에서 콘돔을 발견한 남자는 그녀가 자신과 잘 의사가 있다고 판단하는 비율이 **4**배나 늘어난다고 한다. 대부분의 여자들은 남자의 이런 '과잉 추측'을 잘 알고 있으며 그것을 적절히 활용해 남자로부터 혜택을 얻어낸다. 이것은 속된 말로 "줄 듯 말 듯 애태우기, 밀당(밀고 당기기)"라고 한다.

## 10. 남자는 언제 장기적 약속이나 결혼을 결심할까

단순히 생물학적으로 보면 21세기의 남자는 테스토스테론의 수치가 떨어질 때 올바른 남자가 되는데, 대략 27세 무렵이다. 섹스는 결혼의 혜택이므로 과거 남자들은 십대에 결혼했다. 오늘날 젊은(옛날보다 나이가 많은) 남자들에게 섹스의 빈도는 그리 큰 문제가 아니다. 다양한 여자와 언제 어디서나 가능하기 때문이다. 그래서 오늘날 수많은 젊은이들은 이렇게 생각한다. '언제나 나의 씨앗을 많이, 멀리 퍼트릴 수 있는데 왜 굳이 지겨운 일부일처제에 목매달아야 하지?'

27세 무렵이 된 남자는 호르몬의 비율이 바뀌기 시작하기 때문에 더 자상하면서도 수동적인 사람이 된다. 장기적인 관계에 더 관심을 갖게 되고 작은 머리(성기)보다는 큰 머리로 생각하기 시작한다. 특별한 이유 없이 여자에게 전화를 걸고, 그녀와 데이트하기 위해 친구들과의 스포츠 모임을 취소하기도 한다. 욕정과 로맨틱 러브의 단계에서 테스토스테론의 왕성한 분비를 뿜내는 남자는 처음 만난 여자에게도 공격적이거나 과도하게 열정적인 태도를 보인다. 그녀의 직장으로 커다란 꽃다발을 보내어 사람들에게 과시하는가 하면, 값비싼 레스토랑에 멋진 저녁을 예약하기도 하고, 상투적인 표현을 써가며 사랑을 호소하기도 한다. 그러나 섹스한 이후에는 사람이 완전히 달라져 버린다. 가능한 빨리 침대에서 뛰쳐나가 다른 일을 하고 싶어 한다. 텔레비전을 보거나, 전화를 걸거나, 자동차를 고치거나, 이메일을 보내거나, 요리를 하거나, 이런 것들이 여의치 않으면 그냥 잠들어 버린다. 침대에 누워 여자와 정서적 교감을 나누는 일이 아니라면 어떤 것이라도 상관없다. 그의 두뇌는 디폴트 위치로 들어가 이렇게 소리친다. "침실에서 임무는 완수했다! 자, 다음은 무엇을 할 것인가?" 이런 반응은 대체로 같은 여자와 대여섯 번 자고 나면 튀어나온다. 남자의 두뇌는 이렇게 이해한다. 통계적으로 볼 때 한 여자와의 섹스 5회 정도면 임신시키기에 충분한 횟수다. 그렇기에 상대를 장기적 파트너로 생각하지 않는 한, 섹스 횟수가 6회 정도 지나면 남자는 그 여자에게 흥미를 잃어버린다. 여자가 아무리 매력적인 포즈를 취해도 별 소용이 없다. 그러나 마음에 드는 새로운 여자를 만나면 그의 활기는 되살아나기 시작한다.

> **5**회의 섹스를 치른 후,
> 미스터 잘못(**Mr. Wrong**)은 여자에게 흥미를 잃어버린다.
> 다른 종의 수컷들도 마찬가지다.

'**5회**' 현상은 다른 종의 수컷, 즉 양이나 소, 돼지에게서도 발견된다. 교미 횟수가 평균 **5**번이 넘으면 수컷은 그 암컷에게 흥미를 잃는다.

> 여자는 결혼하면 **3**가지 **S**를 기대한다.
> 다정다감(**Sensitivity**), 성실성(**Sincerity**), 공유(**Sharing**)
> 그런데 그녀는 **3S**대신 **3B**를 얻고 만다.
> 트림(**Burp**), 몸 냄새(**Body odour**), 술냄새(**Beer breath**)

지겨워진 여자가 가발이나 향수로 치장하고 머리 모양을 바꾸더라도 남자는 별 반응을 보이지 않는다. 하지만 새로운 여자를 만난 남자의 페니스는 불끈 일어선다. 우리의 본능을 관장하는 대자연은 남자에게 이렇게 말한다. "**5**회면 최선을 다했다. 이제 가서 다른 여자를 찾아서 너의 씨앗을 널리 퍼트리거라." 그래서 남자는 흥미를 잃고 더는 노력하지 않으며 본래의 자신으로 되돌아간다.

장기적인 관계를 추구하는 남자들도 종종 하룻밤 정사를 원하는 사람처럼 출발한다. 하지만 장기적인 애정을 느끼게 된 남자는 더 오래 침대에 머물며 대화를 나누려고 한다. 상대방을 부드럽게 만지는 등 더 여성적인 행동을 보이는 것이다.


## 11. 남자는 왜 대중 앞에서 툭 튀어나온 배를 과시할까

남의 눈을 의식하지 않는 남자들의 태도를 여자는 이해하기 어렵다. 대부분의 여자는 대중 앞에 나서면 자신의 나온 배를 집어넣으려고 애쓰고, 비키니를 입었을 때는 안절부절 못하며 자세 잡기에 여념이 없다. 혹시라도 뱃살이 나올까 신경 쓰는 것이다. 그러나 임신 **9**개월은 된 듯한 배를 드러낸 남자가 아무렇지도 않게 여자들에게 미소를 지으며 말을 거는 광경은 예사이며, 지나치게 짧은 수영복을 입은 남자가 당당하게 활보하는 모습도 심심치 않게 볼 수 있다. 자신의 엄청난 똥배 같은 건 전혀 신경 쓰지 않는 모습이다.

여자들과 달리, 대부분의 남자들은 자기 몸매가 실제보다 좋다고 생각한다.

　　남자들은 짝짓기 시장에서 자신의 가치는 자원을 벌어들이는 능력에 달려 있지, 외모와는 상관없다는 사실을 알고 있다. 여자들의 돈 버는 능력은 남자에게 위협이 되지만, 외모와 생식력은 최고의 가치로 평가된다. 여자는 힙업을 위해 거들과 팬티스타킹을 입어야 하는 반면, 남자는 툭 튀어나온 배 따위는 롤렉스시계나 **BMW** 자동차로 가리면 된다.

## 12. 남자와 페티시

페티시는 과거의 정신적 체험과 성적 흥분을 서로 연결시켜 주는 외부의 자극(대상물)이다. 페티시에 심취하는 이유는 대체로 유년기 및 청년기 체험과 관련 있다. 페티시는 성적 충동을 일으키고, 당사자에게 페티시의 시나리오를 재연하고 싶은 욕구를 안겨준다. 페티시는 옷, 냄새, 색깔, 직물, 비만, 나이 등과 주로 관련되지만 다른 것들 가령 구두나 연어, 발목, 칫솔 등도 그 대상이 될 수 있다. 사람마다 성적 충동을 느끼는 페티시가 다르기 때문이다.

남자는 공상할 때 여자의 신체 부위나 몸매, 체위 등을 생각한다. 여자가 훌륭한 가정주부인지, 노래를 잘 부르는지, 세계 평화를 원하는지 따위에는 전혀 관심이 없다. 인터넷의 포르노 사이트에는 온갖 유형의 페티시 이미지가 넘쳐난다. 이런 사이트를 방문하는 사람들의 99퍼센트가 남자로 추정된다.

> 옛날 옛적 한 남자가 한 여자에게 청혼했다.
> 그녀가 "싫어요"라고 말하자 남자는 그 후 행복하게 살았다.
> 그는 골프를 많이 치고, 맥주를 마시고, 낚시를 가고,
> 아무 때나 방귀를 뀌어댔다.

이처럼 남자는 시각적 이미지에 자극받기 때문에 "변태적"으로 분류되는 행위의 90퍼센트 이상이 남자와 관련 있다. 미국에서 남의 집

창문을 들여다본 범죄의 약 **97**퍼센트가 남자의 소행이었다. 이런 관음증 때문에 남자들은 스트립쇼 클럽에 가고 여성지도 열심히 보는 것이다.

## 13. 남자가 걱정하는 것

여자와 마찬가지로 남자도 자신의 단점을 걱정한다. 하지만 여자처럼 그 단점에 휘둘리며 지내진 않는다. 다음은 남자들이 가장 걱정하는 문제들이다.

내 배가 너무 나왔나?
내가 너무 젊어/늙어 보이지 않나?
내가 충분히 남자다워 보이나?
내 머리가 빠지고 있나?
내가 성공할까?
내가 여자를 성적으로 만족시킬 수 있을까?
내 성기가 너무 작지 않나?
내가 가족을 먹여 살릴 수 있을까?
내게 돈이 늘 충분히 있을까?
지금 이대로의 나를 사랑해줄 여자가 있을까?

남자는 이런 내용을 생각하고 걱정하지만 남에게 털어놓고 말하지는 않는다. 당신은 남자가 자기 친구들에게 이렇게 말하는 내용을 결코 듣지 못할 것이다. "이봐 친구, 내가 항상 실패하고, 대머리인데다가 뚱보고, 거시기는 새끼손가락만하고, 옷도 제대로 못 입는 녀석처럼 보여?" 남자는 남에게 자신의 감정을 말하는 걸 좋아하지 않는다. 당신도 그런 말을 하지 않는 편이 좋다. 자칫하면 남자의 자존심에 상처를 주고 관계에도 긴장을 유발하기 때문이다.

## 14. 남자는 왜 "사랑해"라고 말하길 어려워할까

대부분의 사람들은 "사랑해"라는 말을 남녀관계의 초창기에 자주 한다. 서로 호르몬에 취해 있어서 상대의 이름조차 잘 기억하지 못하는 시기에 말이다. 이때 여자는 수시로 곰 인형을 껴안거나, 남자를 위해 요리를 하거나, 아이를 안고 가는 부부를 눈여겨보거나, "그래서 잘 먹고 잘 살았대"라는 동화의 마지막을 이야기하는 등 보금자리 행태를 보인다. 그러나 남자는 여자가 이러면 매우 두렵다. 차라리 "사랑한다"고 말하지 않았더라면 하고 생각한다. 오늘도, 내일도, 그 이후에도 이 말에 합당한 태도를 취하며 살아야 하는 것이 부담스럽다. 그러니 여자와의 섹스를 간절히 원하고 호르몬이 왕성하게 분비되는 상황이 아니라면 이 말을 피하려 한다.

**남자의 인생 규칙 39호**

당신의 애인 혹은 아내와 함께 당신의 동성친구를
흉보는 일에는 가담하지 않는 게 좋다. 단 여자가 당신의 태도에 따라
섹스를 유보할지도 모르는 상황이라면 가담해도 무방하다.

여자가 엉뚱한 남자와 관계를 계속 지속하는 이유는 환상을 품고 있기 때문이다. 자신과 함께하면 그가 변할 수 있다는 환상, "사랑은 모든 것을 이긴다"는 환상 말이다. 남자가 자신을 함부로 대하고 별로 그녀를 사랑하지도 않는다는 사실은 애써 거부한다. 그녀는 자신이 고작 반년 만에 '아름다운 공주님'에서 '망할 년'으로 급격히 추락한 사실조차 깨닫지 못한다. 만약 당신이 여자인데 남자의 사랑을 확신하지 못하겠다면, 동성친구들에게 의견을 구하면서 솔직하게 말해달라고 해보라. 친구에게 전화하거나 직접 만나서 물어보라. 많은 여자들이 자신의 문제점은 잘 파악하지 못하면서 남들의 남녀관계 문제점은 기막히게 잘 파악한다. 대부분의 여자들은 남녀관계를 빠져나왔을 때만 비로소 그 관계에 별로 사랑이 없었다는 사실을 깨닫는다. 하지만 여자친구들은 진실을 꿰뚫어볼 수 있으니 그들에게 물어보는 편이 좋다.

남자는 "세상에서 가장 중요한 것은 사랑이야"라고 말하는 여자를 좋아한다. 적당한 시기에 적절한 방식으로 "사랑해"라고만 말하면 그녀를 쉽게 침대로 데려갈 수 있으니까.

## 15. 남자들을 떨게 만드는 5가지 질문

1. "지금 무슨 생각해?"
2. "날 사랑해?"
3. "나 살찐 것 같아?"
4. "저 여자가 나보다 예쁘다고 생각해?"
5. "내가 죽으면 어떻게 할 거야?"

남자들이 이런 질문을 무서워하는 이유는, 자칫 잘못 대답하면 엄청난 싸움이 벌어질 수 있기 때문이다. "자칫 잘못 대답하면"은 "자칫 진실을 말하면"으로 대체해도 무방하다. 다음은 각 질문에 대한 분석 겸 가능한 답변이다.

### 질문 1: "지금 무슨 생각해?"

이 질문의 정답은 이렇다. "자기야, 나 약간 멍해 보였지? 당신처럼 다정하고, 멋지고, 사려 깊고, 배려 많고, 지적인 여자는 이 세상에 없다고 생각했어. 그런 사람을 평생의 반려자를 삼았으니 나는 정말 복이 많은 남자야." 이 대답은 물론 진실과는 별로 상관이 없다. 진실은 아마 다음 중 하나일 것이다.

a. "아무 생각도 안 하는데."
b. "축구."
c. "안젤리나 졸리의 나체."

d. "당신의 뚱뚱한 몸."
   e. "당신이 죽으면 나오는 보험금을 어디다 쓸까?"

### 질문 2: "날 사랑해?"

정답은 "그럼, 너무 너무 사랑하지."
부적절한 답변은 아래와 같다.
   a. "물론이지! 우리 지금 섹스나 할까?"
   b. "그렇다고 말하면 당신 기분이 좋아지겠어?"
   c. "사랑의 정의는 뭐지?"
   d. "난 당신 남편이야. 어쩔 수 없지."
   e. "난 당신과 섹스하는 사람이야. 더 이상 무슨 말이 필요해?"
   f. "누구? 나?"

### 질문 3: "나 살찐 것 같아?"

정답은 "무슨 소리야. 당신은 전혀 뚱뚱하지 않아. 완벽해."
부적절한 답변은 아래와 같다.
   a. "뭐랑 비교해서?"
   b. "뚱뚱하다곤 할 수 없지만 그렇다고 날씬하지도 않군."
   c. "살을 조금만 빼면 보기 좋을 텐데."
   d. "더 뚱뚱한 사람도 있는데 뭐."
   e. "아니, 당신이 체중계에 올라설 때 내가 부주의하게도 20킬로짜리 물건을 올려놓았어."

**f.** "응? 못 들었어. 당신이 죽으면 나오는 보험금을 어디다 쓸까 생각하고 있었거든."

## 질문 4: "저 여자가 나보다 예쁘다고 생각해?"

정답은 "결코 그렇지 않아"라는 강한 부정이다.
부적절한 답변은 아래와 같다.

   **a.** "응. 하지만 당신은 성격이 좋잖아."
   **b.** "그건 모르겠지만 더 날씬하군."
   **c.** "당신이 저 여자 나이 때만큼 예쁘지는 않군."
   **d.** "예쁘다의 정의는 뭐지?"
   **e.** "뭐라고? 못 들었어. 당신이 죽으면 나오는 보험금을 어디다 쓸까 생각하느라고."


## 질문 5: "내가 죽으면 어떻게 할 거야?"

남자가 뭐라고 대답해도 득이 될 게 없는 질문이다. 진짜 대답은 "당신 사망 보험금으로 페라리와 요트를 살 거야"이다. 이 질문과 관련된 전형적인 대화를 살펴보자.


   여: 내가 죽으면, 당신 재혼할 거야?
   남: 절대 안 할 거야?
   여: 왜? 결혼이 싫어?
   남: 아니야! 나 결혼 좋아해.

여: 그럼 왜 재혼하지 않는다는 거야?

남: 알았어. 그럼 재혼할게.

여: (약간 기분 나쁜 표정을 지으며) 재혼한다고?

남: 그래. 당신이 먼저 물었잖아!

여: 우리 침대에서 그 여자와 잘 거야?

남: 그럼 거기 말고 어디서 자?

여: 내 사진 대신 그 여자 사진을 놔 둘 거야?

남: 글쎄, 그렇게 하는 게 좋을 것 같기도 하고….

여: 그 여자한테 내 골프채도 줄 거야?

남: 아니, 그녀는 그걸 쓸 수 없어. 왼손잡이거든.

- 남자의 두뇌는 사랑과 섹스를 구분한다. 아주 드물게 그 둘을 종합한다.
- 남자는 갈등을 피하기 위해 여자에게 거짓말을 한다. 진실을 알고 싶다면 모를까, 그렇지 않다면 남자에게 질문하지 말라. 그를 거짓말하도록 훈련시킬 뿐이다.
- 당신의 남자를 평생 행복하게 만들고 싶다면, 좀 더 자주 섹스를 주도하라.
- 남자도 여자 못지않게 자신의 결점을 불안하게 여긴다. 하지만 그것을 남과 의논하기는 싫어한다. 남자의 결점을 지적하지 말라. 괜한 긴장을 유발하고 자존심에 상처만 입힐 뿐이다.

# 남자는 모르는 여성의 12가지 진실

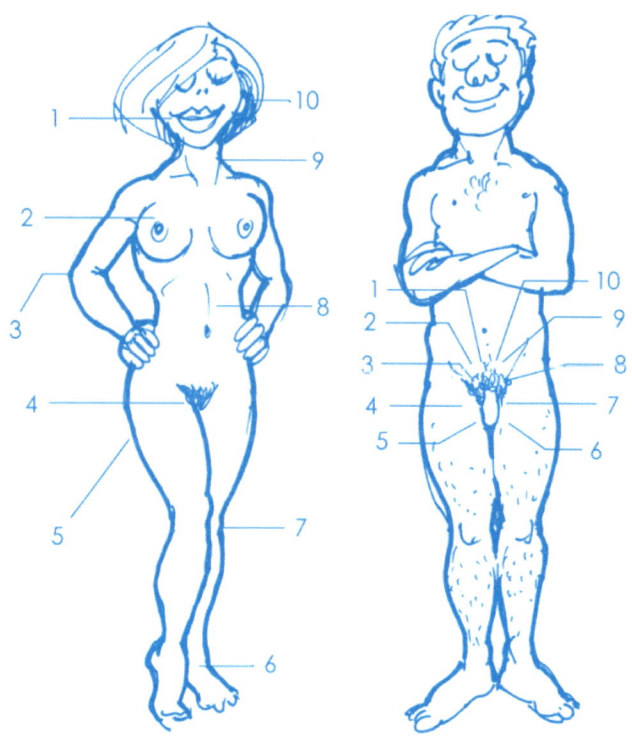

인체의 핵심 성감대

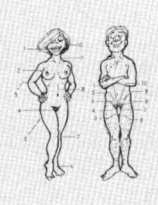

### 남자는 모르는 여성의 12가지 진실

 

오늘날 섹스에 대한 논의는 과거 세대에 비해서 훨씬 활발하다. 남자는 여자들이 섹스에 대해 왜 그리 수줍어하는지 잘 이해하지 못한다. 피임약을 복용할 수 있고, 다른 방법으로 임신 및 출산을 조절할 수 있는데도, 왜 여자는 섹스에 적극적이지 않은 걸까? 여성해방 운동 후에, 남자들은 이제 여자들이 더 적극적으로 섹스를 주도하리라 기대했다. 여자들은 예전 봉건사회의 제약(여자는 별로 섹스를 원하지 않는다)을 거부하겠다고 선언했고, 남자들은 그런 선언을 기쁘게 받아들였다. '이제는 여자가 먼저 섹스를 요구하겠구나', '남자의 성적 접근을 그리 경계하지 않겠구나' 하고 말이다. 여자들은 언제 어디서든 남의 눈치를 보지 말고 원하는 대로 야한 옷도 자유롭게 입을 수 있다고 주장했다. 여성지들은 "침대에서 남자를 만족시키는 방법" 등의 기사를 계속 개제했다. 여성을 위한 라디오 프로그램은 성적 테크닉을 상담해주는 섹스 카운슬러를 초대했고, 섹스에 관한 텔레비전 쇼까지 생겨났다. 이제 여성도 남성 못지않게 섹스를 원한다고 주장하는 시대가 된 듯했다.

하지만 이는 모두 용두사미로 끝나버렸다. 농담이 아니다. 성의 혁명은 왔다가 다시 가 버렸다. 프리섹스에 대해 말만 무성할 뿐, 수많은 여자들이 곧 원래의 디폴트 위치로 돌아갔다. 그들은 여전히 수동적인 섹스 파트너다. 물론 그렇지 않은 여자도 있지만 대부분은 수동적이다. 또 다시 남성은 늘 섹스를 원하는 역할을 맡았고, 그것을 별로 좋아하지 않는 여자들을 상대해야 했다. 많은 남자들이 〈플레이보이〉 모델 같은 여자와 살기를 기대했지만 결국 테레사 수녀 같은 여자와 살아야 하는 입장이 된 것이다. 그러자 남자들은 '여자는 섹스에 흥미가 없다'고 생각하게 되었다. 그러나 실상은 그렇지 않다. 여자도 섹스를 원하고, 실제 그들이 말하는 것보다 더 많이 바라고 있다.

만약 관계가 그리 좋은 상태가 아니라면 당연히 여성은 섹스를 기피할 것이다. 하지만 남자는 관계가 좋든 나쁘든 상관없이 섹스할 수 있다. 앞 장에서 살펴봤듯이, 남자의 두뇌는 사랑과 섹스를 구분하는 능력을 갖고 있다. 종족 보존이라는 면에서 섹스는 남자에게 무엇보다도 중요한 과제다. 남자들은 어떤 시간, 어떤 장소, 어떤 상황에서도 섹스할 수 있다. 하지만 여자는 그와 정반대다. 많은 여자들은 사랑 없는 섹스를 할 수 없고, 그런 섹스를 경멸한다. 여성의 뇌 속에서 섹스를 관장하는 중추는 남자와 다르고 테스토스테론의 수치도 매우 낮다. 그래서 성욕은 여자의 우선사항 목록에서 한참 뒤로 밀리는 것이다.

다음은 대부분의 남자들이 모르는 여성과 섹스에 대한 12가지 진실이다.

## 1. 여자가 섹스에서 원하는 것

오늘날의 남녀평등 주장과 정치적으로 올바른 입장이라는 개념 때문에 여자도 남자와 같은 섹스관을 갖고 있다는 잘못된 환상이 발생했다. 수많은 언론매체들은 여자와 남자는 똑같은 성적 기준과 충동을 갖고 있다고 주장한다. 여성인권 운동은 많은 분야에서 남녀평등을 주장하여 놀라운 성과를 거뒀고, 그러니 섹스에도 똑같은 논리가 적용된다는 엉뚱한 결론을 내렸다. 하지만 이것처럼 진리로부터 천 리 만 리 떨어진 주장도 없다.

> 점쟁이가 한 청년에게 말했다. "행복하게 살려면 너와 관심사가 비슷하고, 너와 똑같이 행동하는 여자를 만나야 한다."
> 깜짝 놀란 청년은 숨넘어가는 소리로 말했다. "뭐라고요? 술 잘 마시고 여자 꽁무니를 쫓아다니는 여자를 만나란 말이요? 그럼 난 알코올 중독자 레즈비언을 만나야 하나!"

우리 부부는 30년 동안 여성의 섹스관을 다룬 수백 가지 조사연구서를 수집, 분석했다. 대학과 보건 연구소, 킨제이 같은 전문 성 조사연구와 〈코스모폴리탄〉 같은 잡지들도 총망라했다. 이런 자료들을 분석한 후 우리는 두 가지 결론을 내렸다. 첫째, 여성의 성욕은 수 만 년 전이나 지금이나 별반 다르지 않다. 대기업 중역이든 전업주부든, 수십만 년 전 동굴 속에 웅크려 있던 원시 여성이든 간에, 모든 여자는 좋은 섹스를 평가하는 데 동일한 기준을 적용한다. 둘째, 21세기 여성의 성적 충동은 원시 여자보다 강하지 않다. 단지 변한 것이 있다면, 오늘날 섹스는 활발한 논의 대상이고 언론에 자주 등장한다는 사실뿐이다. 여자의 우선순위 목록 1번 사항은 언제나 똑같다. 자원을 많이 갖고 있거나 앞으로 가져올 능력이 있는 남자, 그가 바로 적합한 파트너다.

다음은 여자들이 말하는, 섹스 충동을 일으키는 남자의 5가지 특징이다.

1. 내(여성)가 매력적이고 특별한 존재라고 느끼게 해줄 때
2. 내가 사랑과 보호를 받고 있다는 느낌이 들 때
3. 내 요구는 뭐든지 들어줄 때
4. 부드럽게 나를 키스하고, 어루만지고, 안아줄 때
5. 나의 감정에 대해 자상하게 말해줄 때.

이 목록을 남자들이 여자에게 바라는 5가지와 비교해보자
1. 좀더 자주 섹스 요구에 응해줄 것
2. 좀더 충동적인 섹스를 해줄 것

3. 창의력을 발휘하면서 자주 섹스를 주도해줄 것
4. 남자가 자신의 성욕을 부끄러워하게 만들지 말 것.
5. 남자가 란제리 같은 시각적 요소에 더 자극받는다는 사실을 이해할 것.

여자는 섹스에 이르는 과정이 천천히 진행되기를 원한다. 실제로 여성은 '섹스'라는 단어를 잘 사용하지 않는다. "사랑을 나누다" 혹은 "같이 자다"라고 말한다. 섹스가 끝난 후에는 자신의 느낌을 남자에게 말하고 함께 공유하고 싶어 한다. 하지만 많은 여자들은 그렇게 하지 못한다고 불평한다. 남자는 섹스 직후에 곯아떨어지기 때문이다.

> 남자의 가장 큰 섹스 판타지는 두 명의 여자와 침대에 드는 것이다. 여자도 그것을 원한다. 남자가 잠에 곯아떨어진 후 대화할 상대가 있어야 하니까.

위의 리스트를 보면, 여성은 정서적 인풋을 많이 원하는 반면 남성은 거칠고 제약 없는 '놀이'를 바란다는 것을 알 수 있다. 남녀의 근본적인 충동과 우선순위의 차이 때문에, 적어도 섹스에 관한 한 남녀는 양립이 불가능하다. 여자들은 자주 남자를 "이기적이다" "너무 급하다"라고 말하고 남자들은 여자를 "상상력이 없다"거나 "기계적 행동에 그칠 뿐"이라고 말한다. 여자는 에로틱 이미지(누드 사진이나 포르노)를 좋아하는 남자의 취미를 "역겹다"라거나 "변태 혹은 병적이다"라고 생각한다. 남자는 천천히 사랑을 진행하려는 여자의 욕구를 "비창조적" 혹은 "고리타분한" 태도라고 생각한다. 먼저 남녀의 두뇌회로가 다르고 섹스와 사랑에 대한 관점이 다르고, 서로 다른 우선순위를 갖고 있다는 점을 이해해야 한다. 그러면 섹스와 사랑에 접근하는 당신의 태도에 필요한 변경을 가할 수 있고, 그러면 당신은 훌륭한 애인이라는 찬사를 듣게 될 것이다. 이상적인 성생활은 남녀가 상대방의 욕구를 비판하지 않고 오히려 들어주려고 노력하는 생활이다. 남녀의 성욕은 서로 다르다. 누가 더 좋다거나 나쁘다는 얘기가 아니다. 그저 다르다는 뜻이다.

> 공군 비행기가 활주로에서 대기하는 동안, 스튜어디스가 등장해 탑승중인 군인들에게 좌석 벨트와 비상 탈출 정보를 알려주었다. 마지막으로 그녀는 이렇게 말했다. "자, 이제 느긋이 좌석에 기대어 여행을 즐기십시오. 기장 조앤 패리시와 그녀의 승무원들이 여러분을 이라크까지 안전하게 모실 겁니다." 앞줄에 앉아 있던 한 늙은 상사가 물었다. "지금 뭐라고 했죠? 기장이 여자라고요?" "그렇습니다." 스튜어디스가 대답했다. "기장과 승무원 전원이 여자입니다."
>
> "세상에," 상사는 불안한 목소리로 말했다. "조종석(**cockpit**)이 온통 여자뿐이라니 어쩐단 말인가?" 그녀는 웃으며 대답했다. "상사님, 그건 전혀 걱정하지 않으셔도 됩니다. 이제 조종실은 더 이상 콕피트라고 하지 않아요. 박스 오피스(**Box Office**)라고 하지요."
>
> (**cock**은 남성 성기, **box**는 여성 성기를 지칭하는 속어).

## 2. 여자는 왜 섹스에 소극적일까

거의 모든 나라의 남성이 여성에게 갖는 불만이다. 이유는 간단하다. 여러 번 언급했듯이, 남자는 여자보다 성충동이 훨씬 강하다. 테스토스테론 수치도 여자보다 **10~20**배가 높고, 성충동 호르몬을 관장하는 두뇌 부위인 시상하부도 훨씬 넓다.

> "아내는 나를 사랑한다지만 행동으로 보여주진 않아요. 나를 다정하게 대해주고, 사소한 것들을 챙겨주고, 맛있는 음식을 차려주고, 빨래해주는 것은 물론 고맙지만 사실 그다지 대단한 건 아니잖아요. 그런 일들은 나도 할 수 있다고요. 그것보다는 어느 날 엄청나게 섹시한 옷을 입고 퇴근하는 날 맞아줬으면 좋겠어요. 그럼 아내가 얼마나 나를 사랑하는지 알 것 같아요. 하지만 그걸 바라느니 차라리 하늘의 달을 따오는 게 빠르겠네요. 정말 날 사랑한다면 나를 행복하게 해줘야 하지 않나요?" _이언

지난 수백만 년 동안 남자는 종족 보존을 위해 강한 성충동을 느끼게끔 진화해왔다. 여자는 아이들의 출산자 겸 보호자로 진화해왔다. 여자들의 일차적인 충동은 양육과 보호다. 그래야 아이들을 안전하게 키울 수 있기 때문이다. 21세기에 들어섰다고 해서 이것이 달라지지는 않았다. 여자는 평생의 남자에게도 이런 개념을 적용하여 그를 위로하고, 지원하고, 안전하게 지키려 애쓴다. 그러나 남자에게 이런 다정함은 전희 정도일 뿐이다. 그들의 섹스 집착증은 너무나 강해서 자연스럽게 애

정을 표현하는 여자와 섹스를 원하는 여자를 제대로 구분하지 못한다. 이 때문에 남자는 종종 자신이 거부당했다고 느낀다. 여자의 신호를 잘못 받아들이는 바람에 상황이 이제 섹스 단계로 넘어갔다고 착각하다가, 실제는 그렇지 않으면 거부당했다는 느낌을 받는다. 여자들도 이 점에 있어서 당황하기는 마찬가지다.

"나는 침대에서 가볍게 껴안는 걸 좋아해요. 서로 키스한 다음 부드럽게 쓰다듬다가 잠들면 정말 좋아요. 하지만 내가 그렇게 하려고만 들면 로버트는 언제나 섹스하자는 뜻으로 이해하고 마구 시도하죠. 그래서 요즘은 섹스하고 싶지 않으면 침대에 들어가자마자 잠든 척해버려요. 함부로 남편을 어루만지지도 못하겠어요. 그러다간 금방 발기하여 덤벼들거든요. 남편은 왜 포옹으로 만족하지 못하는 거죠? 왜 그리 섹스에만 집착하나요?"

_ 헬렌

남자의 두뇌회로는 섹스 기회가 있으면 즉시 그것을 활용하는 쪽으로 진화했다. 그래야 인류라는 종을 존속시킬 수 있기 때문이다. 원시 남성은 어떤 상황에서도 섹스를 할 준비가 되어 있었다. 심지어 위험 상황에서도 섹스가 가능했다. 종종 임신 중 유산되기도 했고, 아이 낳는 도중에 죽거나 태어나자마자 곧바로 죽는 경우도 많았다. 십대까지 생존하기도 쉬운 일이 아니었다. 반면 여자들이 성충동이 낮은 이유는 임신 중에는 섹스를 쉬어야 하고, 출산 후에는 자녀를 돌보아야 했기 때문이다. 만약 여자들은 사시사철 섹스를 원한다면 섹스 파트너를 찾느라고 아이들을 제대로 돌보지 않았을 것이고, 늘 임신 아니면 출산 중이었을 것이다. 이런 시나리오는 여성은 물론 그들의 자녀에게도 매우 좋지 않다.

네안데르탈인에게 섹스는 아무 문제가 되지 않았을 것이다. 그들은 그저 섹스를 즐겼을 테 섹스의 의미에 대해 논쟁하지도 않았을 것이다. 그들보다 세련된 신석기 시대 인간이 출현하면서 인간은 섹스와 출산을 연결시키기 시작했다. 값싸고 효과적인 출산 조절 장치가 널리 보급되기 전, 남자들은 너무 많은 자녀를 낳는 일을 피하기 위해 충동을 억제하거나 페니스의 '중도 철수' 방식을 취해야 했다.

인류는 최근 들어서야 섹스와 출산을 연결시키기 시작했다. |

### 3. 여자가 더 자주 섹스를 원하도록 만드는 방법

역사적으로 볼 때 남성은 원하는 것을 직접적으로 요구했다. 싫은 것이 있으면 분명하게 밝혔다. 오랫동안 남성은 언제나 뭔가를 요구하면 그것을 얻어내는 입장이었다. 남녀관계에서 늘 우위에 있었기에, 남성은 그 관계를 달리 생각할 수 없었다. 그 결과, 남자들은 아직도 섹스 요구가 자신의 권리라고 생각한다. 그러나 오늘날 여성은 섹스 요구에 무조건 순응할 의무가 없다. 오히려 남자가 섹스를 요구하면 할수록 여자들은 응하고 싶어 하지 않는다. 여성은 남자가 왜 좀더 은근한 방식을 사용하지 못하는지 의아해하고, 남성은 다른 대안이 있다는 사실을 깨닫지 못한다. 오늘날 여성은 자신이 섹시하고, 사랑스럽고, 귀여우며, 존중받는 존재임을 느끼고 싶어 한다. 무엇보다도 여자가 당연히 그 요구에 순종해야 한다는 남성의 태도를 가장 싫어한다. 섹스에 있어서는 전희도 중요하지만 그 이전에 벌어지는 일이 더욱 중요하다.

> 네 명의 남자가 함께 낚시를 갔다. 강둑에 한 시간쯤 앉아 있다가 한 남자가 말했다. "이번 주 낚시에 오기 위해 내가 뭘 했는지 알아? 아내에게 다음 주 집의 가구 배치를 전부 다시 해주겠다고 약속했지!" 두 번째 남자가 말했다. "그건 아무것도 아니야. 난 아내에게 마당 잔디를 모두 깎아주고 아이들을 위해 그네와 미끄럼틀을 만들겠다고 약속했어." 그러자 세 번째 남자가 미소 지으며 말했다. "너네들은 복 받은 줄 알아. 나는 아내에게 부엌 전체를 고쳐주고 정원에 정자를 지어주겠다고 했다고!" 그들은 아무 말 없이 낚시를 계속했다. 그러다가 네 번째 남자가 아무 말도 하지 않았다는 것을 알았다. "이봐, 제리!" 첫 번째 남자가 물었다. "넌 낚시에 나오기 위해 무엇을 약속했나?" 제리는 별 거 아니라는 듯 어깨를 한번 으쓱하며 말했다. "우선 자명종을 새벽 5시 30분에 맞추어 놓았지. 그리고 자명종이 울리자 그걸 끄고 아내를 껴안으며 물었어. '낚시야, 섹스야?' 아내는 뒤돌아 누우며 말하더군. '옷 잘 챙겨가요.'"

스트레스는 여자의 성욕을 죽여버리는 가장 커다란 적이다. 부정적인 정서를 촉발하는 스트레스는 성욕과 직접적으로 연결되어 있는 여자의 정서에 곧바로 찬물을 끼얹기 때문이다. 피곤하거나 지치거나 불안한 여자의 성욕은 거의 제로 수준으로 떨어진다. 따라서 그녀가 느긋하고 편안하고 대우받고 존중받는 느낌을 갖게 만드는 일이 무엇보다 중요하다.

> 대부분의 남자들은 무엇이 여자를 성적으로 흥분시키는지 잘 모른다.
> 발기한 커다란 페니스는 정답이 아니다. 대답은 전혀 다른 곳에 있다.
> 아내를 위해 저녁을 준비하는 남자, 식사 후 설거지를 해주는 남자,
> 아이들에게 밥을 먹이는 남자, 빨래를 세탁기에 집어 넣어주는 남자,
> 이런 남자에게 여자는 강한 성적 흥분을 느낀다.

이런 이미지는 그 어떤 것보다도 여자들에게 부드러운 태도와 감정의 고취를 일으킨다. 특히 자녀가 많거나 힘든 직장에 다니는 여자는 섹스에 대한 열정과 의욕을 쉽게 느끼지 못한다. 그저 하루 일과를 끝내고 어서 잠자리에 들고 싶을 뿐이다. 이때 집안일을 도와주고 저녁식사까지 대신 준비하는 일은, 여자에게 권할 수 있는 최고의 최음제이자 사랑의 묘약이다. 300달러짜리 고급 식당에서의 저녁식사보다, 진공청소기로 집안을 청소하는 남자의 모습이 훨씬 더 멋지다는 말을 들으면 남자들은 깜짝 놀라곤 한다. 남성용 가사 핸드북의 저자 마리아 퀸은 가사와 섹스가 긴밀히 연결되어 있다고 말했다.

여자가 바삐 돌아다니고 가족이 모두 여자에게 많은 것을 기대하면, 섹스 또한 여자가 해주어야 하는 어떤 일이 되어버린다. 그때 섹스는 여자가 자신을 위해 하는 행위가 아니라, 남을 위해 어쩔 수 없이 해주

는 일로 전락한다. 피곤과 긴장, 분노를 느낄수록 여자는 자신이 해야 하는 모든 일에 분노를 느낀다. 그런데도 많은 남자들이 이렇게 말한다. "내가 뭘 잘못했지?" 그들은 정말로 깨닫지 못하고 있다.

> **서로 다른 전희의 개념**
> 여자 : "오늘밤 당신이 부엌을 청소하고 나는 욕실에서 목욕할 게요."
> 남자 : "자는 거 아니지?"

퀸은 남자가 가사를 많이 분담해주면 예기치 않은 결과에 놀라게 된다고 주장했다. 여자가 갑자기 성적으로 흥분하여 전보다 더 많이 섹스를 요구해온다는 것이다.

> 여자들은 섹스를 원하기 전에 먼저 자신이 섹시하고, 사랑스럽고, 귀여우며, 존중받는 존재임을 느끼고 싶어 한다. 희한하게도, 집안일을 열심히 해주는 남자는 여자에게 그런 느낌을 듬뿍 안겨준다.

## 4. 여자는 왜 오르가슴을 느낄까

오로지 인간 여성만 오르가슴을 느낀다. 인류를 제외한 다른 종들에게 섹스는 순전히 번식을 목적으로 하는 **7~10**초간의 행위일 뿐이다. 오래 끄는 구애 절차 같은 건 없다. 그러나 인간 여성은 자신의 배란을 위장한다. 그래서 남자는 그녀가 언제 '발정' 하는지 알지 못한다. 남자를 자신의 곁에 오래 묶어놓기 위한 진화적 적응인 셈이다. 다른 동물과 다르게 인간 여성은 배란과 상관없이 거의 언제나 섹스가 가능하다. 덕분에 섹스는 지속적인 유대관계를 유지시키는 과정이 되었고, 그리하여 남자를 곁에 잡아두는 수단이 되었다. 연구자들은 오르가슴을 느끼는 여성들의 질 속에 비디오카메라를 삽입했다. 카메라가 찍은 이미지들은 이런 사실을 보여주었다. 클라이맥스에 오른 순간, 질 근육은 위로 올라가고, 자궁 경부는 헤엄쳐오는 정자를 잡아채기 위해 활짝 열린다. 이 동작은 진공 청소기의 흡입력과 비슷하다. 이 때문에 남녀가 동시에 오르가슴을 느끼는 것이 대단히 중요하다. 그래야 임신 가능성이 높아지기 때문이다. 순전히 임신의 관점에서만 보면 여성의 오르가슴은 남자의 사정 중 혹은 그 이후에 일어나야 하고, 전에 일어나면 효과가 없다. 진화생물학자들은 여자의 오르가슴을 인류를 위한 '품질 관리 형태'라고 간주한다. 남자의 유전자가 시원치 않다고 생각하면 여자의 몸은 오르가슴에 돌입할 가능성이 별로 없다. 하지만 그녀가 매일 밤 남자와 함께 폭약을 터트리는 것처럼 화끈하게 섹스를 벌인다면, 대자연은 그녀에게 이런 진화론을 속삭인다. "너의 남자는 네 아이에게 좋은 유전자를 물려줄 거야."

### 5. 여자는 왜 종종 바보와 사랑에 빠질까

연구 조사에 따르면 **IQ**(지능지수)가 높은 여성일수록 **EQ**(감성지능)는 낮다고 한다. 그러니까 여자가 똑똑할수록 훌륭한 연애를 하거나 좋은 배우자를 선택할 확률이 낮다는 뜻이다. 직장여성들은 이혼이나 불륜을 저지를 가능성이 많으며 자녀를 낳지 않는 경우가 많다. 미국의 〈결혼과 가정 저널〉은 여러 가지 연구를 인용하여 이렇게 보고했다. 남편보다 소득이 높은 여자들의 이혼율이 증가하는 추세라고 말이다. 사실 남편보다 수입이 더 많은 여자는 그렇지 못한 여자에 비해 이혼율이 두 배나 높다. 재정적으로 성공을 거둔 여자는 그렇지 못한 남편을 잘 관용하지 못하고 그를 통제하려 든다. 따라서 자신보다 성공한 아내를 둔 남편은 그런 아내가 함께 사는 것을 점점 더 어려워한다. 홀든 교수는 이렇게 말했다. "지적인 여성은 배우자와 마음을 터놓고 교감하려 하기보다는, 부부관계의 의미와 동기를 분석하는 데 더 많은 시간을 보낸다."

## 6. 여자는 왜 나이든 남자를 선호할까

데이비드 버스는 37개 문화권의 여성을 대상으로 한 결과, 그들 모두 나이든 남자를 선호한다고 보고했다. 나이든 남자일수록 자원이 많고 지위가 높기 때문이다. 2008년 20세 호주 남성의 평균 수입은 연 27,000달러인데 비해 30세는 44,000달러, 40세는 53,000달러에 이른다. 또 나이든 남자는 안정되어 있고 믿음직하며 장기적인 약속을 할 가능성이 더 높다. 여자들은 3~5세 연상의 남자를 선호한다. 그보다 훨씬 나이가 많은 남자는 일찍 사망할 가능성이 있고, 그것은 남자의 자원이 곧 끝나버린다는 뜻이기도 하다. 어떤 문화권에서는 여자가 연하 남자와 결혼하는데, 이는 여자가 부유하거나 남자가 여자로부터 많은 돈을 상속받거나 권력과 지위를 얻을 수 있을 때만 가능한 일이다. 이런 결혼은 으레 '중매결혼'이다.

> 남자는 여자를 섹스의 대상으로 본다.
> 여자는 남자를 성공의 대상으로 여긴다.

때때로 아주 나이든 여자가 아주 어린 남자와 맺어지기도 하는데, 이는 다음 두 가지 이유 때문이다. 첫째, 그녀 자신이 상당한 자원을 갖고 있어서 남자의 자원을 필요로 하지 않는다. 둘째, 나이든 남자는 그녀가 이미 임신 가능한 연령을 지났기 때문에 짝짓기 평점을 낮게 본다. 나이든 여자는 어린 남자에게 섹스, 권력, 자원 등을 제공함으로써 그에게 매력을 풍길 수 있지만 이 관계는 거의 언제나 빨리 끝나고 만다. 엘리자베스 테일러(59세)와 건설업자인 래리 포텐스키(39세)의 결혼이 그랬다.

여자는 자신보다 똑똑한 남자를 선호하고 남자는 자신보다 덜 똑똑한 여자를 원한다. 똑똑한 남자와 멍청한 여자(혹은 멍청한 척하는 여자) 커플은 자주 볼 수 있지만 똑똑한 여자와 멍청한 남자 커플은 거의 찾아볼 수 없다. 다만 코미디 영화나 개그 프로그램에는 이런 커플(똑똑녀와 멍청남)이 가끔 등장하기도 한다.

## 7. 여자는 왜 터치를 좋아할까

《말을 듣지 않는 남자, 지도를 읽지 못하는 여자》에서 언급했듯, 여자는 신체에 **1**만 개의 촉각 수용기를 갖고 있지만 남자는 **3**천 개밖에 없다. 이처럼 터치와 손길에 민감한 여자들은 아이들의 상태와 정서를 만짐으로써 알기도 한다. 여자는 자신을 부드럽게 어루만지는 손길을 좋아하며 신체적 친밀도를 매우 중요하게 여긴다. 하지만 남자는 항상 이런 친밀도를 여자의 섹스 요구로만 해석한다. 이 때문에 전 세계 모든 남녀 사이에서는 커다란 문제가 발생한다.

> 결혼 **35**주년을 맞은 **60**대 부부가 로맨틱한 레스토랑에서 결혼기념일을 자축하고 있었다. 그때 갑자기 작은 요정이 그들의 테이블에 나타나 이렇게 말했다. "행복한 장수 커플로서 타의 모범이 된 당신 부부의 소원을 각자 하나씩 이루어드리겠어요." 아내는 매우 기뻐하며 말했다. "우리는 언제나 함께 세계 크루즈 여행을 가고 싶었어요!" 요정이 요술지팡이를 휘두르자 초호화 크루즈 호 티켓 두 장이 아내의 손에 떨어졌다.
> 그러나 남편은 잠시 생각하다 이렇게 말했다. "여보, 미안해, 하지만 이런 기회는 다시 오지 않을 것 같아. 내 소원은 나보다 서른 살 어린 아내를 갖는 거야." 아내는 크게 실망했지만 소원은 소원이었다. 요정은 마법의 지팡이를 휘둘렀고 남편은 **95**세가 되었다.
> 이 이야기의 교훈: 감사를 모르는 싸가지 없는 남자들이여, 요정은 여성이라는 사실을 기억하라.

여자는 포옹, 손잡기, 머리 쓰다듬기, 마사지, 키스 등 섹스와 관련 없는 터치를 좋아한다. 많은 남자들이 구애 단계에서 여자들에게 이런 서비스를 제공한다. 그렇게 하면 섹스 단계로 나아갈 수 있다고 생각하기 때문이다. 하지만 관계가 확정적이 되면 남자는 더는 여자에게 저런 터치를 해주지 않는다.

> 남자가 섹스할 준비가 되어 있다는 것을 어떻게 아는가?
> 그가 숨 쉬고 있다면.

## 8. 여자는 왜 섹스 중에 산만할까

세상 모든 남자는 여자들이 섹스 중에 집중하지 않고 엉뚱한 데 신경을 쓴다고 불평한다. 방이 너무 밝다, 너무 어둡다, 너무 시끄럽다, 너무 조용하다, 벽이 너무 얇다, 누군가 들여다보거나 소리를 들을지 모른다, 등등 쓸데없는 불평이 많다며 말이다. 남자는 이런 것을 전혀 신경 쓰지 않는다. 눈앞의 일에만 몰두하는 단일 트랙의 두뇌회로를 갖고 있기 때문에, 외부자극 따위는 사실상 보이지도 들리지도 않는 것이다.

> "나의 아내는 섹스 중에 언제나 웃는다.
> 그녀가 어떤 책을 읽고 있든."
> _ 에모 필립스

네덜란드 신경과학자 게르트 홀스테게 교수팀은 서로 다른 4가지 상태에 있는 여성 13명의 두뇌 활동을 비교했다. 각각 휴식, 오르가슴 위장하기, 클리토리스 자극당하기, 오르가슴을 느낄 정도로 클리토리스 자극당하기였다. 자극을 받는 여성들은 신체지각 피질의 활동량이 늘어난 반면, 편도와 해마(경계와 불안을 담당하는 부위) 활동량은 떨어졌다. 걱정과 불안을 벗어나 자유롭고 이완된 상태가 아니면 여성은 섹스를 즐기지 못한다는 뜻이다.

여자의 다중 트랙 두뇌는 이 모든 데이터를 동시다발적으로 다룰 수 있다. 원시 시대에는 남녀 둘 다 섹스에 몰두했다가는 자칫 외부 침입자의 목표물이 될 수 있었다. 섹스 중에도 누군가 보초를 서야 하는데 그 일을 여성이 맡도록 진화된 것이다.

여자를 좋은 분위기로 유도하려면 먼저 적당한 시간대를 선택해야 하고, 여자의 스트레스를 없애주고, 외부 소음을 막아내기 위해 부드러운 음악을 트는 것이 좋다. 그러면 여자는 안전함을 느끼고 걱정하지 않을 것이다.

### 9. 여자는 성적 공격성을 어떻게 여길까

성적 공격성은 상대 허락 없이 자신의 성적 욕구를 일방적으로 밀어붙이는 태도를 말한다. 데이비드 버스는 섹스와 관련하여 여자를 당황하게 만드는 행동 147가지를 열거했는데, 여성은 남자의 성적 공격성을 남녀관계에서 일어나는 최악의 행동으로 평가했다(**93~100%**). 이것은 인터넷 포르노에서 묘사하는 이미지와 완전히 상충된다. 포르노에 나오는 여성은 난폭한 섹스를 원하며 강간까지도 기대하는 모습으로 묘사되기도 한다. 그러나 현실은 다르다. 여성이 섹스를 꿈꾼다면 그 대상은 자신의 자원을 공유할 의사가 있는 부유하고 잘생긴 남자다. 거칠고 야비하며 돈도 없고 냄새나는 루저와는 결코 섹스하고 싶어 하지 않는다. 반면 남자는 여자의 성적 공격성을 별로 신경 쓰지 않는다(**43%**). 어떤 남자들은 오히려 더 좋다고 말한다.

데이비드 버스는 성적 공격성이 여자에게 끼치는 나쁜 효과를 남자들은 과소평가한다고 보고했다. 남자들이 가장 싫어하는 여자의 행위는 부정이고 그 다음이 언어 공격이었다. 그러나 여성의 **4**분의 **3**은 여성의 공격에 대한 남자의 반응을 과대평가했다. 일례로 여성은 남자들이 엉덩이를 툭툭 치는 행동을 싫어하지만, 남자들은 그것을 재미있는 장난이라고 생각하며 허용하려 한다.

요즘 세상은 뭐가 문제일까? 남자가 여자처럼 생각하고, 여자가 남자처럼 행동하기를 좋아한다고 보는 것이 문제다. 남녀관계의 재앙이 여기에서 시작된다.


## 10. 여자는 성희롱을 어떻게 생각할까

접수된 성희롱 건수들 중 **93**퍼센트가 여성이 신고한 것이고, **7**퍼센트는 남자에게 성희롱당한 남자가 신고한 것이다. 남자가 여자로부터 성희롱을 당했다고 신고하는 경우가 가끔 있기는 하지만, 이는 사무실 내 군기잡기, 본때 보여주기 등 다른 속셈에서 나오는 행위일 뿐이다. 통계 자료에 의하면 성희롱은 남자가 여자에게 하는 행위다. 하지만 여기에는 정상 참작 요인들이 있다. 첫째, 여자는 성희롱에 대해 남자보다 훨씬 강한 스트레스를 받는다. 둘째, 여자에게 당한 성희롱을 신고하는 남자는 거의 없다. 오히려 그들은 그런 일이 벌어졌으면 하고 은근히 바란다! 데이비드 버스는 어떤 여자가 클럽에서 남자의 몸에 자기 몸을 비벼대면 남자는 그 자극을 7점 만점에 6.7점으로 높이 평가한다고 보고했다. 그러나 반대로 남자가 여자에게 똑같은 행위를 하면 여자는 1.82점으로 평가한다. 여자는 그런 행위를 매우 싫어한다.

여자들이 고발한 성희롱의 평균 4건 중 3건은 20~35세 여자들이 신고한 것이다. 여자의 임신 가능성이 매력의 핵심 요인임을 보여준다. 나이든 여자들이 신고한 건수는 소수이다.

> 대부분의 여성은 남성의 성희롱을 불쾌하게 생각한다.
> 대부분의 남성은 여자의 성희롱을 칭찬으로 여긴다.

심리학자 바바라 구텍은 직장 내 실험을 수행했다. 직장동료가 섹스를 요구했을 때의 반응을 살펴보는 실험이었다. 직장여성의 55퍼센트가 지난 5년 동안 성희롱을 당했다고 말한 반면, 남자는 9퍼센트에 그쳤고 그나마 신고하지 않았다. 구텍은 65퍼센트의 여성이 섹스 요구에 불쾌감을 느낀 반면 남자는 **15**퍼센트에 불과했다. 남자의 **67**퍼센트는 섹스 요구에 우쭐해진 반면 여자는 겨우 **17**퍼센트였다.

버스는 또 다른 실험도 했다. 그는 여자들에게 지위가 다른 남자들이 접근할 때 느끼는 당황감의 강도를 조사했다. 여자들은 일용직 노동자와 환경미화원이 섹스를 요구할 때 가장 당황했다(**60**퍼센트가 당황했다고 대답했다). 남자의 지위가 높거나 자원이 많을수록 불쾌감의 정도는 줄어들었다. 성공한 록 스타와 대졸자들은 **38**퍼센트의 여성에게만 불쾌감을 주었다. 남자의 자원 획득 능력이 여자의 섹스 수용 여부에 커다란 역할을 한다는 사실을 보여준다.

## 11. 여자는 왜 나쁜 남자를 꿈꿀까

대부분의 여자들이 나쁜 남자에게 끌리는 현상은 배란기인 **2~3**일 사이에 벌어진다. 그녀의 몸이 러셀 크로 같은 타입의 나쁜 남자를 원하는 것이다. 공격적인 남자는 온순한 남자에 비해서 생존율이 그만큼 더 높기 때문이다. 지배하기 좋아하고 테스토스테론 수치가 높은 남자는 말없고 수줍은 남자보다 살아남을 확률이 훨씬 더 높다. 특히 원시 시대에는 남자의 바로 이런 점이 배란하는 여성들에게 매력적인 사항이었다. 다만 배란기에만 그런 남자에게 끌릴 뿐, 나머지 기간에는 조용하고 믿음직스러우며 다정한 남자를 선호한다.

여자는 자원을 제공하고 장기적 약속을 해주는 남자를 의식적으로 찾는 한편, 좋은 유전자를 가진 남자를 원한다. 불행하게도 이런 두 요구 조건을 동시에 갖춘 남자를 찾기란 하늘의 별 따기만큼 어렵다. 이것은 최근 **DNA** 테스트에서 증명된다. 결혼 생활 중에 태어난 아이들 중 약 **10**퍼센트가 합법적 남편의 핏줄이 아니라고 한다. 아마 지난 수세기 동안 이래왔겠지만 현대 의학의 힘을 빌어 수치를 확인한 것뿐이리라.

이런 현상은 엄청난 스트레스를 느낄 때 더욱 두드러진다. 어쩌면 죽을지 모르는 상황에 처한 인간의 뇌는 번식을 명령하기 때문이다. 영국 병원들의 출산 기록은 이것을 잘 보여준다. **2**차 대전 중 영국의 결혼한 부부들 사이에서 태어난 아이의 **6**명 중 **1**명은 남편의 아이가 아니었다. 전쟁 스트레스와 방문 중인 미국 병사들을 만날 기회가 결합해 여성의 번식 욕구를 높인 것이다.


## 12. 섹스보다 초콜릿?

남자에게 초콜릿은 식품일 뿐 여자들처럼 중독의 대상은 않는다(차라리 담배라면 모를까). 세로토닌 수치가 낮은 여자들은 대부분 초콜릿 중독자이다. 초콜릿에 함유되어 있는 황홀감을 유도하는 화학물질 페닐에틸아민이 그들의 행복한 기분을 증강시켜 주기 때문이다. 여자들은 특히 생리 기간에 초콜릿을 많이 먹는다. 초콜릿은 재활 중인 헤로인 중독자를 위한 제**1**의 선택 식품이기도 하다. 초콜릿 성분은 여자 두뇌의 칸나보이드(**cannaboid**, 마리화나의 주 작용제인 화학 합성물) 수용기(受容器)에 잘 들러붙는데, 이 때문에 초콜릿을 먹는 여자는 사랑에 빠진 느낌과 마리화나에 취한 기분을 동시에 느낀다.

**여자가 섹스보다 초콜릿을 더 좋아하는 은밀한 10가지 이유**

**1.** 흐물거려도 여전히 당신을 만족시킨다.

**2.** 운전하면서도 안전하게 먹을 수 있다.

**3.** 언제 어디에서나 먹을 수 있다(심지어 엄마 앞에서도).

**4.** 한 달 중 아무 날이나 먹을 수 있다.

**5.** 먹을 때 즐거움을 가장할 필요가 없다.

**6.** '약속'이라는 말은 초콜릿을 위협하지 않는다.

**7.** 책상에 앉아서 먹어도 상사가 당황하지 않는다.

**8.** 초콜릿을 먹는다고 해서 이웃을 깨울 염려가 없다.

**9.** 초콜릿을 먹었다고 상대가 코를 곯아 당신을 못 자게 하지 않는다.

**10.** 크기는 아무 문제가 되지 않는다.

## 요약

이제 당신은 여성이 남성과는 다른 이유로 섹스를 즐긴다는 사실을 분명히 깨달았을 것이다. 여자는 특별하고 존중받는 존재, 의사결정에 참여하는 존재, 자신의 의견을 평가받는 존재가 되길 원한다. 이 책을 읽는 남성이 사랑과 섹스에 대한 여성의 생각이 남자와 다르다는 사실을 인정해준다면, 당신의 여자는 새로운 성적 반응을 보여줄 것이다. 일찍이 상상조차 할 수 없었던 그런 반응 말이다.

- 남녀의 욕구와 동기가 서로 다르다는 사실을 이해하는 것은 훌륭한 성생활과 행복한 남녀관계의 핵심이다.
- 여자는 남자에 비해 성충동이 낮다. 임신 중에는 섹스를 쉬어야 하고 출산 후에는 아이들을 돌봐야 했기 때문이다.
- 여자는 정서적 인풋을 요구한다. 남자는 여자가 더 적극적으로 섹스를 주도하길 바란다면 따뜻한 사랑과 보살핌을 제공해야 하고 자발적으로 집안일을 해줘야 한다. 스트레스를 받는 어자는 섹스를 우선과제 리스트 맨 아래에 놓는다.
- 여자도 자신이 말하는 것보다 훨씬 자주 섹스하길 원한다.

# 짝짓기 평점을 높이는 13가지 전략

잭은 매우 인기가 많다. 그는 누드촌에서 커피 4잔과 도넛 10개를
나를 수 있는 유일한 남자다.

짝짓기 평점을 높이는 13가지 전략

## 남자가 점수 따는 8가지 방법

우리 부부는 이 책에서 계속 섹스와 사랑에 대한 남녀의 일차적 동기를 설명했다. 책에 언급된 진화심리학자와 생물학자들의 조사연구를 간결하게 종합하면 이러하다. 약 2만 명의 여성이 남자가 자신의 점수를 높이는 방법을 다음 8가지라고 대답했다.

### 1. 약속을 하고 책임 의식을 보이라

여자에게 장기적인 약속을 하는 것은 매우 강력한 유인책이다. 남자가 자신의 자원을 여자와 장기적으로 공유하겠다고 의사 표시를 한 것이기 때문이다. 여자가 남자의 책임 의식을 평가하는 두 가지 기준은 이렇다.

**1)** 여자의 문제에 관심을 보이는 것. 이는 그가 필요할 경우 자신의 약속을 실천하겠다는 뜻이며, 여자에게 정서적 지원을 아끼지 않겠다는 의미다.

**2)** 지속적인 구애. 남자가 계속 여자에게 데이트를 신청하고, 꽃을 선물하고, 전화와 문자를 하고, 편지와 이메일을 보내는 행동은 그가 장기적인 약속을 할 수 있는 사람이고 그저 하룻밤으로 끝날 관계를 원하는 것이 아님을 보여준다. 연구에 따르면 여자에게 끈질기게 구애하는 남자가 결국 그녀와 결혼할 가능성이 높다. 지속적인 구애에서 중요한 점은 상대방 여자가 최소한의 관심은 갖고 있어야 한다는 것이다. 여자가 전혀 관심이 없는데 지속적으로 구애만 하는 것은 스토킹이 되기 쉽다.

### 2. 자신감을 보이라

**1989**년 학자 바르코프는 남자의 자신감 수치는 그의 수입(즉 자원)과 직접적으로 관련된다는 것을 발견했다. 고소득 남자가 캐주얼 섹스 파트너도 많다는 조사연구와 일치하는 결과이기도 하다. 남자의 자신감이 높을수록 클럽이나 술집에서 매력적인 여성을 만날 가능성도 높아진다. 그렇기 때문에 여자를 유혹하기 위해 많은 남자들이 자신감을 가장한다. 그러나 대부분의 여성은 그런 허풍쟁이를 금세 간파한다. 능력과 자원을 높이겠다는 분명한 목표설정은 남자의 진정한 자신감을 높여준다. 그 결과 그의 신체는 더 많은 테스토스테론을 분비하고 이것이 선순환을 일으켜 그의 자신감은 더욱 높아진다. 목표를 설정하고, 다양한 관심사를 갖고 있으며, 멋진 몸매를 유지하고, 자신이 야심만만한 남자임을 내보여야 한다.

### 3. 여자에게 친절하라

여자를 잘 이해하고 다정다감하게 대해주는 남자, 여자를 자발적으로 도와주고 여자의 요구에 선뜻 응하는 남자는 오랫동안 그녀 옆에 있을 것이고, 자신의 자원을 그녀와 함께 나누겠다는 의사 표시를 하는 것이다. 하룻밤 불장난을 원하는 남자도 이런 점을 알고서 실제보다 더 정중하고 사려 깊게 행동하며 친절을 가장하려 든다. 캐주얼 섹스를 원하는 남자가 사용하는 전략이기도 하다. 이런 남자는 방금 만난 여자도 어떻게 해보려고 물불을 가리지 않는다. 우리는 여러 여성지들로부터 **53**건의 조사 결과를 종합했다. 여자들에게 남자의 어떤 점이 가장 매력적이냐고 묻는 조사였다. 신의와 성실 외에 여자들은 다음 **5**가지를 꼽았다.

1. 공감과 이해
2. 경청
3. 좋은 매너
4. 보살핌
5. 도움

이 모든 사항은 남자가 여자를 캐주얼 섹스로 끌어들일 때 사용하는, 돈이 별로 들지 않는 전략이다. 캐주얼 섹스를 찾는 남자는 여자가 장기적인 파트너에서 바라는 것들을 가장하고, 여자들이 '좋은' 남자라고 생각하는 특징을 연기함으로써 소기의 목적을 달성한다. 장기적인 의도를 갖고 있는 듯한 행동은 남자들이나 사용하는 방법이다. 여자들은 이 방법을 쓰지 않는다.

### 4. 신체적 능력을 과시하라

많은 여자들이 남자를 유혹하려면 그가 자신을 강한 존재로 느끼도록 해줘야 한다는 사실을 잘 안다. 그래서 무거운 짐을 잘 못 드는 척, 병뚜껑을 열기 힘들어하는 척, 바퀴벌레를 죽이지 못하는 척한다. 어떤 남성이 매력적인지 물으면, 여자들은 잘 발달된 가슴과 근육, 어깨와 팔을 가진 남자가 좋다고 말한다. 다시 말해 동물을 잡아올 수 있는 남자를 원하는 것이다. 21세기의 헬스클럽과 체육관은 무거운 역기를 들면서 땀을 흘리고 신음을 흘리는 남자들로 넘쳐난다. 동물을 잘 잡아오고 적들과 잘 싸울 것 같은 신체를 갖추기 위해 그처럼 노력하는 것이다. 오늘날 남자의 잘 발달된 근육은 실제로는 아무 소용도 없다. 하지만 남자는 여자가 그런 몸을 좋아한다는 사실을 안다. 잘 발달된 식스팩, 초콜릿 복근은 사실상 별 기능적 가치가 없다. 단지 여자들이 좋아하기 때문에 남자들은 그런 근육을 그토록 원한다.

여자를 유혹하기 위해 남자는 본능적으로 사냥 능력을 과시한다. 달리기를 잘하고, 역기를 번쩍 들어올리고, 근육을 단련하고, 무거운 화분을 옮겨주고, 잼 뚜껑을 열어주는 일로 말이다. 연구 조사에 따르면 운동선수들은 그렇지 않은 남자보다 두 배나 더 많은 캐주얼 섹스를 즐긴다고 한다. 이 책을 읽고 있는 당신이 남자라면 헬스클럽에 등록하거나 독자적인 운동 프로그램을 진행하여 날렵하고 단단한 몸매를 갖추도록 하라. 앞에서 말했듯이, 게으르고 뚱뚱한 호박같이 생긴 남자는 영화 속에서나 미녀를 얻을 수 있을 뿐이다. 영화는 현실이 아닌 허구다. 당신의 몸이 날렵하고 멋질수록 당신의 자부심과 자신감도 높아질 테고 그에 따라 더욱 매력적인 이성을 만나게 될 것이다.

> 아내는 주방에서 아침식사로 삶은 계란과 토스트를 준비하고 있었다.
> 그녀는 평소 잠 잘 때 입는 티셔츠만 걸쳤을 뿐 아래는 알몸이었다.
> 내가 주방에 들어가자 그녀는 고개를 돌려 나를 바라보고는
> 부드럽게 말했다. "여보, 우리 지금 당장 사랑을 나눠요."
> 너무 놀란 나는 이렇게 생각했다. '이건 꿈이거나, 오늘은
> 재수가 엄청나게 좋은 날이거나 둘 중 하나야!'
> 이런 좋은 기회를 놓치지 않기 위해 나는 그녀를 뒤에서 껴안고
> 주방 탁자에서 있는 힘을 다해 사랑을 나눴다.
> "고마워요." 아내는 한숨을 내쉬더니 다시 뒤돌아섰다.
> 그녀의 티셔츠도 여전히 그녀의 목에 걸려 있었다.
> 나는 매우 행복했지만 약간 의아해서 물었다.
> "오늘 아침은 도대체 어쩐 일이야?" 아내가 말했다.
> "에그 타이머가 고장 났거든요. **3분을 재야 했어요.**"

### 5. 멋진 옷을 입으라

존 타운센드와 게리 레비는 실험을 통해, 비싼 옷이 여자의 관심을 끈다는 사실을 증명했다. 두 학자는 정장, 푸른색 콤비 상의, 하얀 셔츠, 명품 넥타이, 롤렉스시계를 착용한 지위 높은 남자들의 사진을 여자들에게 보여주었다. 이어 그에게 어느 정도 마음이 끌리는지, 커피를 마시겠는지, 데이트를 하겠는지, 그와 섹스하거나 결혼하겠는지 등 평점을 부탁했다. 그리고 동일인물이지만 티셔츠와 청바지, 허름한 야구모자, 버거킹 직원 유니폼을 입은 사진도 보여주며 평점을 부탁했다. 실험 결과, 여자들은 높은 지위의 복장을 갖춘 남자와는 커피, 데이트, 섹스, 결혼을 고려해보겠지만 지위 낮은 남자들과는 아예 그런 생각을 하지 않는다고 대답했다. 다른 문화권에서도 반복되었지만 결과는 매번 똑같았다. 이처럼 좋은 사냥 기술을 가진 사냥꾼이 많은 여자를 매혹시킨다. 더 많은 가축, 더 많은 염주, 더 많은 팔찌를 가져와 여자의 관심을 사로잡는다.

연구자 엘리자베스 힐, 일레인 녹스, 루신다 가드너는 여대생 81명과 남대생 61명을 대상으로 신체와 의상, 보석이 매력도에 미치는 영향을 조사했다. 신체의 매력은 딱 달라붙는 옷과 노출 많은 옷으로 표현했다. 지위(신분)는 각종 사회경제적 계급의 복장으로 변화를 주면서 나타냈다. 피조사자들은 상대 이성의 신체, 데이트, 섹스, 결혼 등 4가지 경우의 호감도를 평가했다. 어느 경우든 지위 높은 복장을 하고 있을 때 호감도가 높아졌는데, 특히 신체 조건만을 강조하지 않을 때 더욱 그랬다. 신체를 강조하는 행위는 섹스 파트너로서의 가능성은 높여주지만 결혼 파트너로서는 매력을 감소시킨다.

> 중년의 위기에 빠진 남자와 서커스 광대와의 차이점은?
> 적어도 광대는 자신이 괴상한 옷을 입고 있다는 사실을 알고 있다.

남자들은 옷을 잘 버리지 않는다. 사각 팬티 고무줄이 늘어져 바지 속에서 간신히 걸려 있는데도 버리려 하지 않는다. 여자들은 간단한 의상 점검법을 갖고 있다. 일 년 내내 한 번도 입지 않았다면 내버려야 할 옷이다. 사계절이 지나는 동안 전혀 입지 않은 옷은 버려야 마땅하다. 속옷이라면 더욱 그렇다. 남자는 배우자, 여동생, 어머니, 친구나 애인에게 옷장을 검사할 권리를 주어야 한다. 버려야 하는 옷은 버려도 좋다는 허락도 함께.

### 6. 남을 보살필 줄 안다는 것을 보여주라

진화심리학자들인 페기 라세라, 레다 코스미데스, 존 투비 등은 다음과 같은 실험을 수행했다. 혼자 서 있는 남자, 아기랑 적극적으로 노는 남자, 어려움에 빠진 아이를 무시하는 남자 등 세 종류의 남자 사진을 여자들에게 보여주었다. 여자들은 아기랑 적극적으로 노는 남자에게 가장 높은 점수를, 아이를 무시하는 남자에게 가장 낮은 점수를 매겼다. 반면 남자들에게 똑같은 동작을 하는 세 종류의 여자 사진을 보여주었지만, 여자가 어떤 행동을 하든 여자의 매력도와 별 상관이 없었다. 실험자들은 다른 연구에서 아기를 강아지로 대체했는데 결과는 동일했다. 남자 또한 여자에게 매혹되는 정도가 아기의 경우와 같았지만, 어떤 남자들은 여자가 매력적이지만 강아지에게 좀더 잘 대하면 좋겠다고 말했다. 아기 때는 아무 말도 없더니 강아지의 경우에는 이런 논평을 한 것이다! 이 실험의 결론은 명백하다. 아기나 여자의 애완동물에 신경을 써주면 여자에게 높은 점수를 얻을 수 있다.

### 7. 정직하라

정직한 말과 행동은 남자들이 장기 파트너를 찾을 때 사용하는 전략 중 여자들이 가장 높게 평가하는(상위 **10**퍼센트 이내) 전략이다. 단기적 관계를 위해 정직을 가장하는 것도 효과가 있다. 상기 파드너를 구하는 사람은 상대방에게 자신의 자원이나 지위를 과장하지 말아야 한다. 피자 배달원이면서 식품 유통업에 종사한다고 말하면 역효과를 일으킬 수 있다. 하지만 밑바닥부터 시작하여 요령을 익히고 그걸 밑천으로 장래 언젠가 피자 사업을 하겠다는 말은 여자에게 매우 깊은 인상을 준다. 정직은 여자가 "내 엉덩이 커 보여요?" 하고 물을 때 "응"이라고 무심히 대답하는 것이 아니다. 그녀의 엉덩이가 크든 작든 상관없이 있는 그대로의 그녀를 사랑한다고 말하는 것이 정직의 본뜻이다. 물론 여자가 체중을 약간 빼면 엉덩이가 훨씬 예뻐질 거라 생각할 수도 있겠지만, 그런 것을 신경 쓰지 말아야 한다.

> 여자 : "이 드레스를 입으면 내 엉덩이가 커 보여요?"
>
> 남자 : "아니. 당신 엉덩이 때문에 그 드레스가 커 보여."

### 8. 사랑을 표현하라

사랑을 표현하는 행동은 장기적 약속의 표시다. 그녀에게 특별한 선물을 사주는 것, 사랑하는 태도를—특히 남들 보는 데서—보이는 것, 정기적으로 "당신을 사랑해"라고 말하는 것 등이 그런 행동이다. 여자는 일회적 사랑의 행위보다는 반복적 사랑의 행위를 더 높이 평가한다. 그러니까 선물의 가격보다는 선물을 주는 횟수가 더 중요하다는 말이다. 남자들은 종종 사랑의 표시라고 하면 거창하거나 극적인 무엇을 생각한다. 장미 백 송이를 보낸다거나, 비싼 레스토랑에서 식사하고 팁을 두둑이 놓고 나오면 멋있다고 생각한다. 물론 이런 행위는 그의 점수를 높여줄 것이다. 하지만 장기적으로 보면 노력의 횟수가 더 중요하다. 집안일을 대신 해주고, 설거지를 해주고, 아이들과 놀아줘 그녀의 부담을 한결 덜어주고, 그리하여 그녀가 갑자기 생긴 자유 시간에 전신 마사지나 얼굴 마사지를 즐길 수 있다면, 남자는 큰 점수를 얻는다. 그가 이처럼 몸으로 기울인 노력은 돈 주고 사오는 선물보다 훨씬 중요하다 "당신은 내게 매우 특별한 존재이며 언제나 사랑한다"는, 남자가 손수 적은 쪽지는 여자에게 있어 언제 어디서든 20파운드 지폐를 이긴다.

### 남자가 경쟁자를 비판하는 법

경쟁자의 짝짓기 평점을 깎아내리려는 남자는 여자에게 이렇게 말하면 된다. "그놈은 야심도 재산도 쥐뿔만큼도 없으며 카리스마도 없다."

즉 경쟁자가 권력도 자원도 보잘것없는 놈이라고 폄하하면 된다. 또 그가 성적으로 문란하고 바람둥이며 한 여자를 오래 만나지 못한다고 암시하면 경쟁자의 매력을 크게 떨어트릴 수 있다. 그는 자원을 넓게 멀리 뿌리고 다니기 때문에 그녀에게 몰아주지 못한다고 말하는 것이기 때문이다. 경쟁자가 지속적으로 사귀는 여자가 있기 때문에 새 여자에게 제공할 자원이 별로 없다는 말도 효력이 있다. 이런 전략이 통하는 이유는, 여자는 자원을 가진 남자에게 매력을 느끼도록 두뇌회로가 설계되어 있기 때문이다. 경쟁자가 못생겼다거나 머리카락이 빠지고 있다는 말은 그다지 효과가 없다. 그런 사항은 여자의 선호도 리스트에서 한참 밑에 있기 때문이다. 그렇기 때문에 남자들은 여자에게 중요한 기준들을 과장한다. 짝짓기 평점을 높이기 위해 직장, 월급, 지위, 장기적 약속 등을 속이기도 한다.

### 여자가 점수 따는 5가지 방법

다음은 2만 명이 넘는 남자들의 말을 종합하여 파악한 내용이다. 여성의 매력과 짝짓기 평점을 높이기 위하여 여자들이 할 수 있는 가치 있는 행동 5가지를 소개한다.

#### 1. 외모를 가꾸어 돋보이게 하라

24개국의 잡지 가판대를 조사한 결과, 모든 잡지가 동일한 스토리와 이미지를 홍보하고 있다는 사실을 발견했다. 다음은 여성지들이 주요 기사로 다루는 내용을 우선순위대로 나열한 것이다.

**1)** 당신의 용모를 돋보이게 하는 방법

**2)** 더 좋은 섹스 하는 방법

**3)** 유명인의 남녀관계/건강/외모에 관한 이야기

**4)** 특정 음식 요리법이나 다이어트 방법

**5)** 남자와의 관계 맺기 적합도 평가 테스트

여성지들은 더 많은 사랑과 섹스를 얻기 위하여 외모를 가꾸는 법을 알려주는 동시에, 맛있는 음식을 요리해 먹어 살이 찌게 하는 기사도 게재함으로써 이런 목적을 물거품으로 만들기도 한다.

위의 기사들을 다음 남성지 표지 기사들과 비교해보라.

**1)** 근육을 키우는 방법

**2)** 남성적 매력을 높이는 방법

**3)** 더 많은 개주일 섹스를 하는 방법

**4)** 공간과 테스토스테론 관련 이야기들-낚시, 컴퓨터, 사냥, 스포츠, 자동차, 직장 경력.

남자는 여자의 외모를 매우 중요하게 여기기 때문에 여자는 젊음과 건강, 신체적 매력을 과시함으로써 자신의 생식 가치를 은근히 자랑한다. 여자는 외모를 가꾸는 데 남자보다 **3**배 많은 시간을 들이며, 그 외모를 유지해주는 제품에 남자보다 **15**배나 많은 돈을 투자한다. 그러지

않는 여자는 짝짓기 게임에서 경쟁력을 잃는다. 오늘날 남자들도 화장품을 사용하지만 그래봐야 면도 크림이나 스킨로션, 헤어 제품 정도다. 오히려 외모에 너무 많은 시간을 투자하는 남자는 이기적인 남자나 게이로 오해받을 수 있다. 그러면 여자에게 어필하는 그의 매력은 현저히 줄어든다.

여성이 사용하는 시각적 보조용품은 거의 전부 남자를 유혹하기 위한 것이다. 다리를 길게 보이게 하는(번식 능력의 탁월함) 하이힐, 손가락을 길어 보이게 하는 인공 손톱, 젊게 보이기 위한 유방 확대술, 날씬하게 보이기 위해 검은 옷이나 줄무늬 옷을 입는 것, 머리 염색, 성형수술, 가발 착용, 브래지어에 넣는 속칭 '뽕'이 모두 그런 보조용품이다. 19세기에 이런 용품들은 불법이었고, 남자를 유혹하기 위해 이를 사용하는 여자는 감옥에 가기도 했다.

이런 전략이 성공을 거두는 이유는 그것이 남성의 두뇌회로에 호소하기 때문이다. 여성이 원해서 그러는 것이 아니라 남성이 그런 것을 좋아한다는 사실을 알기 때문에 그렇게 한다.

> 한 거지가 잘 차려입고 쇼핑하고 있는 여자에게 다가가 말했다.
> "지난 나흘 동안 아무것도 먹지 않았습니다."
> 여자가 그를 쳐다보며 말했다. "어머나, 나도 당신 같은 의지가 있으면 좋겠네요. 다이어트 해야 하는데."

성형수술과 화장품 산업은 외모를 가꾸어 남자에게 돋보이려는 여성의 욕구를 표적으로 삼는다. 파운데이션과 파우더는 피부를 매끄럽게 보이고 낯빛을 밝게 하여, 혹시 밖으로 드러날지도 모르는 건강상의 문제를 감춘다. 주름제거 수술은 낮은 수태 가능성의 흔적을 지워버린다. 립스틱과 콜라겐 주입은 입술을 도톰하게 보이게 하고, 블러셔는 혈액 순환을 과시하여 성적으로 매력적인 여자임을 보이게 한다. 마스카라는 여자의 눈을 크게 하는 착시효과를 제공하고, 샴푸와 린스는 여자의 건강 상태가 양호하다는 것을 알린다. 남자들은 발그레한 볼을 건강의 표시로 보기 때문에 여자들은 열심히 블러셔를 칠한다. 남자들이 탱탱하고 볼륨 있는 유방에 매혹되기 때문에 여자들은 푸시업 브래지어를 착용하거나 수술을 받는다.

이런 화장이나 수술을 하는 여자들은 "남을 위해서가 아니라 나 자신에게 만족하기 위해서" 그런다고 주장한다. 하지만 진실을 말하면, 남자들이 그런 자신에게 매혹되기 때문에 자신에게 만족하는 것이다. 여성지의 표지는 건강과 젊음이 뛰어난 여자들이 등장한다. 남성지의 표지에도 그런 여자들이 등장하지만 섹시한 동작과 몸짓이 좀더 추가된다. 남성 잡지에 남자가 표지 인물로 등장하는 경우는, 신체와 근육을 강화하여 외모를 가꾸는 내용을 강조할 때뿐이다. 그런 신체로 마치 맹수와 레슬링이나 할 것처럼 말이다.

### 2. 자신의 정절을 강조하라

데이비드 버스는 **22**개 문화권에 사람들을 매혹시키는 **130**가지의 전략을 발견했다. 다음은 남자가 여자에게 바라는 세 가지 우선사항이다.

1) 정절
2) 다른 남자와 섹스하지 않기
3) 헌신적인 태도를 보여주기

여자가 이런 세 가지 덕목을 갖추어야 한다고 주장한 남자들은 무려 **93**퍼센트에 달했다. 이 세 가지야말로 남자의 부성(父性)을 확실히 담보하기 때문이다. 원시 남성은 태어난 아이가 진짜 자기 아이인지 확인할 수 없었다. 하지만 많은 여자들을 상대했으므로 여자가 자신의 아이를 임신했을 가능성도 그만큼 높았다. 위의 세 가지 사항은 원시 남성보다는 **21**세기 남성에게 더 중요하다. 오늘날 여성들은 일부일처제를 고집하고 있기 때문이다. 따라서 남자는 단 한 명의 여자에게 의존하여 자신의 유전자를 후대에 전할 수밖에 없다. 이 때문에 자신의 부성을 보장하는 일이 무엇보다 중요한 문제로 등장했다.

앞서 언급했지만 **DNA** 검사가 널리 사용되면서, 영국의 경우 결혼한 부부 사이에서 태어난 아이들 중 **11**명에 **1**명꼴로 남편의 아이가 아님이 밝혀졌다. 이 때문에 여자가 경쟁자를 물리치기 위해서는 "그 여자는 아무 남자와 자는 문란한 사람"이라고 주장하는 것이 좋은 전략이다. 이 주장의 한 가지 난점은 장기 파트너를 찾는 남자에게만 통한다는 것이다. 캐주얼 섹스를 원하는 남자라면 오히려 이 말을 듣고 그녀를 더욱 매력적인 대상으로 생각하게 된다.

남자는 장기 파트너가 성적으로 문란한 것을 극도로 혐오한다. **1,000**년 동안 문란한 여자를 묘사하는 단어가 **100**개 넘게 발생했고 대부분 경멸적이다. 성적으로 문란한 남자를 나쁘게 묘사하는 단어들은 별로 없다. 오히려 그런 단어는 주로 자부심과 선망의 뜻으로 사용된다. 문란한 여성들을 경멸적으로 표현한 단어로는 잡년, 헤픈 년, 화냥년, 매춘부, 창녀, 걸레, 암캐, 색정녀, 갈보 등이 있다.

하지만 그런 남자들을 가리키는 단어들은 이렇다. 섹스의 신, 성 중독자, 플레이보이, 카사노바, 떡 치는 남자, 소시지 채워 넣는 남자, 여자 쫓아다니는 남자 같은 단어들은 음란한 남자를 가리키면서도 직간접적으로는 칭찬의 의미가 있다.

여자가 자신의 정절을 강조하는 가장 좋은 **3**가지 방법은 이렇다.

**1.** 과거 만난 남자들에 대해 말하지 말라.

**2.** 다른 남자들과 시시덕거리지 말라.

**3.** 새로운 관계에서 조기에 섹스하지 말라. 여기서 '조기'는 남자가 자원과 시간을 당신에게 투자할 마음을 아직 보이지 않은 때를 뜻한다.


### 3. 비싸게 굴라

장기 파트너를 찾는 남자에게 수줍거나 부끄러워하거나 수동적인 태도를 보이는 것은 아주 효과적이다. 수줍어한다는 것은 여자가 비싸게 팅기는 것 혹은 정절의 지표로 해석된다. 만약 여자가 '쉬운 상대'로 판명나면, 남자는 그녀가 다른 남자에게도 그러리라고 짐작한다. 이렇게 되면 자신의 부성을 보장받지 못하기 때문에 그녀에 대한 점수는 크게 떨어진다. 비싸게 구는 것은 남자의 두 가지 원시적 동기, 즉 정절과 부성 확보라는 점에 호소하는 매우 훌륭한 전략이다.

모든 사람은 타인의 성적 평판에 대해 관심이 많다. 그래서 수많은 토크 쇼에 자주 화제로 등장한다. 누가 누구와 언제 어디서 잤는지, 얼마나 자주 잤는지, 그의 진짜 아버지는 누구인지 등을 입에 올리기 좋아한다. 하지만 가벼운 섹스를 원하는 남자에게 여자의 수줍음은 부정적인 요소다. 그런 여자에게는 자원과 시간이 너무 많이 들기 때문이다. 섹스를 자꾸만 미루는 여자는 짝짓기 평점을 높인다. 남자가 그녀를 잠재적인 장기 파트너로 보기 때문이다.

> 여자가 너무 일찍 섹스에 응하면 남자는
> 그녀를 일시적인 파트너로 생각한다.

### 4. 신체를 적게 노출하라

녹스, 힐, 가드너는 다양하게 신체를 노출한 이성의 사진들을 피조사자들에게 보여주었다. 사진 속 여자의 노출이 심할수록 남자는 그녀를 섹스 파트너로 생각할 뿐 결혼 파트너로는 생각하지 않았다. 몸에 꼭 끼는 옷이나 민감한 부위를 많이 노출한 옷을 입을수록 그녀는 단기 섹스 파트너로는 높게, 장기 파트너로는 낮게 평가되었다.

여자도 노출이 심한 옷을 입은 남자를 단기 파트너로 여겼고, 단정하게 갖춰 입은 남자를 장기 파트너로 생각했다. 깊이 파여 가슴골이 많이 드러나는 여자일수록 남자들은 그녀의 말을 기억하지 못했다.

이 교훈은 분명하다. 여자가 몸—특히 성적으로 민감한 부분—을 많이 가릴수록 장기 파트너로 인식될 가능성이 높아진다.

### 5. 멍청하고, 무기력하고, 순종적인 태도를 피하라

데이비드 버스는 멍청하고, 무기력하고, 순종적인 여자는 단기 파트너를 매혹시키는 데는 크게 성공하지만(효율도 48%), 장기 파트너를 만나는 데는 그리 효과적이지 못했다(효율도 23%)고 주장한다. 캐주얼 섹스를 노리는 남자는 멍청하고 순종적인 여자를 오히려 좋아한다. 그런 여자는 쉽게 다룰 수 있기 때문에 소기의 목적을 금방 거둔다고 여기는 것이다. 이것은 '백치 금발' 이라는 말이 왜 나왔는지를 잘 설명해준다.

## 여자가 경쟁자를 비판하는 법

경쟁자의 짝짓기 평점을 깎아내리려는 여자는 그 여자의 건강과 아름다움을 비판하면서 이렇게 말하면 된다. "그 여자 가슴은 실리콘 덩어리인데다가 얼굴에는 보톡스를 맞았고, 아무 남자하고나 자는 바람둥이인데가 성병까지 있어." 이런 전략이 통하는 이유는 남자는 여성의 건강과 젊음, 정절에 매력을 느끼도록 두뇌회로가 설계되어 있기 때문이다. 여자는 경쟁자의 직장이 별로라거나 돈이 없다는 말은 하지 않는다. 여자가 남자에게 과장해 말하는 것은 나이(젊음), 과거 애인의 수(정절), 건강(화장, 하이힐, 성형수술 등)에 대해서다.

남자가 여자의 외모를 중요하게 여긴다는 사실을 알기에, 여자는 자신의 외모를 돋보이게 하려고 애쓸 뿐 아니라 경쟁자의 외모를 깎아내린다. 경쟁자가 뚱뚱하고 못생겼으며 몸매도 형편없고 영 매력이 없다고 말한다. "그 여자의 민낯을 봤어? 어휴, 장난 아니야!" "가슴도 완전 절벽인데다가 화장을 떡칠한다니까." 하지만 그녀가 직장에서 일을 못한다거나 똥차를 끌고 다닌다는 말은 결코 하지 않는다. 경쟁자의 정절을 비하하는 말은 장기 파트너를 찾는 남자에게만 효과가 있다. 그녀를 "창녀"라고 할 경우 캐주얼 섹스를 추구하는 남자에게는 매우 매력적인 존재로 변모한다.

> 남자와 행복하게 살려면 그를 많이 이해하고 조금 사랑하라.
> 여자와 행복하게 지내려면 그녀를 많이 사랑하고
> 조금도 이해하려 들지 말라.

- 이성을 상대로 당신의 짝짓기 평점을 높이는 일은 가능하다.
- 남자는 반려자를 잘 이해하고 지원해야 한다. 사소한 약속이나 애정 표현은 여자에게 거창하고 값비싼 선물보다 훨씬 중요하다.
- 여자는 짝짓기 평점을 높이려면 자신의 정절을 강조하고, 신체 노출을 피하며, 외모를 가꾸는 데 집중해야 한다.
- 남녀는 경쟁남녀의 짝짓기 평점을 낮추기 위해 경쟁자를 적극 비판한다. 남자는 경쟁자의 자원이나 자원 획득 능력을 폄하하는 반면, 여자는 경쟁자의 외모를 헐뜯는다.

## "그리고 오래오래 행복하게 살았답니다"

"그리고 오래오래 행복하게 살았답니다"

 

시대와 나이에 상관없이 사랑에 빠지면 우리는 십대로 돌아간다. 여자는 사랑, 로맨스, 모험, 성적 열정의 짜릿함을 원하며 자유롭고 독립적인 사람이 되길 바란다. 이 모든 것을 제공해주고 자신을 사랑해주는 남자를 만나는 것은 모든 여자의 꿈이다. 남자는 모든 남성이 항상 원해왔던 것을 원한다. 존경과 존중과 이해, 그리고 파트너의 정절을 바란다. 재정적으로 불가피한 경우가 아니라면 남자는 여자가 밖에 나가 일하길 원치 않는다.

   페미니스트들은 이런 주장을 편다. 남자들은 지난 수세기 동안 세상의 자원을 통제해왔고, 여자들을 임신시켜 권력과 자원을 얻지 못하게 하여 그들이 여자를 통제할 수 있었다고 말이다. 인간의 역사를 연구하면 이런 주장은 언뜻 진실처럼 보인다. 하지만 실상은 그렇지 않다. 한 발짝 뒤로 물러서 인류 역사의 커다란 그림을 살펴보면 이런 질문이 떠오른다. "남자는 왜 자원, 지위, 권력을 얻으려는 욕구를 갖게 되었는가?" 그 대답은 "여자"다. 여자는 아이를 낳아 기르면서 그 아이를 먹여주고 보호하기 위해 필요한 자원을 남자에게 요구했다. 대부분의 남자들은 잠재의식의 차원에서 이것을 잘 안다. 그래서 여자들의 요구에 부응하기 위해 지위와 자원을 찾아 평생을 헤맨다.

남자가 더 좋은 직장, 더 높은 지위, 더 많은 연봉을 위해 자신의 편안과 건강을 뒤로한 채 다른 남자들과 피 튀기며 경쟁하는 이유가 뭐란 말인가? 지위와 자원의 게임에서 다른 남자들을 물리치면 더 높은 수준의 짝을 얻을 수 있다는 사실을 알기 때문에 그러는 것이다. 남자가 여자와 짝짓기를 해야 할 필요가 없다면, 남자는 여자가 제시한 자원의 기준을 긴급히 충족시켜야 할 이유도 없다. 그렇다면 스트레스가 한결 덜한 인생을 선택할 것이다. 아무 때나 낚시를 떠나고, 마음껏 맥주를 마시고, 편안하게 잠을 자며 시원하게 방귀를 뀌어대는 이상적인 삶.

오늘날 세계의 모든 여성은 자원을 이미 갖고 있는 남자, 혹은 향후 자원을 획득할 가능성이 많은 남자를 열심히 찾고 있다. 자원이 없는 남자, 자원을 얻을 생각이 없는 남자는 거부한다. 여자가 생계를 책임지고 남자는 느긋이 집에서 노는 부부도 있긴 하지만 극소수에 불과할 뿐이다.

> 동년배일 경우 기혼남이 미혼남보다 더 많이 벌어들인다.

 페미니스트들은 자원을 얻는 남자의 주된 목적이 여자를 압박하기 위한 것이라고 주장한다. 하지만 현실은 어떤가? 남자는 권력, 지위, 자원을 얻기 위해 다른 남자와 경쟁할 뿐 여자와 경쟁하진 않는다. 남자는 여자를 얻기 위해 다른 남자들과 경쟁하며, 자원 게임에서의 성공은 여자의 기준을 얼마나 충족시켰는지 여부로 측정된다. 이렇게 열심히 노력하기 때문에 남자는 여자보다 평균 7년 먼저 사망한다. 게다가 남자가 다른 남자를 살해하는 사건은 대부분 여자 문제와 관련된 치정 사건이다.

 남자가 여자처럼 유대관계를 중시하고 대화를 사회적 접착제로 사용한다고 상상해보자. 남자가 여자처럼 이렇게 말한다면 어떨까? "친구들과 오랫동안 통화하는군요?"(속뜻: 날 더 이상 사랑하지 않나요? 나랑 대화하면 재미없나요?) 또는 이렇게 말한다고 해보자. "쇼핑할 때 날 데려가지 않는군요."(속뜻: 왜 항상 조세핀하고만 쇼핑하죠? 난 그저 섹스 상대에 불과한가요?)

 불행히도 남자들은 그들의 본능적 욕구 때문에 비난받는데 여자들은 '놀라운 의사소통 능력자'라는 호칭으로 본능적 욕구를 칭송받지 않는가. 만약 남녀 모두 동일한 조건이라면, 남자는 '놀라운 번식 능력자'라는 호칭으로 칭송받아야 마땅하다.

 남자의 76퍼센트가 여자를 성적 대상으로만 생각하지는 않는다고 말한다. 하지만 이것은 그들의 본심이 아니다. 여자들의 비난이 두렵고 자칫 성희롱으로 고소당하거나 정치적으로 올바른 '남녀평등'의 외양을 지키기 위해 그렇게 말할 뿐이다.

### 결혼 제도는 어디로 갔을까

기혼자라면 당신은 마이너 그룹에 속한다. 지난 수십 년 동안 서구권 국가의 부부는 꾸준히 감소해왔고, **2006**년 미국의 결혼한 부부들은 어느덧 소수가 되었다. 미국 인구통계국이 발간한 〈미국 공동체 연구〉에 따르면, 미국의 **1**억 **1,120**만 가구 중 **5,520**만 가구(**49.7%**)가 결혼한 부부로 이루어졌는데(자녀가 있거나 없거나), 이는 **5**년 전 **52**퍼센트에서 **2**퍼센트 이상 감소한 수치다. 다른 생활 방식의 압박 때문에 결혼한 부부의 비율은 갈수록 줄어들고 있다. **1930**년에는 결혼한 부부가 전체 가구의 약 **84**퍼센트를 차지했다. **1990**년에 이르러 이 비율은 약 **56**퍼센트로 떨어졌다. 이 조사연구는 성적 취향(이성애나 동성애)에 대해서는 물어보지 않았고 단지 파트너인지 룸메이트인지만 구분했다.

영국의 경우, 국가통계국 수치로 보면 **2008**년 동거 커플이 결혼한 부부의 숫자를 앞질렀다. **1998**~**2007**년 사이에 유부남으로 등록된 성인 남성은 **8**퍼센트가 감소했다. **2007**년 **18**~**49**세 여자 중 절반 미만이 기혼여성이지만 **1979**년에는 그 수치가 **75**퍼센트에 육박했었다. 그러니까 **1979**년에 비해 **2007**년에는 결혼하지 않은 여자가 **3**배나 더 많았다. **2006**년 잉글랜드와 웨일즈에서는 **236,980**건의 결혼이 이루어졌는데, 이는 **1895**년 이래 가장 큰 하락을 기록한 수치였다. 갈수록 늘어나는 독식 혹은 동거 생활로 인해 결혼은 점점 설 자리를 잃어가고 있다.

커플은 여러 이유로 함께 살기로 결정한다. 적당한 주택 장만이 아주 어려운 상황을 감안한다면, 실용적인 측면은 로맨스 못지않게 중요한 요인으로 작용한다. 왜냐하면 둘이 함께 살면 따로 사는 것보다 비용이 덜 들기 때문이다. 오늘날 많은 사람들이 동거는 진정한 남녀관계로 가는 시험대 같은 것이라고 말한다.

미래의 남녀관계가 어떤 형태를 취하든, 누군가를 사랑하고 사랑받는 것은 인류 존속을 위한 핵심 과제다. 캘리포니아의 연구 조사자들은 남녀 **7,000**명을 대상으로 **9**년 동안 연구한 결과, 친구나 친척, 공동체, 그룹 구성원, 애인 혹은 배우자와의 접촉이 없는 사람은 접촉이 활발한 사람보다 **1.9~3.1**배 더 많이 죽었다는 것을 발견했다(같은 기간 내에). 스웨덴에서도 **17,000**명을 상대로 **6**년 동안 동일한 조사를 펼쳤는데, 사회와 단절되어 있거나 외로운 사람은 인종, 성별, 운동 습관 등과 관계없이 인간적 접촉이 활발한 사람보다 **4**배나 더 많이 죽은 것으로 집계되었다.

### 젊은이들의 현주소

영국의 한 연구 조사 결과, 십대 남녀의 **80**퍼센트가 술에 취해서 혹은 억지로 강요당해서 처녀성(동정)을 잃었다. 또 절반이 넘는 십대들이

"당신, 지금 너무 조심하는 거 아니에요?"

콘돔 없이 섹스를 하는 것으로 밝혀졌다. 15~18세 학생 3,000명을 조사한 결과 39퍼센트가 상대방이 원하지 않았는데 섹스를 한 것으로 밝혀졌다. 여학생은 거의 10명 중 3명꼴로, 남자친구의 비위를 맞추기 위해서 등의 '부정적인 사유'로 처녀성을 잃었다. 더욱이 여학생의 51퍼센트, 남학생의 37퍼센트는 콘돔을 착용하지 않은 채 섹스했고, 여학생의 58퍼센트, 남학생의 30퍼센트는 적어도 한 번 이상 콘돔 없이 섹스했다. 이런 통계는 섹스와 성에 대한 십대의 무지를 적나라하게 드러낸다. 지금도 많은 십대들이 불안전한 섹스를 감행하고 있다.

이혼가정의 자녀들을 상대로 한 연구에서는 이런 사실이 더욱 두드러진다. 자녀들은 부모와 똑같은 짝짓기 전략을 추구한다. 부모의 이혼을 보았기에 자녀들은 단 한 명의 파트너에게 평생을 의존하기란 불가능하다고 생각한다. 이혼가정의 자녀들은 정상가정의 자녀들보다 사춘기를 더 빨리 맞고, 여자는 생리를 더 빨리 시작하며, 더 많은 파트너와 섹스하는 경향을 보인다.

이처럼 오늘날의 젊은이들은 부모 세대보다는 어떤 면에서 더 많은 섹스 정보를 갖고 있을지 몰라도, 안전에 대해서는 매우 무책임하다. 그래서 부모에 비해 임신이나 성병, 에이즈의 위험을 무시하는 경향이 많다.

### 새로운 사랑은 언제나 장밋빛?

우리의 두뇌회로는 좀더 튼튼한 자손을 낳아줄 짝에게 매혹되도록 설계되어 있다. 다른 동물들도 마찬가지다. 그렇기에 가끔은 다른 소망 리스트의 기준을 충족시키지 못하는 사람에게도 매혹된다. 훌륭한 자녀를 생산할 능력이 있다고 해서 평생 함께 행복하게 살 수 있는 것은 아니다. 그래서 남자는 상대방이 자신의 유일한 여자라는 사실을 납득시키기 위해 온갖 감언이설을 동원한다. "당신 같은 여자는 한 번도 만난 적 없어. 이런 기분 처음이야." "우리는 소울메이트인 것 같아. 정신적으로 매우 잘 통하고 있어"라고 말하는 것이다. 사랑의 초기 단계에서 이런 말을 하는 남자는 자신의 말이 진심이라고 생각한다. 그의 뇌에서 분비되는 화학물질이 진짜 그런 느낌을 갖게 만들기 때문이다. 그런 황홀감에 자극받은 남자는 그녀의 치마를 벗기기 위하여 필요하다면 어떤 언행이라도 다 할 준비가 되어 있다. 여자도 두뇌에서 화학물질이 분비되어 남자의 달콤한 대사를 믿게 된다. 평소 예민하게 움직였던 그녀의 거짓말 탐지기는 잠시 작동을 멈춘다. 연애 초기의 이런 즐거움과 기쁨을 마음껏 만끽하라. 하지만 사랑의 초창기에 느끼는 그런 정서적 황홀감이 영구히 지속되진 않는다는 사실을 기억해야 한다. 남자가 여자를 장기적 파트너로 삼기로 결정하지 않는다면, 여자는 사냥감, 남자는 사냥꾼에 불과하다. 대부분의 남자는 새로운 남녀관계가 장기적인 관계가 되길 바라지 않는다. 그저 새 여자가 자신의 욕구를 충족시켜 주고 화학물질의 분비를 계속 자극해주길 바란다. 만약 그의 두뇌에서 더는 호르몬이 분비되지 않는다면, 그는 여자와 뜸해지다가 헤어지거나 다른 여자를 찾아 나설 것이다.

### 남녀의 결정적 차이

남녀가 다르게 생각하고 행동한다는 사실을 보여주는 증거는 매우 많다. 다음 소개되는 샤워실에서의 행동 차이도 그 증거가 된다.

# 여자답게 샤워하는 방법

1. 옷을 벗어서 밝은 것, 어두운 것, 하얀 것, 기타 인공적 혹은 자연적 기준에 따라 구분된 빨래 바구니에 집어넣는다.
2. 긴 드레싱 가운을 입고 욕실로 걸어간다. 가다가 남편을 만나면 드러난 몸을 가리면서 재빨리 들어간다.
3. 거울에 비친 자신의 몸을 살펴보며 배를 내민다.
4. 살이 찐 부분을 불평하고 불만을 토로한다.
5. 샤워실로 들어간다.
6. 얼굴 수건, 몸 닦는 수건, 긴 수건, 넓은 수건, 발뒤꿈치 각질제거용 돌멩이를 준비한다.
7. 83가지 비타민이 첨가된 오이/아보카도 샴푸로 머리를 감는다.
8. 83가지 비타민이 첨가된 오이/아보카도 샴푸로 머리를 한 번 더 감는다.
9. 오렌지향이 가미된 오이/아보카도 린스로 머리에 영양을 공급한다. 그 상태로 15분 놔둔다.
10. 으깬 살구 스크럽 제품을 사용해 얼굴이 새빨갛게 될 때까지 박박 문지른다.
11. 망고향이 나는 바디 클렌저로 몸을 깨끗이 씻는다.
12. 머리를 헹구면서 또 다시 15분을 기다려 린스가 머리카락에서 다 빠져나가게 한다.
13. 겨드랑이와 다리를 면도한다. 비키니 부위도 면도할까 생각하다가 왁싱하기로 결정한다.
14. 아까 남편이 변기 물을 내리는 바람에 수압이 올라가 샤워기에서 나오는 엄청 뜨거운 물을 맞고서 비명을 내지른다.
15. 샤워기를 끈다.
16. 샤워기의 젖어 있는 부분을 닦아낸다.
17. 곰팡이 제거제로 남아 있는 얼룩덜룩한 부분을 제거한다.
18. 샤워실에서 나온다.
19. 수건으로 아래를 먼저 닦는다.
20. 흡수력이 좋은 두 번째 수건으로 머리를 둘러싼다.
21. 혹시 자그마한 물 얼룩이나 머리카락이라도 남았는지 전신을 샅샅이 살펴본다. 발견되면 손톱이나 핀셋으로 즉시 제거한다.
22. 머리에 타월을 두르고 긴 드레싱 가운을 입은 채 침실로 돌아간다. 가다가 남편을 만나면 드러난 살을 애써 가리면서 침실로 달려가 옷 입는 데 한 시간 반을 소비한다.

# 남자답게 샤워하는 방법

1. 침대 가장자리에 앉은 채 옷을 벗고 그 자리 그대로 산더미처럼 쌓아 놓는다.
2. 알몸으로 욕실로 걸어간다. 가다가 아내를 만나면 페니스를 흔들어대며 쉭쉭 소리를 낸다.
3. 거울에 비친 자신의 몸을 살펴보며 힘주어 배를 집어넣는다. 페니스의 크기에 찬탄하면서 엉덩이를 긁적댄다.
4. 샤워실로 들어간다.
5. 수건 따위는 신경 쓰지 않는다.
6. 얼굴을 씻는다.
7. 겨드랑이를 씻는다.
8. 양손으로 코를 풀고 물로 헹군다.
9. 욕실에서는 방귀 소리가 평소보다 더 크다며 웃음을 터트린다.
10. 페니스와 그 주위를 씻는 데 상당 시간을 사용한다.
11. 엉덩이를 씻는다. 엉덩이 털을 비누에 그대로 묻혀둔다.
12. 머리에 샴푸를 바른다(컨디셔너는 사용하지 않는다).
13. 머리에 샴푸 거품을 가득 낸다.
14. 샤워 커튼 밖으로 고개를 돌려 거울 속에 비친 자신의 몸매를 쳐다본다.
15. 배수구를 겨냥하며 샤워 중 오줌을 갈긴다.
16. 머리를 헹구고 샤워실에서 나온다. 커튼이 샤워 내내 욕조 밖에 드리워져 있었기 때문에 바닥에 고인 물 따위는 신경 쓰지 않는다.
17. 부분적으로 몸을 대충 닦는다.
18. 거울을 본다. 근육에 힘을 줬다가 빼본다. 자신의 페니스에 다시 한 번 감탄한다.
19. 커튼을 그대로 둔 채 샤워실을 나온다. 바닥 목욕 매트는 젖어 있고, 환풍기와 전등도 그대로 켜 놓고 몸만 쏙 빠져나온다.
20. 허리에 수건만 두른 채 침실로 돌아간다. 타월을 벗으며 아내에게 페니스를 흔들어대고 "컴 온, 베이비!"라고 소리치며 골반을 불쑥 내민다.
21. 젖은 타월을 침대에 내던진다. 아까 벗은 옷을 그대로 입는다.

## 극과 극은 끌리는 걸까

오래된 속담 "정반대는 서로 끌린다"는 말은 남녀관계에 많은 고민과 결별을 안겨준다. 정말 그렇다면 깔끔한 여자와 지저분한 남자, 축구광인 남자와 얌전한 여자, 미술관을 좋아하는 여자와 나이트클럽을 사랑하는 남자, 술고래 여자와 술을 전혀 마시지 않는 남자가 서로에게 엄청나게 끌린다는 얘기가 된다. 커플의 행동과 태도, 지속 기간 등을 조사한 모든 연구자들은 분명한 결과를 제시했다. 그런 정반대의 태도가 연애 초기에는 매력으로 보일지 몰라도, 장기적으로는 긴장과 결별의 결정적 요인이라는 것이다. 기본적인 인생관과 가치관 자체가 다른 커플은 이혼으로 향할 수밖에 없다.

정반대의 특징과 이상을 가진 모든 커플이 결국 깨진다는 말은 아니다. 극소수 커플이 오래 가기도 한다. 하지만 대부분의 커플은 언쟁과 의견 불일치로 고통스러워한다. 공동의 목표를 향해 함께 나아가는 데 방해가 되니 당연히 진행 속도도 느리고 더딜 수밖에 없다. 서로 다른 인생의 목표를 가진 커플은 서로 정반대 방향으로 가기 때문에 귀중한 시간을 낭비하는 셈이다. 데이비드 버스는 이런 결론을 내놓았다. 가장 성공적인 장기 관계를 유지하고 결별 위험이 적은 커플은 인종, 종교, 민족성이 비슷하고 사회적, 도덕적, 윤리적, 정치적 이상에 대해 유사한 가치와 견해를 지닌 사람들이다. 따라서 성공적인 장기 관계를 맺으려면 비슷한 이상과 가치를 가진 짝을 찾아야 한다. 핵심 가치관과 인생관이 당신과 비슷한 사람을 만나라.

## 지상 최고의 연인

그렇다면 이 세상의 어떤 남자가 최고의 연인이고 누가 최악의 연인일까? 2005년 독일 제약사 바이엘헬스케어는 16개국 40세 이상 여자 12,065명을 대상으로 남편에게서 얻는 성적 만족도를 측정해 〈섹스와 현대 여성〉이라는 보고서를 발간했다. 대상 국가는 브라질, 프랑스, 독일, 이탈리아, 멕시코, 폴란드, 사우디아라비아, 남아프리카공화국, 스페인, 터키, 영국, 호주, 베네수엘라 등이었다.

성적 만족도가 가장 높은 여자는 어느 나라일까? 사우디아라비아 여자였고 그 다음이 멕시코, 스페인, 이탈리아, 베네수엘라 순이었다. 사우디아라비아 여성들은 전반적으로 만족도가 높았고(92%), "아주 만족한다"는 측면에서도 가장 높은 수치(64%)를 보였다. 거의 모든 사우디아라비아 여성은 파트너의 성적 만족도 본질적이고 중요하다고 생각했다(97%). 반면 가장 만족도가 낮은 여자는 터키였다. 터키 여성들은 전반적인 만족도가 가장 낮았고(65%), 겨우 32퍼센트만이 성생활에 아주 만족한다고 대답했다.

> 사우디 여성은 이 세상에서 성적으로 가장 만족을 느끼는 여자들이다.

이 조사연구의 고문관이었던 존 딘은 이렇게 말했다. "사우디와 대부분의 아랍 사회에서 섹스는 결혼에서 아주 중요한 역할을 한다. 섹스는 즐겨야 할 선물이고 남편과 아내는 그것을 공유할 의무가 있다." 이슬람 국가에서는 결혼한 부부만 섹스를 즐길 수 있다. 코란은 남자에게 여자를 존중하라고 명령한다. 여자의 요구를 잘 들어주고, 사전에 여자와 충분한 시간을 보내야 한다고도 말한다. 코란에는 이렇게 적혀 있다. "낙타가 쓰러지듯 아내에게 무턱대고 쓰러지지 마라. 사전에 메시지를 보내는 행위가 있어야 하고 그것이 부부 생활에 더 적절하다." 이런 말도 있다. "여자들은 공정한 방식으로 의무를 이행해야 하고 공정한 방식으로 권리를 누려야 한다." 사우디아라비아 여성들은 섹스의 중요성을 인정한다. 그들은 만족을 주는 섹스를 원하고 남편에게 그것을 제공할 준비가 되어 있다.

### 다른 나라 여성들의 섹스

성생활에 매우 만족하다고 말하는 여자들은 생활 속에서도 섹스를 높게 평가했다. 라틴 아메리카에서는 여성의 92퍼센트가 파트너의 만족을 중요하게 여긴다고 했고, 91퍼센트는 자신의 만족도 그와 똑같이 중요하다고 대답했다. 베네수엘라 여성 82퍼센트는 섹스가 인생에서 매우 중요하다고 평가했다. 그 다음은 멕시코인데 역시 멕시코 여성 80퍼센트가 섹스는 자신에게 중요하다고 응답했다.

영국 여성은 61퍼센트, 프랑스 여성은 겨우 13퍼센트만이 섹스가 자신의 삶에서 "중요하다"고 대답했다. 독일 여성의 약 30퍼센트는 섹스가 그다지 혹은 전혀 중요하지 않다고 답했고 터키 여성 32퍼센트도 같은 생각이었다.

이탈리아 여성 92퍼센트는 자발적인 섹스가 본질적이고 중요하다고 생각했다. 그 뒤를 이은 폴란드 여성 91퍼센트도 이렇게 대답했고, 영국 여성은 겨우 18퍼센트만 이런 생각을 했을 뿐이다. 이는 가장 낮은 수치였다.

프랑스 여성들은 항상 성생활이 지금보다 개선되길 원했고(37%), 26퍼센트는 "가끔" 개선을 원한다고 말했다. 그들보다 만족도가 높은 이탈리아 여성은 겨우 4퍼센트만 항상 개선되길, 14퍼센트가 가끔 개선되길 원했다.

### 누가 수준 미달인가

서구권 국가에서 성생활 만족도가 가장 낮은 여성은 호주 여성이었다. 그들 중 33퍼센트가 성생활이 "거의" 혹은 "전혀" 만족스럽지 않다고 말했다. 전 세계 여성의 평균 불만족 수치가 16퍼센트인 것에 비하면 매우 높은 비율이다. 호주 여성의 26퍼센트만 자신의 성생활이 "아주 만족스럽다"고 답했고, 36퍼센트는 "다소 행복하다"고 말했다.

소셜네트워크 사이트 '웨인닷컴'도 50개국 10,000명 여성을 대상으로 비슷한 조사를 한 적이 있다. 누가 최고의 연인이고, 어느 나라 남자가 마음에 들지 않느냐고 물었는데, 조사 결과 독일 남자가 최악의 연인으로 꼽혔다. 너무 이기적이라는 이유에서였다. 그 다음은 너무 빨리 사정한다는 스웨덴 남자, 3위는 너무 거칠다는 네덜란드 남자였다. 미국 남자는 4위(너무 위압적이다), 웨일즈 남자는 5위(너무 감상적이다), 스코틀랜드 남자는 6위(너무 시끄럽다), 터키 남자는 7위(너무 땀을 많이 흘린다)였다. 영국 남자는 너무 뚱뚱하다는 이유로 10위였고, 그 다음 순위인 그리스 남자는 너무 냄새가 나서, 러시아 남자는 너무 털이 많다는 비난을 받았다. 영광스러운 최고의 연인은 이탈리아 남자와 프랑스 남자가 뽑혔다.

> 한 여자가 바에서 한 남자를 만났다. 대화와 교감을 나누던 그들은 어느덧 함께 술집을 나와 남자의 아파트로 향했다. 여자는 남자의 침실에 사랑스럽고 귀여운 곰 인형들이 선반 가득 있는 모습을 보았다. 제일 아래 선반에는 작은 곰 인형, 중간 선반에는 중간 크기 곰 인형, 제일 위 선반에는 커다란 곰 인형이 있었다. 여자는 남자가 그처럼 멋진 곰 인형들을 수집하는 데 놀랐고 그의 다정다감함에 깊은 인상을 받았다. 둘은 서로 키스를 나누었고 이어 화끈하고 에로틱한 사랑을 나누었다. 열정의 시간을 보낸 후 여자와 남자는 나른함에 빠져들어 함께 누워 있었다. 그녀가 몸을 돌려 그를 쳐다보며 물었다. "정말 멋진 시간이었어요. 난 참 좋았는데, 당신은 어때요?" 그가 대답했다. "제일 아래 선반에 있는 인형 아무 거나 하나 골라 가져요."

### 손가락으로 알아보는 섹스와 성공

과학은 마침내 손금 해독법을 내놓았다. 수많은 연구 결과는 손가락 길이에 따라 스포츠 능력, 학업 성적, 성적 지향, 질병에 대한 면역력 등을 측정할 수 있다고 말한다.

다음은 지금 당장 해볼 수 있는 구체적 실험이다. 오른손을 들어 올려 손가락을 쫙 편 후 검지와 약지 길이를 비교해보라. 이 두 손가락의 길이 차이는 자궁에 있을 때 남성 호르몬인 테스토스테론에 노출된 정도와 관련이 있다. 평균적으로 남자는 검지보다 약지가, 여자는 약지보다 검지가 길다. 당신의 테스토스테론 수치가 높을수록 약지는 길어지

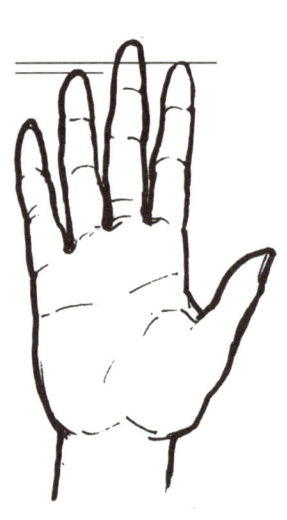 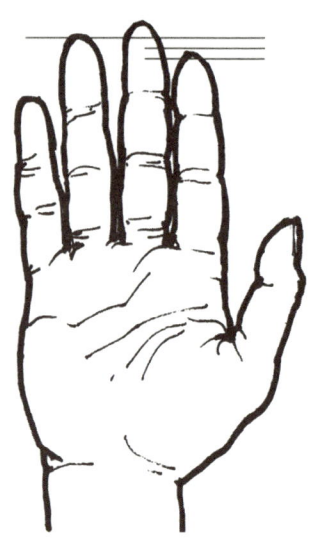

전형적인 여자의 손가락 길이 비율    전형적인 남자의 손가락 길이 비율

고 그만큼 '남성적'이라고 할 수 있다. 성별과 관계없이 이 비율 결과는 아이에게도 그대로 적용된다.

약지가 긴 사람은 달리기와 축구 같은 스포츠 분야에서 뛰어난 것으로 널리 알려져 있다. 드디어 과학은 그 이유를 밝혀냈다. 약지는 다른 손가락에 비해 테스토스테론 수용기가 더 많다는 것이다. 반면 검지는 에스트로겐 수용기가 더 많다고 한다. 테스토스테론 수치가 높은 사람들은 특정 직업에 진출하고 특정 성적 지향과 성적 충동을 갖게 된다. 검지가 약지보다 짧은 사람은 자궁 속에 있었을 때 테스토스테론 수치가 더 높은 반면, 검지가 약지보다 긴 사람은 에스트로겐 수치가 더 높다. 이런 연구 결과는 검지가 긴 여자가 그렇지 못한 여자보다 수태 능력이 더 높다는 사실을 거든다. 두 손가락의 길이 차이는 고작 몇 밀리미터에 불과하지만 사람의 남성성과 여성성에 상당한 영향을 미친다.

"오른손을 들어서 손가락 좀 보여줘."
아서가 새로 만난 여자에게 말했다. "왜?" 여자가 물었다.
"너의 예쁜 손톱을 자세히 보고 싶어서."

**2007**년 바스대학의 마크 브로스넌은 남녀 **100**명을 조사한 결과, 검지가 긴 사람은 언어와 문자 능력이 뛰어나다는 것을 발견했다. 이는 주로 여성들이 강한 분야다. 브로스넌은 남녀 상관없이 약지가 긴 아이들은 그렇지 않은 아이들보다 수학과 물리를 잘한다는 것도 발견했다. 약지가 긴 남자 아이들은 자폐증(여아에 비해 남아의 발병률이 **4**배)에 걸릴 위험이 높고, 청년기에 심장마비에 걸릴 위험이 높다는 결과를 발표했다. 레즈비언 여성들은 약지가 긴 경향이 있는데, 이는 자궁 속에 있었을 때 높은 수치의 테스토스테론에 노출되었음을 의미한다.

《핑거북, 나를 말하는 손가락》의 저자 존 매닝은 이런 손가락 길이 비율은 임신 초기에 결정되고, 테스토스테론과 에스트로겐에의 노출도를 보여주며, 아이의 장래 잠재성도 예고한다고 말했다. 매닝의 또 다른 조사 결과, 게이는 여자와 동일한 손가락 길이 비율을 보였는데, 이는 그들이 자궁 속에서 테스토스테론에 덜 노출되었음을 의미한다.

2008년 케임브리지대학 존 코츠와 동료들은 남자 증권거래인 44명의 오른손을 측정하고 아침저녁으로 그들의 침 샘플도 채취해 20개월 동안 조사했다. 그 결과, 약지가 검지보다 긴 남자들은 그렇지 않은 남자들보다 11배나 많은 수익을 올렸다. 같은 기간에 가장 경험 있는 거래인은 가장 경험이 적은 거래인보다 약 9배 더 많은 돈을 벌었다. 경험 많은 거래인들만 살펴보았을 때, 약지가 긴 남자는 약지가 짧은 남자보다 5배 더 많이 벌었다. 어느 날 아침 테스토스테론 수치가 높이 나올수록 그 날에는 더 많은 수익을 올린 사실도 발견되었다. 조사팀은 손가락 비율이 변화무쌍한 증권업에서의 성공 여부를 미리 보여주는 것 같다고 보고했다. 증권업은 모험을 감행하고 재빠른 반응을 보여야 하는 직종인데, 테스토스테론은 그런 공격성과 자신감, 모험심과 밀접한 관련이 있다.

### 미래의 사랑을 예측하는 과학

우리가 미래에 사랑을 하는 방법에는 과학이 상당히 중요한 역할을 할 듯하다.

짝짓기와 구애에 관한 유전 연구는 이제껏 동물에 국한되었고, 인간에게는 간단한 설문조사에 그쳤다. 이런 연구 중 가장 획기적인 유형은 북미 들쥐에게 수행한 실험이다. 한 대상은 일부일처제의 평야 들쥐, 다른 대상은 아무 유대관계 없이 닥치는 대로 교미하는 산간 들쥐다. 에모리대학 연구원 토머스 인셀과 래리 영은 일부일처의 평야 들쥐에게서 성적으로 문란한 산간 들쥐에게는 없는 유전자를 발견했다. 그들은 이 유전자를 산간 들쥐에게 주입했다. 이런 간단한 유전자 조작만으로 산간 들쥐의 성적 문란을 말끔히 일소할 수 있었다. 따라서 앞으로는 유전자 조작을 통해 남자들을 일부일처제의 성실남으로 만드는가 하면 아주 노골적인 섹스 중독자로 만느는 것도 가능하리라 예상된다.

> 결혼과 사랑은 순전히 화학적 문제다. 바로 이 때문에 남녀관계에서 어느 한쪽이 상대를 독극물 취급하는 것이다.

### 좋은 파트너의 냄새

유전학과 짝짓기 선호도를 연구하는 과학자들은 남녀가 특정 유전자세트, 소위 특정 **MHC**(Major Histocompatibility Complex: 주요 조직친화성 복합)을 가진 상대방에게 매혹된다는 사실을 발견했다. 일종의 유전자 군인 **MHC**는 면역체계를 가동시키는 분자를 만들어낸다. 부모의 **MHC**가 다양할수록 자손의 면역체계는 강해진다. **1995**년 스위스 로잔대학 생물학 교수인 클라우스 베데킨트는 그 유명한 "땀내 나는 티셔츠" 실험을 수행했다. 남녀가 무의식적으로 자신과 다른 **MHC**를 가진 이성을 선택한다는 사실을 입증하는 연구였다. 베데킨트는 피조사자 여성들에게 남자들이 이틀 동안 입었던 티셔츠를 어떤 탈취 작업도 하지 않고 냄새를 맡도록 요청했다. 이어 그 셔츠를 똑같이 생긴 상자들 속에 넣어두었다. 그리고 여자들에게 다시 그 셔츠들의 냄새를 맡고 성적으로 가장 끌리는 셔츠를 선택하게 했다. 그러자 여성들은 자신의 **MHC**와 다른 남자의 체취를 선호했다. **2002**년 수행된 또 다른 연구도 남녀가 상대방의 **MHC**를 알아내기 위해 주로 냄새를 사용한다는 것을 밝혀냈다.

그러나 여자들이 먹는 피임약을 복용하고 있는 상황에는 선호도가 완전히 역전되었다. **2005**년 먹는 피임약을 복용하는 여자 **58**명을 대상으로 한 연구 결과, 여자들은 자신과 비슷한 **MHC**를 가진 남자를 선호했다. 먹는 피임약을 복용하지 않은 여성과는 확연히 반대되는 연구 결과였다. 피임약 복용 중인 여성은 자신의 본능에 적합한 이성 파트너를 선택한다는 사실을 보여준다. 이처럼 사람들은 상대방의 페로몬을 냄새 맡으며 정체를 파악하고, 특히 여성은 신체적으로 균형을 이루는 남자의 체취를 선호한다. 당신도 누군가를 만났을 때 아무 이유도 없이 무작정 마음이 끌린 적이 있지 않은가? 그것이 바로 체취의 작용이다.

> 당신의 완벽한 짝은 지금 이 순간
> 당신 바로 앞에 있을 수도 있다.

그러나 **MHC**의 발견은 인종에 따라 다르다. 2008년 옥스퍼드대학 유전학연구소 소장 피터 도넬리와 동료들은, **MHC**가 유럽계 미국인들의 짝 선택에는 상관이 있지만 아프리카인에게는 아무 상관이 없음을 발견했다.

사람들을 사랑에 빠지게 하고 혹은 사랑에서 탈출하게 만들며, 잃어버린 사랑으로부터 손쉽게 회복하는 약물 및 기타 치료법이 현재 개발 중에 있다. 그렇다면 사랑의 미래 모습은 어떨까? 특정 상황에 대한 많은 지식을 갖추면 그것을 조종하고 통제하는 능력도 함께 생겨난다. 사람들은 욕정과 로맨틱 러브의 단계를 아예 배제하는 치료법을 개발해 사랑에 면역될 수도 있을 것이다. 남녀관계가 신통치 못한 사람은 새로운 사랑을 만나는 일이 너무 고통스러워 아예 로맨스를 피하면서 일에만 몰두할지도 모른다. 연애에는 돈이 너무 많이 든다며 사랑 없이 지내겠다고 결심할 수도 있다. 아니면 귀찮은 상대방에게 사랑에서 탈출하게 만드는 약물을 몰래 주입해 당신을 사랑하지 않게 할 수도 있고… 정반대로 당신을 사랑하게 만들 수도 있을지 모른다.

그러나 사랑하는 사람들을 미래를 다르게 본다. 영화에서나 볼 수 있는 아름다운 일이 미래에 벌어지리라 굳게 믿는 것이다.

# 섹스가 좋은 치료약인 10가지 이유

1. 가벼운 우울증에 좋은 치료약이다. 섹스는 혈류 속 엔돌핀을 분비시켜 황홀과 행복을 느끼게 한다.

2. 천연 항히스타민제(감기, 알레르기 치료제). 천식과 건초열에도 좋다. 섹스 도중에 코가 먹먹해지는 사람은 아무도 없다.

3. 로맨틱한 저녁식사로 축적된 칼로리를 소진시킨다.

4. 신체의 모든 근육을 풀어주며 수영장을 20번 왕복하는 것보다 재미있다.

5. 여자는 사랑을 하면 다량의 에스트로겐을 분비하는데, 이는 머리카락과 피부에 윤기를 준다.

6. 섹스를 많이 할수록 더 많은 섹스의 요청을 받게 된다. 성적으로 활동적인 신체는 다량의 페로몬을 분비한다. 이 미묘한 섹스의 향기는 상대방을 성적으로 황홀하게 만든다.

7. 섹스는 바륨(valium)보다 10배나 강력한 신경안정제다.

8. 키스는 입안에 침을 많이 생성시켜 치아 사이의 음식물 찌꺼기를 제거하고 치아의 산화와 치석의 축적을 일으키는 산을 없애준다.

9. 섹스는 긴장을 완화시키고 이는 두뇌의 혈관을 이완시켜 두통을 없애준다.

10. 부드럽고 이완된 섹스는 피부염, 뾰루지, 잡티가 생길 가능성을 낮춘다. 섹스 중 분비되는 땀은 모공을 청소하여 피부를 윤기 있게 만들어준다.

## 많은 사람들이 속는 이유

정치적으로 올바르다는 남녀평등 로비가 계속되면서, 남녀가 다른 두뇌회로를 갖고 태어나 선택이나 기호가 다르다는 압도적인 증거를 무시하고 있다. 남녀 아이를 동시에 키우는 부모는 다음 사실을 금방 이해할 것이다. 남아와 여아에게 동등한 사랑, 동등한 기회, 동등한 모든 것을 줘도 그 결과는 완전하게 다르다. 세 살짜리 아이들에게 곰 인형을 주어 보라. 여자아이는 그 인형을 껴안고 이름을 붙여주며 친구로 삼을 것이다. 남자아이는 그 인형을 세워두고 뭔가를 던져 맞추는 과녁으로 삼거나, 어떻게 만들어졌는지 알아보기 위해 인형 속을 파헤쳐 방 안을 어지럽힌 뒤 다른 데로 가버릴 것이다. 여자아이는 나무에서 지저귀는 새를 열심히 바라보지만 남자아이는 새에게 돌을 던진다. 부모는 남매에게 이렇게 행동하라고 가르치지 않았다. 그들은 자궁에서부터 그런 식으로 행동하도록 두뇌회로를 갖춘 것이다. 그래서 남자는 가슴 큰 여자가 엉덩이를 흔들며 걸어가면 넋을 잃고 쳐다보고, 여자는 멋진 차와 명품 시계, 매력적인 미소와 탄탄한 엉덩이를 가진 남자를 만나면 몰래 훔쳐본다.

> 남자에게 더 이상 '맥주만 가득한 똥배' 라고 말해서는 안 되고, 운전하다가 길을 잃었다고 뭐라 해도 안 된다. 그 남자는 '액체형 곡식 저장고' 를 갖고 있고 "대안의 행선지를 탐구한다"고 말해야 한다.

> 그는 더 이상 "아주 어린 여자를 꾀어서" 결혼하는 '대머리 도둑놈'이 아니라, "이마의 세포가 뒤로 물러나는" 분이며 '서로 다른 세대 간의 남녀 관계'를 선호하는 신사다.
>
> 여자에게 더 이상 "헤프기가" 짝이 없는 "가슴만 큰 골빈 년"이라고 해서는 안 된다. 그녀는 "현실 감각이 다소 떨어지는 가슴 큰 독립적 개체"이고 "예전에 즐겨 지냈던 친구"라고 해야 한다.

## 누가 누구를 얻는가

현실에서 아주 매력적인 파트너는 극소수만 존재할 뿐이다. 대다수의 사람들은 이런 극소수를 선호하지만 정작 자신은 그리 짝짓기 평점이 높지 못한다. 이 때문에 대부분의 사람들은 자기와 평점이 비슷한 사람과 맺어진다. 대부분의 사람들은 일상에서 벌어지는 사소한 일들이 좋은 짝을 얻기 위한 욕구의 일환임을 의식하지 못한다. 가령 노화를 예방하는 링클 케어 크림을 사는 것, 입술을 예쁘게 보여주는 립스틱을 사는 것, 머리를 윤기 나게 하는 컨디셔너를 사는 행위는 모두 다른 여자들보다 더 남자의 주의를 끌어보겠다는 의도를 갖고 있다. 체육관에서 열심히 역기를 들어 올리는 남자들도 그런 행동이 여자에게 매력적으로 보이기 위해서라는 사실을 의식하지는 않는다. 덩치 큰 동물을 사냥해 고기를 가져오는 능력(자원 획득력)을 과시하기 위해서라고 생각하진 않는 것이다.

  남녀의 짝짓기 기준은 오랜 세월을 통하여 진화했기 때문에, 커플들은 때때로 상황 변화에 따라 갈등을 겪는다. 사는 동안 이런 갈등을 완전히 없애기란 불가능하다. 그런 갈등을 받아들이고 대비책을 세운다면 당신의 남녀관계는 한결 부드러워질 것이다. 아예 그런 갈등이 없다면 그보다 좋을 수 없지만, 그건 동화나 소설에서나 가능할 뿐이다. 행복한 남녀관계를 맺으려면 상대방의 욕구를 이해하고 그 욕구를 충족시켜주는 것을 목표로 삼아야 한다.

> "남녀관계는 직장 근무와 비슷한 만큼 그런 식으로 운영해야 마땅하다. 만약 애인을 떠나려 한다면 적어도 2주 전에는 통보해야 한다. 퇴직금도 줘야 하고 인센티브도 필요하다. 또 애인이 당신을 떠나려 한다면, 그는 당신에게 임시직 애인을 찾아주어야 한다."
> 
> _ 보브 에팅거

### '진화는 어쩌면 끝났는지도 몰라'

  언론매체나 학술지들은 남녀관계의 차이점을 보여주는 연구들을 즐겨 보고하고, 이성 사이에 별 차이가 없다는 통상적인 연구 결과는 무시하는 경향이 있다. 그래서 남녀가 차이점 못지않게 유사점도 많이 갖고 있다는 사실을 쉽게 잊어버린다. 사람들은 개인적으로나 사회적으로나 시간이 흐르면서 달라졌다. 지난 30년 동안 젠더 간의 인지적 차이는 상당히 감소되었다. 전통적으로 여자는 언어 능력, 남자는 수리 능력이 뛰어난다고 알려져 있으나 이 또한 많이 평준화되었다.

이것을 설명하는 최신 이론은 이렇다. 아이들은 더는 '남자'와 '여자' 행위로 구분되지 않아야 하며, 행동은 호르몬과 밀접한 상호관계가 있고, 인지능력과 두뇌 구조의 발달에도 영향을 미친다는 것이다. 가령 전에는 남자아이들에게만 볼 수 있었던 거친 놀이가 여자아이의 공간 능력 개발에도 도움을 준다.

다음은 남녀관계의 행복을 위한 4가지 조언이다.

1. **남녀관계 코치를 두라.** 코치는 당신이 새로운 관계에 들어갈 때 당신의 행동을 냉철하게 분석해주는 사람을 말한다.
2. **새로운 만남이 '완벽한 그것'이 되리라 기대하지 말라.** 통계적으로 볼 때 그럴 가능성은 없다. 실패한 수많은 관계가 여전히 장기적으로 지속되는 우정 관계가 되었음을 인식하라.
3. **휴가의 함정을 피하라.** 많은 커플이 함께 휴가를 떠나면 손상된 관계를 회복시킬 수 있지 않을까 기대하지만 헛된 꿈일 뿐이다. 여행은 스트레스를 동반한다. 많은 남녀관계가 여행지에서 파국을 맞는다. 알코올, 고양된 분위기, 낯선 환경 등이 원인이다. 더욱이 과거를 상기시키는 곳으로 새로 만난 연인을 데려가선 안 된다.
4. **아기라는 함정을 피하라.** 많은 커플이 아이의 탄생이 손상된 관계를 회

복시킬 수 있다는 헛된 망상을 품는다. 오히려 그 반대다! 새로 태어난 아이는 모든 주의력을 독차지하고, 커플의 성생활은 중단되며, 부부 문제는 더욱 악화된다. 부부관계가 견고하고 안정적이며 둘 다 아이를 원한다면 몰라도, 그렇지 않다면 아이를 갖지 말라. 그러지 않으면 불행, 이혼, 혼란이 불가피하다.

## 언제 문제를 의논해야 할까

성생활의 좋은 점과 싫은 점에 대한 토론은, 그것이 우리 마음속에 남아 있을 때 주로 벌어진다. 가령 섹스 중이거나 섹스 직후에 말이다. 그러나 섹스 후에는 서로 취약한 입장에 있기 때문에 이때는 토론하기기 제일 나쁜 시점이다. 좋은 점과 싫은 점을 파트너와 토론하고 싶다면 되도록 집밖의 장소, 가령 해변이나 공원, 카페를 택하라. 이런 외부 장소로 나가면 객관적인 시각을 갖게 된다. 이런 곳에서 섹스할 가능성은 별로 없기 때문이다(대부분의 사람들의 경우).

여자가 나이 들어가면 상황은 점점 어려워진다. 외모가 전보다 못해지면, 여자는 남자로부터 자신이 아직도 섹시하고 매력적이라고 더욱 확인받고 싶어 한다. 만약 이런 지원을 받지 못하면 남자의 성적 접근을 거부하기 시작한다.

남자는 나이 들수록 자신의 섹시함과 외모를 인정받고자 하는 여자의 심리를 이해해야 한다. 반면 여자는 섹스를 원하는 남자는 테스토스테론이 넘쳐나 오직 섹스에만 몰두하기 때문에 여자의 얼굴 주름 따위는 신경 쓰지 않는다는 사실을 이해해야 한다.

> "당신과의 섹스는 형편없어!" 그녀가 항의했다.
> "그걸 4분 만에 어떻게 알아?" 남자가 대답했다.

## 요약

짝짓기 선호도나 성욕이 두뇌회로의 지시를 받는다는 사실 때문에, 자신을 생물학의 희생자라고 매도할 필요는 없다. 남자는 성적 다양성의 욕구 때문에 험난한 인생을 살도록 선고받은 것도 아니고, 여자는 남자의 책임의식 부족 때문에 평생 남자를 비판하며 살아가야 할 운명도 아니다. 인간은 분명 다른 동물과는 다르다. 우리는 의식적인 선택을 함으로써 우리의 행동을 통제할 수 있고 바꿀 수도 있다. 왜 그런 선택을 하는지에 대한 많은 지식을 갖고 있으므로, 우리는 그 행동과 결과를 책임져야 한다. 여러 가지 선택 안을 갖고 있었기 때문에 구차하게 변명해서는 안 된다. "너무 취해서 무슨 일이 있었는지 기억이 안 나." "나 자신을 통제할 수 없었어." "본능이 시킨 일이야. 어쩔 수 없었어" 등의 무책임한 말을 해선 안 된다. 곤충은 달빛과 별빛을 따라 움직이도록 두뇌회로가 설정되어 있다. 하지만 인간과 마찬가지로 곤충도 그처럼 본능적으로 행동하다가는 금세 죽는 시대가 아닌가. 빛을 따라

포충기(捕蟲機)로 뛰어드는 곤충은 금세 튀겨지고 만다. 욕망의 근원을 인정하고 이해하지 않으려는 사람도 그와 같은 결과를 당할 것이다. 우리는 포충기에 다가가지 않는 길을 선택할 수 있다.

> 우리가 어디서 왔는지,
> 어떻게 이런 동기를 획득하게 되었는지 잘 이해하면
> 우리의 현재를 통제하고 미래를 장악할 수 있다.

남녀의 심리가 동일하다는 가정은 우리가 알고 있는 남녀 짝짓기 전략과는 위배된다. 정치적으로는 올바를지 몰라도, 전 세계 남녀들을 혼란과 불행, 파탄으로 이끄는 개념이다. 일부 페미니스트들의 주장처럼 남자가 무성적(無性的) 존재로 진화하지 않는 한, 남자는 젊음과 건강, 수태능력을 기준으로 여성을 선택할 것이다. 반면 여자는 지위와 권력, 자원을 가진 남자들을 계속 추구할 것이다.

> 세계보건기구에 의하면, 전 세계적으로
> 매일 1억 건의 성행위가 벌어지고 있다.
> 세계 인구를 기준으로 지금 현재,
> **69,763,395**명이 섹스를 하고 있다.
> **48,816,088**명이 키스를 하고 있다.
> **27,250,951**명이 섹스를 나눈 후 휴식을 취하고 있다.
> 그리고 단 한 명의 불쌍하고 외로운 영혼이 이 책을 읽고 있다.

어떤 사람들은 이제 남녀 차이는 사라졌고 둘 다 동일한 기호와 욕구를 갖고 있다고 계속 주장할 것이다. 이것은 마치 날씨가 더 이상 덥지도 춥지도 않고 일정한 온도를 유지한다는 말과 같다. 사실을 말하면 우리가 좋아하든 말든 날씨는 여전히 날씨일 뿐이다. 남녀 간의 차이가 이제 최소한에 불과하다는 허세는, 남자는 이제 수염이 나지 않고 여자에게는 유방이 없다고 말하는 억지 주장과 같다.

우리의 욕구를 부정하거나 허세부리지 않을 때 상대방을 있는 그대로 받아들일 수 있다. 또 우리의 충동이 어디에서 왔고 그 목적이 무엇인지 정확하게 인식해야 남녀의 차이를 관리하는 전략을 세울 수 있다. 이렇게 함으로써 우리는 힘과 선택권을 갖춘 인간이 될 수 있고, 맥없고 혼란스러운 진화의 희생자가 되는 것을 피할 수 있다.

- 미리 합의된 시간에 중립적인 장소에 문제들을 의논하라. 이런 식으로 행동하면 당신은 더 느긋해지고 더 객관적인 사람이 될 것이다.
- 남녀는 다르다. 누가 더 옳다거나 그르다는 뜻이 아니다. 단지 다르다는 것이다.
- 그럼에도 우리는 누구나 선택할 수 있는 능력이 있다. 남녀의 차이를 이해함으로써 우리는 더욱 근거 있는 선택을 하여 행복한 미래로 나아갈 수 있다.

Andreasen, N. C., et al., 'Magnetic resonance imaging of the brain in schizophrenia', Arch General Psychiatry (1990), 47(1):35-44.

Anonymous, Sawyer, P., and Kincaid, J., My Secret Life, Signet Classics (2007).

Baumeister, Roy F., Social Psychology and Human Sexuality, Psychology Press (2001).

Becker, B., The Player: the Autobiography, Transworld Publishers (2005).

Becker, J. B., Breedlove, S. M., and Crews, D. (ed.), Behavioral Endocrinology, MIT Press/Bradford Books (1992).

Belsky, Jay, Steinberg, Laurence, and Draper, Patricia, 'Childhood experience, interpersonal development, and reproductive strategy: an evolutionary theory of socialization', Child Development (1991), 62:647-70.

Bergner, R. M., and Bridges, A. J., 'The significance of heavy pornography involvement for romantic partners: research and clinical implications', Journal of Sex and Marital Therapy (2002), 28:193-206.

Betzig, L., Despotism and Differential Reproduction: a Darwinian View of History, Hawthorne NY: Aldine Press (1986).

Betzig, L., 'Causes of conjugal dissolution: a cross-cultural study', Current Anthropology (1989), 30:654-76.

Betzig, L., 'Sex, succession and civilization in the first six civilizations' in Ellis, L. (ed.), Social Stratification and Social Inequality, Praeger (1993), 37-74.

Betzig, L., 'People are animals', Human Nature: a Critical Reader, Oxford University Press (1997), 1-13.

Black K., et al.. 'Brain morphology in eating disorders', Biological References 260 Why Men Want Sex & Women Need Love Psychiatry (1990), 27:62A.

Bloom, P., 'Seduced by the Flickering Lights of the Brain', Seed Magazine (June/July 2006), www.seedmagazine.com/news/2006/06/seduced_by_the_flickering_ligh.php.

Blum, D., Sex On the Brain: the Biological Differences Between Men andWomen, Penguin (1998).

Blum, D., Ghost Hunters: William James and the Scientific Search for Life After Death, Penguin Press (2006).

Brewerton, T., et al., 'Eating disorders, anxiety, and 5-HT', Biological Psychiatry (1990), 27:41A.

Buchsbaum, M. S., 'Brain imaging in the search for biological markers in affective disorder', Journal of Clinical Psychiatry (1986), 47:7-12.

Buss, D. M., and Barnes, M. F., 'Preferences In Human Mate Selection', Journal of Personality and Social Psychology (1986), 50(3):559-70.

Buss, D. M., and Dedden, L., 'Derogation of competitors', Journal of Social and Personal Relationships (1990), 7:395-422.

Buss, D. M., and Schmitt, D. P., 'Sexual strategies theory: an evolutionary perspective on human mating', Psychological Review (1993), 100:204-32.

Buss, D. M., and Shackelford, T. K., 'From vigilance to violence: materetention tactics in married couples', Journal of Personality and Social Psychology (1997), 72:346-61.

Buss, D. M., 'Sex differences in human mate preferences: evolutionary hypotheses tested in 37 cultures', Behavioral and Brain Sciences (1989), 12:1-49.

Buss, D. M., The Evolution of Desire: Strategies of Human Mating, New York, Basic Books (1994).

Buss, D. M., Evolutionary Psychology, Allyn & Bacon (1999).

Buss, D. M., Larsen, R. J., Westen, D., and Semmelroth, J., 'Sex differences in jealousy: evolution, physiology, and psychology', Psychological Science (1992), 3:251-5.

Byne, W., Bleier, R., and Houston, L., 'Variations in human corpus callosum do not predict gender', Behavioral Neuroscience (1988), 102(2):222-7.

Clark, R. D., and Hatfield, E., 'Gender differences in receptivity to sexual offers', Journal of Psychology and Human Sexuality (1989), 2:39-55.

Clarke, S., Kraftsik, R., et al., 'Forms and measures of adult and developing human corpus callosum: is there sexual dimorphism?', J Comp Neurology (1989), 280(2):213-30.

Cleland, J., Fanny Hill: Memoirs of a Woman of Pleasure, Wordsworth Editions (2001).

Corsi-Cabrera, M., Herrera, P., and Malvido, M., 'Correlation between EEG and cognitive abilities: sex differences', International Journal of Neuroscience (1989), 45:133-41.

Dawkins, Richard, The Selfish Gene, Oxford University Press (1976).

DeVries, G. J., Bruin, J. P. C., Uylings, H.B.M., and Corner, M. A. in 'Progress in Brain Research'. (1984) The Relation Between Structure and Function, 61. Elsevier.

Dumit, J., Picturing Personhood: Brain Scans and Biomedical Identity, Princeton University Press (2003), www.press.princeton. edu/titles/7674.html.

Ellis, B. J., and Symons, D., 'Sex differences in sexual fantasy: an evolutionary psychological approach', Journal of Sex Research (1990), 27:527-56.

Fisher, H., Why We Love: the Nature and Chemistry of Romantic Love, Henry Holt & Co. (2004).

Fontaine, R., et al., 'Temporal lobe abnormalities in panic disorder: an MRI study', Biological Psychiatry (1990), 27(3):304-10.

Gallagher, S., 'Predictors of SAT mathematics scores of gifted male and gifted female adolescents', Psych. Women Quarterly (June 1989).

Geary, D. C., 'A model for representing gender differences in the pattern of cognitive abilities', American Psychologist (1989).

Gottman, J. M, Murray, J. D., Swanson, C. C., Tyson, R., and Swanson, K. R., The Mathematics of Marriage: Dynamics Nonlinear Models, MIT Press, Bradford Books, Cambridge (2003).

Grammer, K., 'Variations on a theme: age-dependent mate selection in humans', Behavioural and Brain Sciences (1992), 15, 100-102.

Grammer, K., Fink, B., Møller, A. P., and Thornhill, R., 'Darwinian aesthetics: sexual selection and the biology of beauty', Biological Reviews (2003), 78:385-407.

Gutek, B. A., Sex and the Workplace: Impact of Sexual Behavior and Harassment on Women, Men and Organizations, San Francisco: Jossey-Bass (1985).

Gutek, B. A., and Morasch, B., 'Sex ratios, sex-role spillover and sexual harassment of women at work', Journal of Social Issues (1982), 38(4):55-74.

Gutek, B. A., and Nakamura, C., 'Gender roles and sexuality in the world of work', Gender Roles and Sexual Behavior, Palo Alto, California: Mayfield (1982).

Gutek, B. A., Morasch, B., and Cohen, A. G., 'Interpreting social sexual behavior in the work settings', Journal of Vocational Behavior (1982), 22(1):30-48.

peases text 6 AUS-corrected01July.qxd 3/7/09 13:13 Page 261 262 Why Men Want Sex & Women Need Love Gutek, B. A., Nakamura, C., Gahart, M., Handschumacher, L., and Russell, D., 'Sexuality in the workplace', Basic and Applied Social Psychology (1980), 1(3):255-65.

Halpern, D. F., 'The disappearance of cognitive gender differences: what you see depends on where you look', American Psychologist (1989).

Harvey, J. H., Wenzel, A., and Sprecher, S., The Handbook of Sexuality in Close Relationships, Lawrence Erlbaum (2005).

Hashimoto, T., et al., 'Magnetic resonance imaging in autism: preliminary report', Neuropediatrics (1989), 20(3):142-6.

Heh, C. W., 'Anxiety and anxiety disorders', unpublished paper, UC Irvine (1990).

Herholz, K., et al., 'Regional cerebral glucose metabolism in anorexia nervosa measured by positron emission tomography', Biological Psychology (1987), 22:43-51.

Holden, Robert, Success Intelligence. Hay House (2008)

Hyde, J. S., Fennema, E., and Lamon, S. J., 'Gender differences in mathematics performance: a meta-analysis', Psych. Bulletin (1990), 107(2):139-55.

Hyde, J. S., and Linn, M. C. (eds), The Psychology of Gender: Advances Through Meta-Analysis (1986).

Jankowiak, W. G., Hill, E. M., and Donovan, J. R., 'The effects of gender and sexual orientation on attractiveness judgments: an evolutionary interpretation', Ethology and Sociobiology (1992), 13:73-85.

Kertesz, A., 'Sex equality in intrahemispheric language organization', Brain and Language (1989), 37:401-8.

Kirshenbaum, M., When Good People Have Affairs: Inside the Hearts & Minds of People in Two Relationships, St Martin's Press (2008).

Langley, M., Women's Infidelity - Living in Limbo: What Women Really Mean When They Say 'I'm Not Happy', McCarlan Publishing (2005).

Legato, M. J., and Tucker, L., Why Men Never Remember and Women Never Forget, Rodale Books (2006).

Luce, C. L., and Kenrick, D. T., The Functional Mind: Readings In Evolutionary Psychology, Allyn & Bacon (2003).

Manning, John, The Finger Book. Faber and Faber, (2008)

Marazziti, Donatella, Psychological Medicine (1999), 29:741.

Margolis, J., O: the Intimate History of the Orgasm, Grove Press (2005).

McCarthy, B., and McCarthy, E., Getting It Right This Time: How to Create a Loving and Lasting Marriage, Routledge (2005).

Michael, R. T., Gagnon, J. H., Laumann, E. O., and Kolata, G., Sex in America, Boston: Little, Brown (1994).

Miller, G., The Mating Mind: How Sexual Choice Shaped the Evolution of Human Nature, Anchor (2001).

Motley, M. T., and Reeder, H. M., 'Unwanted escalation of sexual intimacy: male and female perceptions of connotations and relational consequences of resistance messages', Communication Monographs (1995), 62:355-82.

Nasrallah, H. A., et al., 'A controlled magnetic resonance imaging study of corpus callosum thickness in schizophrenia', Biological Psychiatry (1986), 21:274.

Neuberg, S. L., Kenrick, D. T., Maner, J. K., and Schaller, M., 'From evolved motives to everyday mentation: evolution, goals, and cognition', Social Motivation: Conscious and Unconscious Processes, Cambridge University Press (2005).

Neuman, M. G., The Truth About Cheating: Why Men Stray and What You Can Do to Prevent It, Wiley (2008).

Ornish, D., Program for Reversing Heart Disease, Ballantine Books (2009).

Oz, M., Healing From the Heart: a Leading Surgeon Combines Eastern and Western Traditions to Create the Medicine of the Future, Plume (1999).

Park, J. H., and Schaller, M., 'Does attitude similarity serve as a heuristic cue for kinship? Evidence of an implicit cognitive association', Evolution and Human Behavior (2005), 26:158-70.

Pease, Allan, and Barbara, Easy Peasey: People Skills for Life, Pease International (2007).

Pease, Allan, and Barbara, Why Men Don't Have A Clue & Women Always Need More Shoes, Pease International (2008).

Pease, Allan, and Barbara, Why Men Don't Listen & Women Can't Read Maps, Pease International (2008).

Pease, Allan, and Barbara, The Definitive Book of Body Language, Pease International (2009).

Pease, Allan, Questions Are the Answers, Pease International Pty Ltd (2000).

Pease, Allan, The Bumper Book of Rude & Politically Incorrect Jokes, Pease International (2004).

Pease, Raymond V., If You Won't Go Away and Leave Me Alone, I'll Find Someone Who Will!, Pease International (2009).

Pepper, T., and Weis, D. L., 'Proceptive and rejective strategies of US and Canadian college women', Journal of Sex Research (1987), 23:455-80.

Pinker, Steven, How the Mind Works, Norton (1997).

Pollett, T. V., and Nettle, D., 'Partner wealth predicts self-reported orgasm frequency in a sample of Chinese women', Evolution and Human Behavior (2009), 146-51.

Quinn, Maria, Between Clean Sheets, HarperCollins (1994).

Reinisch, J. M., Rosenblum, L. A., and Sanders, S. A. (ed.), Masculinity/Femininity, Oxford University Press (1987).

Roberts, N., Whores In History: Prostitution In Western Society, HarperCollins (1993).

Sanders, G., and Ross-Field, L., 'Neuropsychological development of cognitive abilities', International Journal of Neuroscience (1987), 36:1-16.

Schaller, M., Faulkner, J., Park, J. H., Neuberg, S. L., and Kenrick, D. T., 'Impressions of danger influence impressions of people: an evolutionary perspective on individual and collective cognition', Journal of Cultural and Evolutionary Psychology (2004), 2:231-47.

Schneider, J. P., 'Effects of cybersex addiction on the family: results of a survey', Sexual Addiction and Compulsivity (2000), 7:31-58.

Shelton, R. C., et al., 'Cerebral structural pathology in schizophrenia: evidence for a selective prefrontal cort. defect', American Journal of Psychiatry (1988), 145:154-63.

Smith, B. D., et al., 'Hemispheric asymmetry and emotion: lateralized parietal processing of affect and cognition', Bio. Psychology (1987), 25:247-60.

Smith, David C., Real-Estate Erections I Have Had, Camel Publishing (2009).

Steele, Graham, All the Best Ones Aren't Taken.

Tavris, C., 'The gender gap', Vogue (April 1989).

Thompson, A. P., 'Extramarital relations: observations of the current situation', Journal of Clinical Practice in Sexuality (1987), 3(3):17, 21 and 22.

Thompson, R. A., and Nelson, C. A., 'Developmental science and the media: early brain development', American Psychologist (January 2001), www.content.apa.org/journals/amp/56/1/5.

Thornhill, R., and Gangestad, S. W., 'Do women have evolved adaptation for extra-pair copulation?', Evolutionary Aesthetics (2003).

Thornhill, R., and Grammer, K., 'The body and face of woman: one ornament that signals quality?' Evolution and Human Behavior (1999), 20:105-20.

Thornhill, R., and Gangestad, S. W., The Evolutionary Biology of Human Female Sexuality, Oxford University Press, US (2008).

Williams, G. C., Sex and Evolution. Princeton University Press, Princeton (1975).

Wilson, Edward Osborne, On Human Nature, Harvard University Press (1978).

Wright, Robert, The Moral Animal: Evolutionary Psychology and Everyday Life, Pantheon Books (1994).

Wu, J., et al., 'Greater left cerebral hemispheric metabolism in bulimia assessed by positron emission tomography', American Journal of Psychology (1990), 147:309-12.

Zadra, A., '1093: Sex Dreams: What Do Men and Women Dream About?', Sleep (2007), Volume 30, Abstract Supplement, A376.

Why Men Want Sex
&
Women Need Love